• 智慧园区数字孪生操作系统

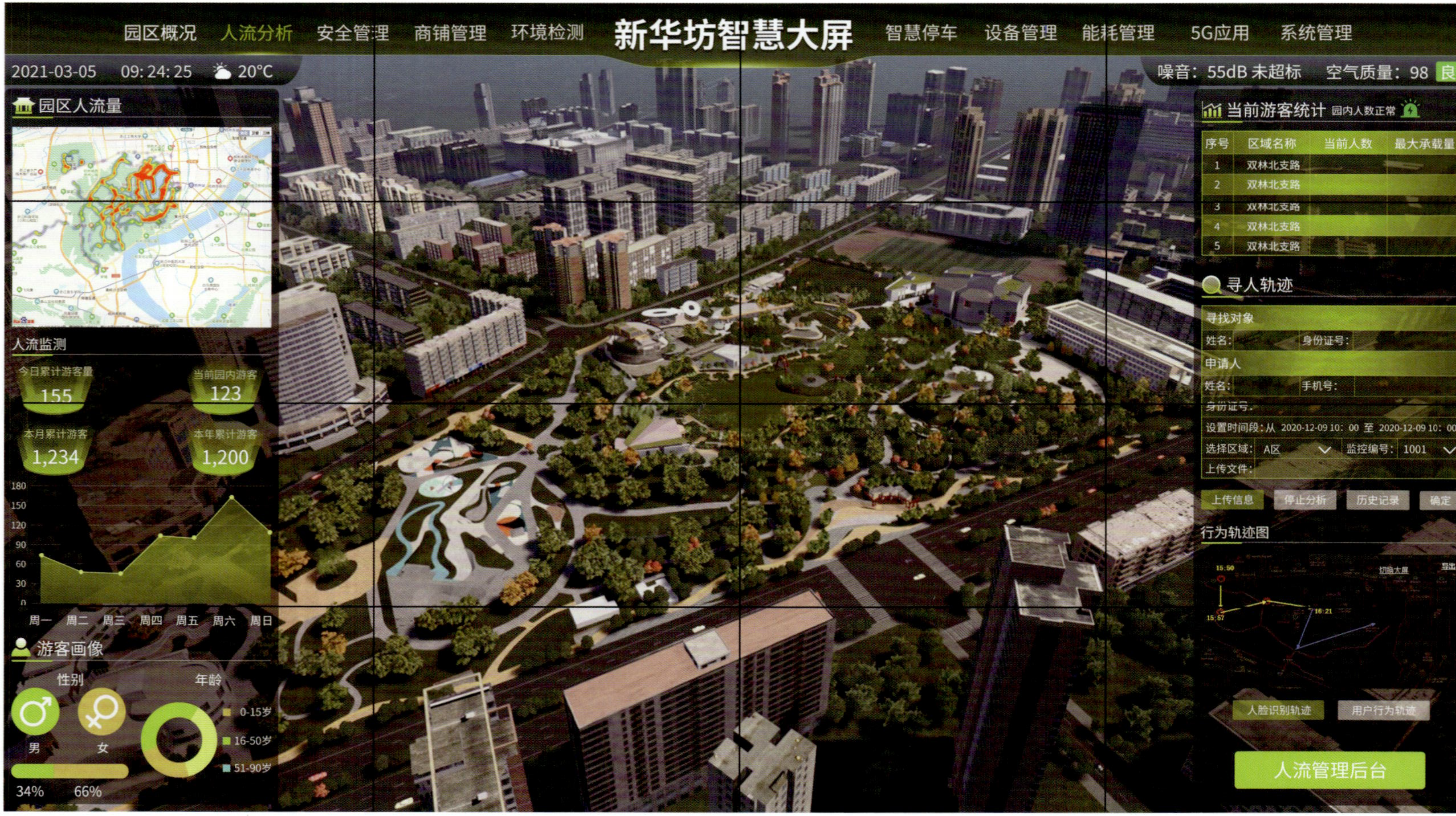
园区概况 人流分析 安全管理 商铺管理 环境检测
新华坊智慧大屏
智慧停车 设备管理 能耗管理 5G应用 系统管理
2021-03-05 09: 24: 25 20°C
噪音：55dB 未超标 空气质量：98 良
园区人流量
人流监测
今日累计游客量 155
当前园内游客 123
本月累计游客 1,234
本年累计游客 1,200
周一 周二 周三 周四 周五 周六 周日
游客画像
性别
年龄
男 女
34% 66%
0-15岁
16-50岁
51-90岁
当前游客统计 园内人数正常
序号 区域名称 当前人数 最大承载量
1 双林北支路
2 双林北支路
3 双林北支路
4 双林北支路
5 双林北支路
寻人轨迹
寻找对象
姓名： 身份证号：
申请人
姓名： 手机号：
身份证号：
设置时间段：从 2020-12-09 10：00 至 2020-12-09 10：00
选择区域：A区 监控编号：1001
上传文件：
上传信息 停止分析 历史记录 确定
行为轨迹图
人脸识别轨迹 用户行为轨迹
人流管理后台

- 人流量分析和推演

渲染实况（1）

渲染实况（2）

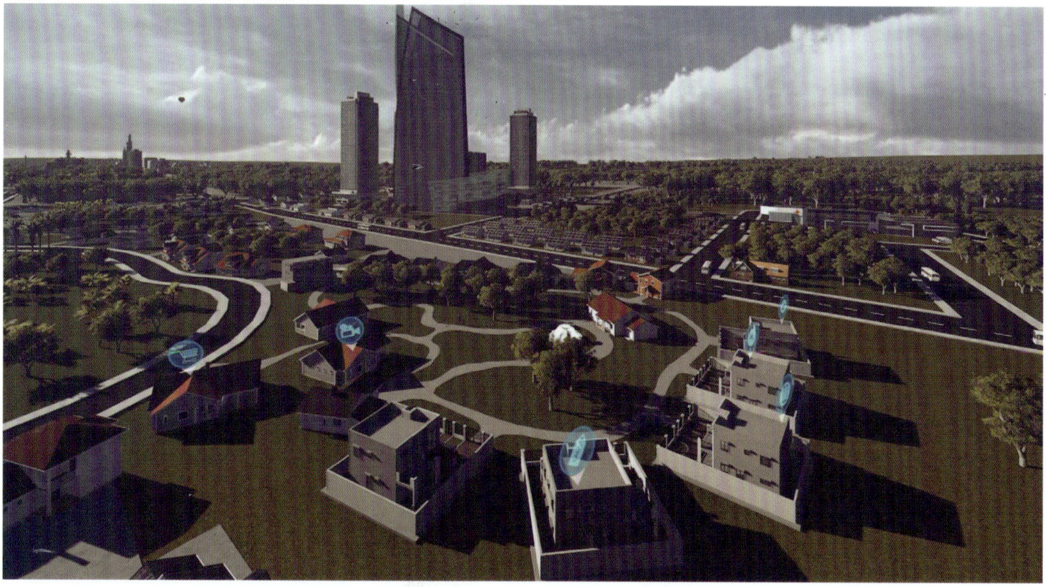

• 中巴钢铁新城数字孪生时空规划（1）

• 中巴钢铁新城数字孪生时空规划（2）

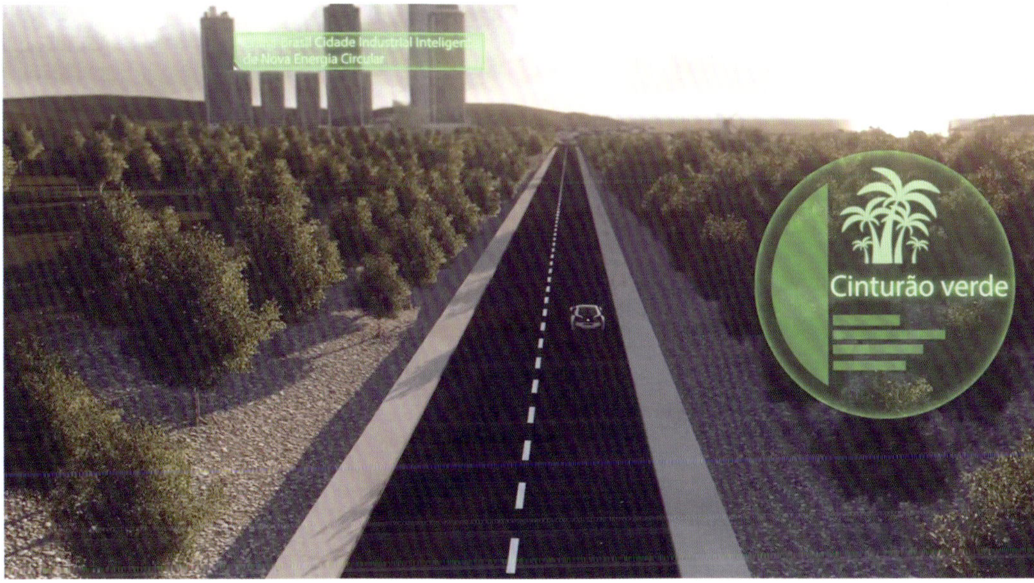


• 中巴钢铁新城数字孪生时空规划（3）

• 中巴钢铁新城数字孪生时空规划（4）

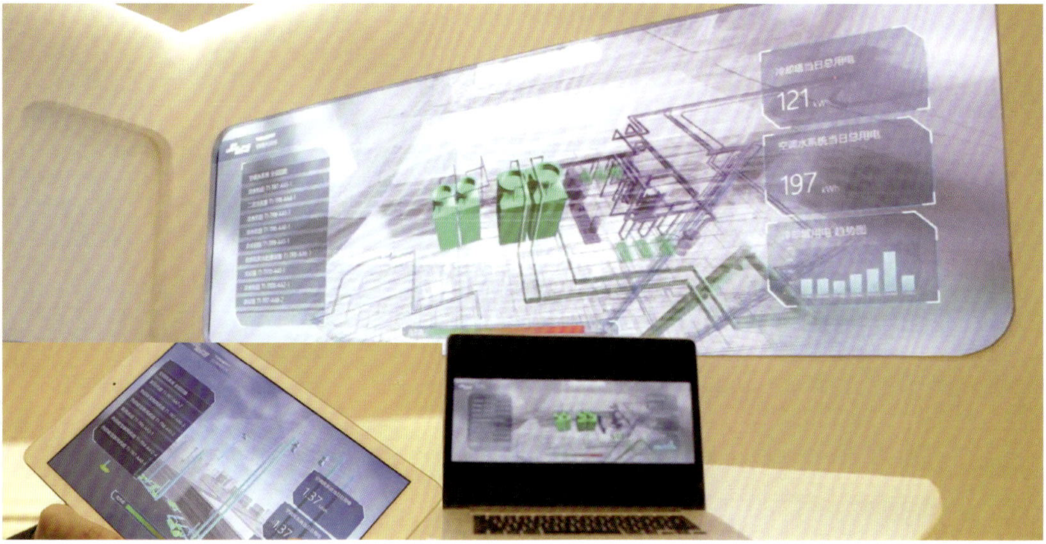


• 三屏同一操作界面

• 能效管理 – 碳排放量化

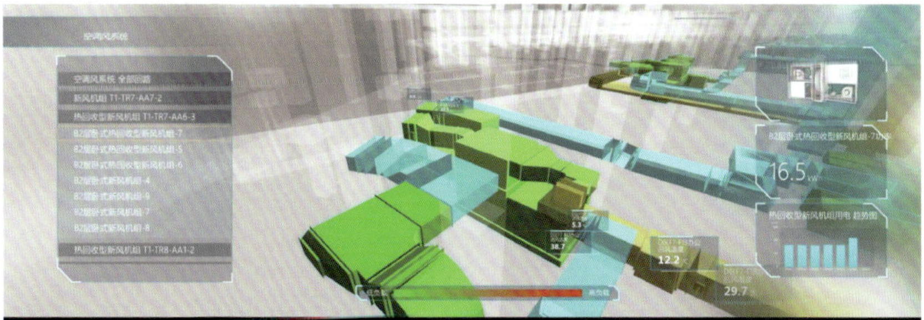

空调风系统：能耗设备的数据监控及数据可视化（热回收新风机组等）

基于 BIM 模型 +IoT 的可视化系统

业态能耗：对室内温度、租户用电及租户冷热量数据进行实时监控及分析

能效管理 – 实时精细化管理

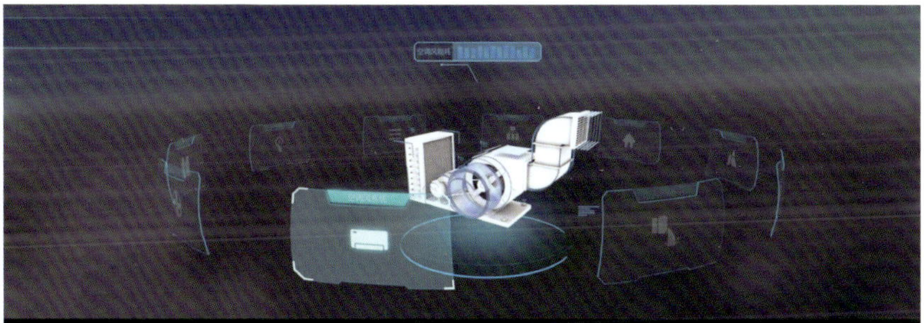

空调风系统：能耗设备的数据监控及数据可视化（热回收新风机组等）

能效管理 – 实时设备监控

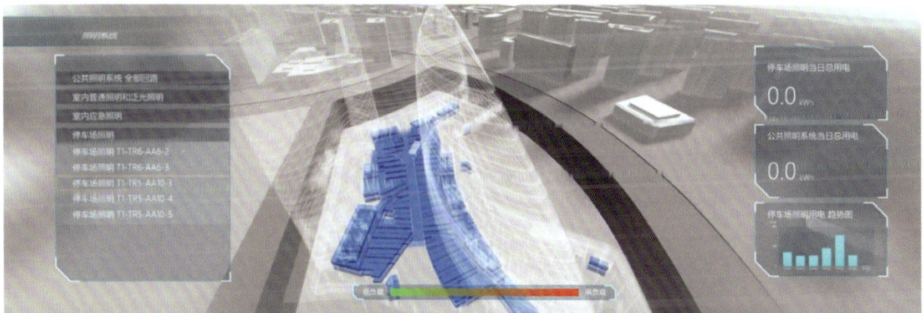

照明系统：能耗设备的数据监控及数据可视化（泛光照明、应急照明、停车场照明等）

照明系统数字孪生

● 三维快速搭建工具平台

四季效果自动生成 ●

● 实时动态渲染技术

场景模拟 ●

# 数字孪生

## 数字经济的基础支撑

郭沙　赵勇　谷瑞翔　李斌　郝放◎著

中国财富出版社有限公司

**图书在版编目（CIP）数据**

数字孪生：数字经济的基础支撑 / 郭沙等著. —北京：中国财富出版社有限公司，2021.7

ISBN 978 - 7 - 5047 - 7480 - 4

Ⅰ.①数… Ⅱ.①郭… Ⅲ.①数字技术—应用—信息经济—研究 Ⅳ.①F49

中国版本图书馆 CIP 数据核字（2021）第 140113 号

**策划编辑** 沈安琪　**责任编辑** 邢有涛 沈安琪

**责任印制** 尚立业　**责任校对** 张营营　**责任发行** 杨 江

---

| | | | |
|---|---|---|---|
| **出版发行** | 中国财富出版社有限公司 | | |
| **社　址** | 北京市丰台区南四环西路 188 号 5 区 20 楼 | **邮政编码** | 100070 |
| **电　话** | 010 - 52227588 转 2098（发行部） | | 010 - 52227588 转 321（总编室） |
| | 010 - 52227566（24 小时读者服务） | | 010 - 52227588 转 305（质检部） |
| **网　址** | http：//www. cfpress. com. cn | **排　版** | 宝蕾元 |
| **经　销** | 新华书店 | **印　刷** | 北京柏力行彩印有限公司 |
| **书　号** | ISBN 978 - 7 - 5047 - 7480 - 4/F · 3331 | | |
| **开　本** | 710mm × 1000mm　1/16 | **版　次** | 2021 年 9 月第 1 版 |
| **印　张** | 22.75　彩　页　0.5 | **印　次** | 2021 年 9 月第 1 次印刷 |
| **字　数** | 300 千字 | **定　价** | 68.00 元 |

---

# 前　言

什么是数字孪生？它对数字化转型和数字经济有什么影响？这是我们在与政府和机构的决策者、企业高管、合作伙伴交流时经常会被问到的问题。很多人初次听到“数字孪生”时，难免会或多或少地感到困惑不解。

简单地说，数字孪生是物理实体或过程的虚拟表达，以及虚实之间的镜像映射关系。在平静的海面或炙热的沙漠，偶尔会出现海市蜃楼，其中的幻景或是车水马龙的城市街区，或是美妙的大自然景象。众所周知，海市蜃楼是一种光学现象，地表热空气上升，使得光线发生折射，物理实体在空气中被虚拟地呈现出来。数字孪生其实也是一种虚实之间的映射。不同的是，数字孪生中物理实体与其数字孪生体可以交互。想象一下，如果将数字孪生的双向交互能力赋予原本不可控的海市蜃楼幻境，那么就可以通过干预海市蜃楼幻景里面的车流人流来隔空控制幻景所映射的真实城市街区的车流和人流，从而实时掌控城市运作。可见数字孪生技术是多么的强大。

通常认为，数字孪生（Digital Twin）是基于美国密歇根大学的 Michael Grieves（迈克尔·格里夫斯）教授的研究所提出的概念，之后这一提法得到广泛的认同并沿用至今。其实，数字孪生已经走过了几十年的发展历程，从20世纪60年代美国国家航空航天局（NASA）的阿波罗登月计划，到今天的工业4.0和智慧城市，数字孪生技术广泛应用于各个行业中。

数字孪生源自一种理念，抽象为一种方法，体现为一种技术，并上升为一套理论体系，将很快成为一门新的学科。作为科学，数字孪生解决的是物理实体与其数字孪生体之间的镜像映射问题。作为技术，数字孪生是一门复合型技术，有机地融合了其他的数字化技术，包括虚拟现实、仿真、大数据、物联网、人工智能、区块链等。通过交叉融合，数字孪生能解决单一数字化技术解决不了的复杂系统性问题。

数字孪生的发展经历了计算机辅助设计的建模和仿真，数字孪生模型的提出和术语的明确，以及在航空、航天、军事领域的率先应用，得益于与数字孪生紧密相关的新一代数字技术的快速发展。数字孪生逐渐从其传统的领域向其他行业拓展。今天，数字孪生的应用场景已经扩展到工业制造、医疗、城市、建筑、金融、教育、文化等不同领域。

数字孪生连续三年入选全球顶级分析机构Gartner公司（高德纳咨询公司）发布的《十大战略性技术趋势》。根据预测，数字孪生市场规模将于2026年达到482亿美元，从2020年到2026年的复合年增长率为58%。在这样的时代大背景下，数字孪生的发展进入快车道。

数字孪生的优势在于可以在数字世界进行各种维度的创造性与破坏性测试，使各种受高风险、高成本等现实因素限制而无法在物理世界进行的实验、推演得以实施，并最终应用于现实世界。数字孪生可以避免生产和制造过程中的风险和事故，优化产品设计，降低开发成本，提高生产效率，通过预测性维护有效延长设备的生命周期。

例如，在智能制造与工业互联网领域，数字孪生解决方案可以打通产品的设计、研发、工艺规划、制造、测试、运维等全生命周期，解决生产制造的资源配置、调度、能效管理、安全管理等问题。在智慧城市领域，基于数字孪生的智慧城市可以打破城市规划、建设、运营和管理的数据壁垒，实现规划设计、建设、市政管理的有机融合。通过映射城市“规建管”全生命期数字孪生体，可以演绎城市未来的发展，优化城市空间布局和交通，为城市的持续发展和建设提供科学决策依据。在能源领域，数字孪生可以建设互联互通、透明开放、互惠共享的能源共享平台，解决能源行业普遍存在的壁垒问题。

数字孪生的应用场景还有很多。在智慧医疗领域，数字孪生可以帮助构建数字医院、数字手术室，使数字化医疗设备得以应用并在线监测患者健康状态，甚至可以对患者进行远程健康监测与管理，还可以开展在线医疗培训。在文化领域，数字孪生与数字文创是自然的结合。数字孪生技术能够赋予思维数字化的呈现及互动，让我们以更直观、更生动的方式进行创作，形成科技和文化的有机融合，探索无尽的可能。在智慧教育领域，数字孪生可以全方位构建学生成绩、知识、行为、素质、能力等各方面的数字孪生体，实现个性化评测和教育，促进学生全方位发展。此外，数字孪生技术也已经成为影视、游戏、动漫等数字娱乐的标配，而且其应用程度越来越广泛和深入。

全球正在经历一场更大范围、更深层次的科技革命和产业变革。新一代数字技术不断突破，数字经济正在蓬勃发展。面对新的起跑线，美国、德国、英国、日本等发达国家，都在制定相关的政策，让自己的国家和民族在新一轮的技术演进中处在最优的位置。未来十五年，重大科技领域的创新对中国数字经济的发展至关重要。全球化进程不可逆转，国与国之间利益更加紧密相连，但由于中美之间的竞争关系，中国在高新技术方面会持续面临压力。美国限制了中国在人工智能、高端芯片、先进材料等新兴和基础技术领域的出口和技术合作。除了我们熟知的高端光刻机、芯片制造以及相关的设计软件外，美国还在核心的工业软件方面对中国进行限制，其中就包括数字孪生领域的相关软件和核心算法，并且这个趋势还在持续扩大。在工业软件方面，尽管中国起步较早，但在过去美国没有进行贸易制裁、科技封锁的情况下，投入和重视程度严重不足，经验积累与美国等发达国家的差距较大。未来在核心工业软件领域所面临的困难会超过目前的芯片领域。

本书共分为十章，第一章简述了数字文明、数字经济、数字社会和产业互联网。第二章描述了数字孪生的发展历程，着重阐述了数字孪生和其他数字技术的关系，以及相关的行业标准。第三章分析了当今世界发达国家和地区在数字孪生相关新技术方面的国家战略和布局，以及中国在数字经济产业相关的政策和思考。第四章对数字孪生技术做了全面的介绍，以及数字孪生技术和模拟仿真、信息物理系统等技术的区别，特别对数字孪生和模拟仿真的关系进行了探讨。第五章以较大的篇幅列举了数字孪生的关键应用领域，希望通过介绍这些应用场景给读者在决策上提供支持。除了一些公开的全球案例，我们尽量用自己的案例来说明，包括在第九章中的一些案例。由于很多项目的保密性质（已签署保密协议），我们选择性地提供了经过脱敏的文字和图片，希望没有给读者造成理解上的障碍。我们欢迎读者联系我们进行更深入的交流。第六章对数字孪生体系和关键技术进行了剖析。第七章描述了数字孪生的产业协同体系。第八章提出了数字孪生面临的关键挑战和发展目标。第九章通过我们改编的《黑客帝国外传》来介绍相关案例，力求生动，避免读者在阅读中进入梦乡。如果您只想了解案例，也可以跳过我们的科幻故事，直接进入案例内容。当然，如果您对改编部分非常感兴趣，我们也可以探讨相关的游戏和电影。第十章对数字孪生的未来发展进行了展望。

作为本书的作者，我们显然是科幻爱好者，通过穿插《黑客帝国》三部曲中的对白和台词，让本书更有趣味性。

2021 年数字孪生似乎成了一个高频的时尚词汇，很多传统的信息化服务商也纷纷贴上了数字孪生的标签。我们强烈地希望，以亲身的经验和体会，通过浅显易懂的语言，为读者打开一扇快速了解数字孪生的窗户，给予读者启发，并使其在实际的工作中起到借鉴和指导的作用。本书的读者对象主要是政府机构的决策者、企业的高级管理层、数字化转型和升级的相关负责人。本书也可以为研究人员、大学生提供学习参考。未来，我们还会出版数字孪生在不同领域具体应用的专著，在理论和技术上进行更加深入的探讨。

在这里，要感谢团队的各位成员，不管是署名作者还是默默无闻在背后支持我们的同事，大家在百忙中抽出时间实属不易。此外，还要感谢出版社的各位编辑，你们付出的努力让出版得以顺利进行，你们的帮助和建议让我们获益匪浅。

郭　沙

# 目录
CONTENTS

## 第十章 数字孪生的未来展望

# 第一章／总述

“这是你最后的机会，一旦做出选择，再无回头之路。选择蓝色药丸——到此为止，你就当是睡了一觉，醒来继续过自己的日子。选择红色药丸——继续漫游仙境，我带你见识一下这兔子洞究竟有多深。”

“This is your last chance. After this, there is no turning back You take the blue pill, the story ends, you wake up in your bed and believe whatever you want to believe. You take the red pill, you stay in Wonderland, and I show you how deep the rabbit hole goes.”

——《黑客帝国》29:01

与电影不同的是，我们没有选择的余地。愿意与否，我们吞下的只能是这枚红色药丸，进入这个奇境。这个奇境，不同于墨菲斯的描述，是未来 15 年我们终将看到的数字文明全景，从现在开始在我们眼前如画卷般徐徐展开。既然如此，就让我们来认真了解数字孪生，这个数字文明的镜像世界，到底是怎么回事。

## 第一节
## 从工业文明到数字文明

自从开始使用工具、发明文字、组建国家，人类进入了文明时代。在浩瀚宇宙中，人类文明经历了数千年的发展。直到 18 世纪 60 年代，工业革命的出现，人类社会加速发展，进入工业文明。

第一次工业革命始于 18 世纪 60 年代，止于 19 世纪中叶，以瓦特改良的蒸汽机为代表，标志着人类进入蒸汽时代。蒸汽机驱动的交通工具加强了世界各地之间的联系，改变了世界的面貌。率先完成工业革命的英国成为当时的世界超级大国。

第二次工业革命始于 19 世纪 60 年代，以电力的发明和广泛应用为代表，标志着人类进入电气时代，促成了资本主义世界体系的最终确立。第二次工业革命极大地推动了社会生产力的发展，对人类社会的经济、政治、文化、军事、科技和生产力产生了深远的影响。

第三次工业革命，也被称为第三次科技革命，始于第二次世界大战后，以电子计算机、空间技术、原子能等为代表，标志着人类进入信息时代。第三次工业革命不仅极大地推动了人类社会政治、经济、文化领域的变革，也影响了人类的生活方式和思维方式。

弹指一挥间，时间飞驰。工业文明历经200余年形成的全球经济和治理体系，受2020年的新冠肺炎疫情的影响，按下了变革的加速键。2020年也成为人类社会由工业文明向数字文明演化的一个重要节点。

支撑工业文明发展的动力是不可重生的一次性能源，包括煤炭、石油、天然气、核能。金钱和权力是工业文明的焦点，也是产生不公平的主要因素。支撑数字文明发展的动力是数据，数据可以被重复使用、深度挖掘，同时还在迅速增长。现在正处于数字文明和工业文明的深度融合初期，一切都只是刚刚开始。

科学技术革命往往是文明更迭的根本因素和主要推动力。经济社会矛盾的全面爆发往往由科学技术革命引发，从而导致人类社会治理体系的革命。历史上文明更迭所引发的矛盾，多数是以暴力的方式解决，这使人类文明总是在破坏中创造、在倒退中前进。向数字文明的更迭有望打破这一历史前进的方式，一种更加先进的社会巨变模式将代替非文明的战争方式。席卷全球的新冠肺炎疫情，使这种巨变提前到来。可以预见，疫情后全球经济的重塑力度不亚于一场世界大战后所带来的效应，人类文明正在呼唤数字经济时代的新社会秩序。面对这场大变革的时候，我们应当从容自信，以顺应历史潮流的方式科学地参与并开始试图主导这一轮全球数字经济、社会秩序的重构。

我们正处在数字文明的初期阶段，历史告诉我们，每一个时代的开端，社会都将发生翻天覆地的变化，包括政治、经济和人类的生活方式。微软创始人比尔·盖茨的视窗操作系统和生态几乎统治了全世界的PC（个人计算机），谷歌和苹果又占据了移动互联网的大部分江山。消费互联网、产业互联网还在不断地进化，区块链技术催生出超级应用比特币，创造出亿万财富，这是我们不曾预知的。

工业文明之上产生的观念和制度，会随着数字文明的深化而演变。代表工业文明的自由观念和民主制度，可能无法完全适应数字文明的未来。我们可以大胆预测，数字文明最终将模糊国家的界限，现存的经济模式也会逐渐被替代。数字文明时代，生产资料真正为人类所共有，按需分配自然完成。人类将迎来新生！

## 第二节 数字经济与数字社会

从广义上来讲，凡是直接或间接利用数据来引导资源发挥作用，推动生产力发展的经济形态都可以纳入数字经济范畴。数字经济是指在整个经济环境中，由于数字技术的广泛应用，而对经济活动产生根本变化的经济系统。数字经济下，商品的生产、销售和服务都依赖数字技术。

在技术层面，数字技术包括大数据、云计算、物联网、数字孪生、区块链、人工智能、5G 通信等新兴技术。在应用层面，“新基建”、新零售、新消费等都是其具体应用的典型代表。

通过不断扩展和升级的网络基础设施与智能设备等信息工具与技

术，人类可处理大数据的数量不断增多，质量不断提高，速度不断提升。工业经济向数字经济形态转化，社会交易成本降低，资源优化配置效率提高，产品、服务、产业的附加值提升，社会生产力快速发展。数字经济提供的历史机遇，为一些国家后来居上、实现超越性发展提供了基础。我国也在许多领域实现了超越性发展。

数字化技术、产品与服务向传统产业进行多方向、多层次、多链条的加速渗透，这一过程被称为产业数字化；同时数字技术也在推动数字产业链和集群的不断发展壮大，这一过程被称为数字产业化。我国重点推进建设的 5G 网络、大数据中心、工业互联网等，本质上就是围绕科技新产业的数字经济基础设施。数字经济已成为驱动我国经济实现快速增长的新引擎，数字经济催生出的各种新业态，也将成为我国经济新的重要增长点。数字经济持续发展如图 1－1 所示。

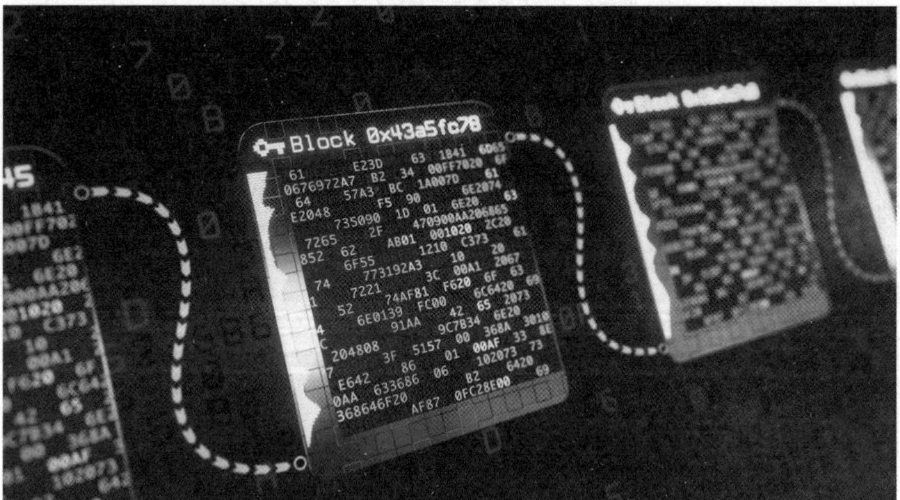


图 1－1　数字经济持续发展

以习近平同志为核心的党中央高度重视数字化发展，明确提出数字中国战略。党的十九届五中全会通过的《中共中央关于制定国民经济和社会发展第十四个五年规划和二〇三五年远景目标的建议》明确提出要“加快数字化发展”，并对此作出了系统部署。数字经济、数字社会、数字政府，是数字化发展的重要组成部分。

加快产业数字化，利用数字技术多方向、多层次、多链条赋能传统产业，提升全要素生产率，具体措施包括以下几点：一是大力发展智能制造，推动制造业向数字化、网络化、智能化转变；二是加快发展数字农业，推动数字乡村建设，普及农业智能化生产、网络化经营；三是促进服务业数字化发展，加快金融、物流、零售、旅游等生活性服务业和服务贸易数字化进程；四是拓展数字化公共服务，加快发展数字教育、数字医疗，打造新型智慧城市，强化数字技术在城市规划、建设、服务和治理等领域的应用。

推动数字产业化，通过数字技术催生新产业，推动数字产业的形成和发展，具体措施包括以下几点：一是完善数字产业链，推动大数据、人工智能、数字货币、区块链等产业发展，统筹布局高水平数字产业集聚区；二是加快培育数字化新业态，利用互联网整合线上线下资源，支持平台经济、共享经济、大众创新创业、个性化定制等；三是发展数字文化产业，拓展数字创意、数字出版、数字影音等数字文化内容。

在国家“十三五”时期，数字经济占 GDP（国内生产总值）比重超三成，创新驱动发展成果与广阔的应用场景交汇融合，支撑我国经济高质量发展取得新成效。

2015—2019 年，我国数字经济总体规模不断扩大，占 GDP 比重逐年提升，如图 1－2 所示。

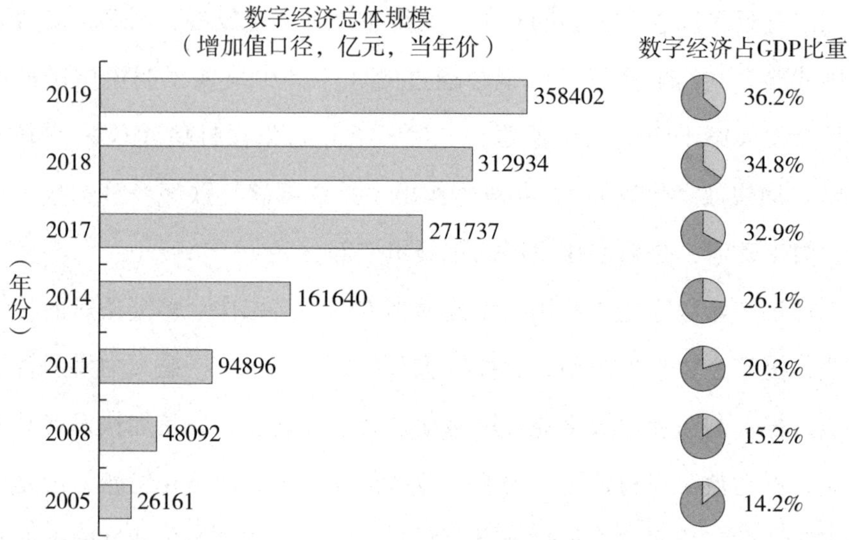


**图 1－2　2015—2019 年中国数字经济规模**

根据《中国数字经济发展白皮书（2020 年）》显示，2019 年，我国数字经济增加值规模达到 35. 8 万亿元，占 GDP 比重达到 36. 2%，占比同比提升 1. 4 个百分点，按照可比口径计算，2019 年我国数字经济名义增长 15. 6%，高于同期 GDP 名义增速约 7. 85 个百分点，数字经济在国民经济中的地位进一步凸显[1]。2020 年新冠肺炎疫情全球蔓延的背景下，在复工复产、经济稳定、疫情防控有效性等方面，我国数字经济发挥了重要作用。

在互联网、人工智能、大数据、云计算等数字经济领域成长起来的新一代信息技术企业，通过探究人民生产生活需求，发掘线上服务，拓展在线教育、智慧医疗、线上办公、在线娱乐、在线消费、智慧配送等业务，并为此提供技术支撑和平台服务，实现了业务扩展和营收增长。

针对国际环境变化的影响，我国提出了构建国内国际双循环相互促进的新发展格局。从供给侧和需求侧来看，数字技术和数字经济为国内的大循环创造了动力，同时也推动了国内国际双循环的有效链接。数字技术使信息日益透明化，跨国企业在获取资源和开拓市场方面降低了成本，贸易和双向投资得到了快速的发展。《2015—2019 年中国跨境电商进出口总额及增长情况》显示，海关跨境电商管理平台的进出口总额从 2015 年的 360.2 亿元增长到 2019 年的 1862.1 亿元，年均增速达 50.8%[2]。

数字技术推动了数字经济的迅速发展，具体体现在两个方面。一是积极推动国内经济和社会的高质量发展，提升政府的服务和社会治理能力；二是促进中国和“一带一路”沿线国家和地区的贸易和投资，加速形成以中国为主导的全球价值链体系。

在数字经济的大趋势下，应提高全民数字化能力，加强数字技能普及培训，提升全民数字技能，积极营造数字文化氛围，逐步实现数字社会转型。

数字技术不断深化、拓展，给经济生活和社会生活带来巨大影响，深刻变革了人们的生产方式和生活方式。数字经济除了是一种经济形态以外，也是生产方式、生活方式和生产力实现方式。以数字技术为依托的各种生产和生活的解决方案，已经在生产和生活领域形成了不可逆转的趋势。

电商平台、智慧物流、移动支付等新元素搭建的数字经济消费链已经形成。这些数字技术的广泛应用降低了成本，提高了效率。中国人民银行（以下简称央行）发布的《2018 年支付体系运行总体情况》显示，全国支付体系运行平稳，社会资金交易规模不断扩大，支付业务量稳中有升。在电子支付方面，移动支付业务 605.31 亿笔，金额为 277.39 万亿元，同比分别增长 61.19% 和 36.69 %[3]。按照国家统计局发布的《2018年国民经济和社会发展统计公报》显示，全年实物商品网上零售额70198亿元，比上年增长25.4%，占社会消费品零售总额的比重为18.4%，比上年提高3.4个百分点。全年社会消费品零售总额380987亿元，比上年增长9.0%[4]。数字经济通过资金、信息、物流等基础服务，让全国不同地域共享经济发展机遇，对缩小东西部经济发展差距具有显著作用。

## 第三节 从消费互联网到产业互联网

互联网的本质是提高效率，降低成本。如今，大部分人已经习惯了网上购物。所谓的消费互联网，就是以个人为用户，以日常生活为应用场景，用于满足消费者在互联网中的消费需求的互联网类型。消费互联网从搜索、电商、社交领域切入，以消费为主线，渗透生活的各个领域，极大地影响了人们的生活和消费习惯。

产业互联网是利用数字技术与互联网技术的一种新经济形态。产业互联网更加关注各垂直产业应用的产业链和价值链，通过对其进行赋能和改造，实现互联网与传统产业的深度融合。产业互联网的突出特点是赋能实体经济。

消费互联网和产业互联网有比较明显的区别，具体体现在以下几个方面。

第一，消费互联网排他性强，而产业互联网需要产业链中各方协作共赢。

第二，消费互联网依赖规模或增值业务获利，而产业互联网通过为产业提高效率、节省开支实现获利目的。

第三，消费互联网相对集中，而产业互联网价值链更复杂、关联性更强。

产业互联网在重塑产业价值链的过程中需要对每个环节做数字化升级。在这个过程中，数据变成了产品中不可或缺的内容。通过提供数据服务，产业链可以拓展价值。

消费互联网是互联网主导的场景应用，服务于消费者个人或团体。消费互联网因方便、快捷的特性改善了消费者的生活体验而呈爆发式发展。消费互联网的表象特征是流量、“网红”、高频。产业互联网是以产业为基础，从产业出发，以互联网作为手段为产业服务。产业互联网通过提高生产效率、适配资源而得到稳步的推进。产业互联网有助于实现产业的协同集成、优化、价值化，其基础是专业知识的积累、低频率高价值实现。

消费互联网和产业互联网各自有其作用与影响。两者既相互关联，又有很大的差异。产业互联网通过生产的效率提升和资源优化组合为消费者提供性能更好、性价比更高的产品和服务，而消费互联网则提升了消费者的消费体验。产业互联网最大的价值在于其能对资源进行优化配置，能在相同的条件下产生出更大的价值。

## 参考文献

[1] 中国信息通信研究院．中国数字经济发展白皮书（2020 年）[EB/OL]．(2020－07)　[2021－05－31]．http：//www. caict. ac. cn/kxyj/qwfb/bps/202007/t202007 02_285535. htm.

[2] 前瞻产业研究院.2015—2019年中国跨境电商进出口总额及增长情况[EB/OL].(2020-12-02)[2021-05-31]. http://bg.qianzhan.com/wuliu/detail/616/201202-e8aa33e9.html.

[3] 中国人民银行.2018年支付体系运行总体情况[EB/OL].(2019-03-18)[2021-05-31]. www.pbc.gov.cn/goutongjiaoliu/113456/113469/3787878/2019111315220962373.pdf.

[4] 国家统计局.2018年国民经济和社会发展统计公报[EB/OL].(2019-02-28)[2021-05-31]. www.stats.gov.cn/tjsj/zxfb/201902/t20190228_1651265.html.

# 第二章／数字孪生的发展历程

“这些都不是真的吗？”

“什么是‘真’？又该如何定义‘真’？ 如果你指的是可被感知到、被嗅到、被尝到、被看到，那所谓真实无非就是经过大脑处理过的电信号。这是你知道的那个世界……其实只是神经交互模拟系统的一部分……”

“This isn’t real?”

“What is ‘real’? How do you define ‘real’? If you re talking about what you can feel, what you can smell, taste and see, then ‘real’ is simply electrical signals interpreted by your brain This is the world you know… It exists now only as part of a neural-interactive simulation…”

——《黑客帝国》40:15

我们是生活在虚拟世界，还是真实存在的物理世界？我们的判断往往倾向于相信感官，因为我们有听觉、嗅觉、味觉、触觉、时空感；我们眼见为实；我们意志坚定。我们很容易就能判断出这是虚拟世界还是真实世界。虽然现在的数字技术还“欺骗”不了我们的感官，但这并不妨碍数字孪生相关技术在经济活动中为各行各业服务。它避险节源、提效增益、推动社会和经济的高效发展。

## 第一节 数字孪生概念的演进

数字孪生概念最早可以追溯到 20 世纪六七十年代 NASA 的阿波罗计划，如图 2－1 所示。

1970 年 4 月的一天，距离地球约 33 万公里的阿波罗 13 号登月飞船在前往月球的航程中，其服务舱氧气罐发生爆炸。巨响之后，舱内的宇航员察觉到船体受损，但由于视角限制，他们看不到飞船外面，因此不知道具体发生了什么以及船体受损的严重程度。舱内警示灯闪烁不止，刺耳的警报声持续作响。

NASA 地面站拥有多个模拟器，用于训练宇航员和指挥控制人员。在过去的训练任务中包括了任务失败时的多种情景模拟，其中一些模拟

图2－1　阿波罗载人登月计划

训练的成果，被用在了阿波罗 13 号的救援任务中，在看似不可挽回的灾难中，挽救了三位宇航员的生命。

这些模拟器是整个阿波罗登月计划中最复杂的技术组合。在模拟训练中，除了机组人员、驾驶舱和指挥控制台之外，其他的一切都是通过一个当时的超级计算机群组加上大量算法，由技术人员创造、"虚构"出来的。

阿波罗 13 号救援任务被视为世界上第一例数字孪生应用的原因在于，NASA 使用了当时最先进的通信技术与阿波罗 13 号航天器中的各种设备以及宇航员们持续保持实时联系，而这些通信数据则被地面控制人员用于迅速地调整模拟器环境参数，来模拟现实中受损航天器的实际情况。NASA 以此为基础和宇航员共同探讨、筛选并完善方案，把宇航员们成功带回地球。因此，在阿波罗计划中，这些高保真度的模拟器及其相关的计算机系统，再加上与航空器持续保持通畅联系的通信系统和获取到的通信数据流构成了一套完整的阿波罗 13 号数字孪生系统。

1992 年，著名的人工智能专家，耶鲁大学的哥伦特（Gelernter）教授出版了《镜像世界》（*Mirror Worlds*）一书，书中描述了一个由计算机软件定义的虚拟现实世界。书中写道："什么是镜像世界？它们是从电脑屏幕上显示的代表真实世界的软件模型，海量的信息通过软件接口源源不断地涌入模型，如此多的信息使模型可以模拟现实世界每时每刻的状态。" 2002 年美国密歇根大学的格里夫斯教授在产品全生命周期管理课程上提出了"与物理产品等价的虚拟数字化表达"的概念，即一个或一组特定设备的数字复制品，能够抽象表达真实设备，并能以此为基础进行真实条件或模拟条件下的测试。2011 年格里夫斯教授引用了其合作者用于描述此概念的新名词——数字孪生。这一概念沿用至今。

尽管后来对数字孪生概念的描述不断演变，但其包含的组成要素与概念模型基本保持一致，突破了原来孪生体的物理空间限制。数字孪生组成要素包括物理空间、数字虚拟空间以及两者之间的联结三部分，其概念模型即实体产品、虚拟产品以及两个空间之间的数据信息交互接口。

与数字孪生组成要素相对应，数字孪生所需的底层技术也包括了三个方面：一是对物理空间中的设备、系统、环境进行建模、渲染、仿真的能力；二是在物理空间中基于物联网等技术采集、传输可信数据并基于云计算、大数据、AI（人工智能）进行分析和服务的能力；三是连接物理空间和数字空间互动和反馈的能力。

因为技术的局限性和费用问题，数字孪生概念提出后，并没有马上对除了航天和军事以外的大部分行业产生实质影响。直到2011年之后，随着技术的发展和成熟，数字孪生才在更多领域得到了应用。如中巴钢铁新城数字孪生时空规划，见图2-2。

图2-2　中巴钢铁新城数字孪生时空规划

今天，数字孪生的应用场景已经从最初的航天、军事以及工业制造扩展到医疗、建筑、城市、文化创意等多个不同领域当中，数字孪生的内涵也有了进一步发展。数字孪生市场规模从2020年的31亿美元以58%的年复合增速增长，到2026年，预计市场规模达到482亿美元[1]。数字孪生发展进程如图2-3所示。

数字时代，数字孪生作为最重要的数字技术之一备受行业内外的关注。全球著名IT（互联网技术）研究机构Gartner公司在2017年至2019年连续三年将数字孪生列为十大新兴技术之一。Gartner公司对数字孪生的解释是：数字孪生是现实世界实物或系统的数字化表达，是现实生活中物体、流程或系统的数字镜像。随着物联网的广泛应用，数字孪生可以连接现实世界的对象，提供其状态信息，响应变化，改善运营并增加价值。据 Gartner 公司当时的预测，到 2021 年，半数的大型工业企业将应用数字孪生技术，使这些企业的效率提高 10%。到 2024 年，将有超过 25% 的全新数字孪生作为新物联网原生业务应用的绑定功能被采用。这部分内容在后文中还会有更详细的论述。

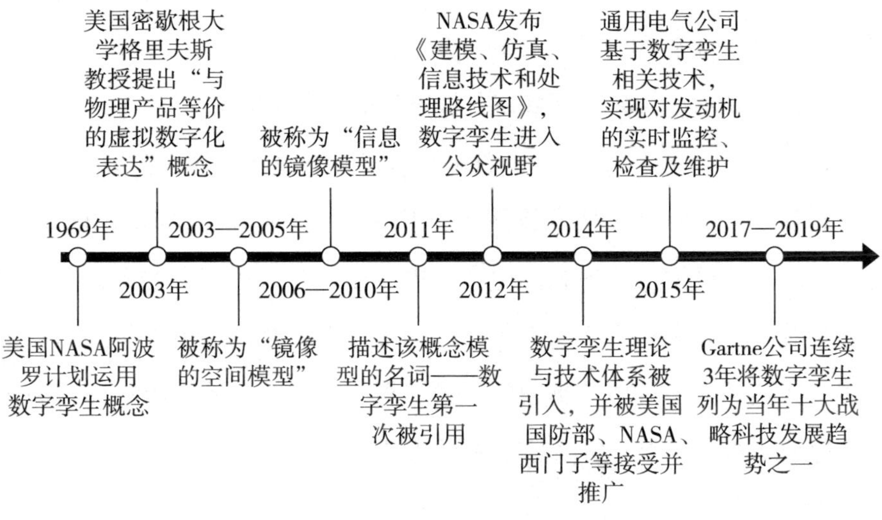


图 2-3 数字孪生发展进程

在 2020 年中国国际大数据产业博览会上，美国《连线》杂志创始主编凯文·凯利发表了以“数字孪生 镜像世界”为主题的演讲。凯利认为，镜像世界是未来 20 年将出现的一次重大变革，这种变革将当今存在的数字世界层层叠加到现实物理世界中。

数字孪生技术在西方发达国家发展迅速，主要以美国和德国为垄断力量。Meticulous Market Research Pvt. Ltd.（全球知名的独立全面服务型市场调查咨询企业）相关资料显示，数字孪生市场运营的前十家公司如下。

**1. General Electric Company（美国通用电气公司）**

GE Digital（GE 数字集团）成立于 2015 年，总部位于美国加利福尼亚州，是美国通用电气公司非常有前途的子公司之一，是全球领先的提供数字孪生解决方案和咨询服务的公司之一。围绕运营技术和基础设施，该公司通过对几个行业的垂直经营，如航空、医疗、制造业、采矿、石油和天然气、发电和运输等，实现了其从资产绩效管理、运营绩效管理到数字能源和制造系统的管理。

**2. IBM Corporation（国际商业机器公司，简称 IBM）**

IBM 公司成立于 1911 年，总部设在美国纽约州阿蒙克市。IBM 公司通过认知解决方案、技术服务和云平台、全球业务等关键部门运作服务、系统，全球融资。该公司生产和提供硬件和软件解决方案，并提供主机处理器托管和咨询等服务。该公司拥有多样化的、庞大的产品和服务组合，包括人工智能、物联网、云计算、安全技术等。IBM 公司为包括金融服务机构、制造业和零售业等在内的各个行业各种规模的企业和领导者提供服务。

**3. PTC（美国参数技术公司）**

PTC 成立于 1985 年，总部位于美国波士顿，是一家软件公司，提供包括物联网和 AR（增强现实）解决方案在内的产品和服务。该公司是数字转型的先驱之一，它提供了包括物联网和 AR 技术等在内的数字孪生解决方案。该公司为各种行业提供数字解决方案，包括航空航天、汽车、电子、生命科学、石油和天然气工业。公司拥有子公司，在北美、欧洲、亚太、中东、非洲以及澳洲等地设有办事处。

**4. Microsoft（微软公司）**

微软公司成立于 1975 年，总部设在美国华盛顿的雷德蒙德。微软以包括 Internet Explorer（IE 浏览器）、Microsoft Office（基于 Windows 操作系统的办公软件套装）和 Microsoft Edge（ME 浏览器）在内的软件产品而闻名。此外，公司专业从事云计算、量子计算、商业软件、IT 专业、开发工具、教育软件、搜索、广告、Windows 操作系统、Windows 应用和平台、智能手机、生产力解决方案、人工智能解决方案、机器学习解决方案和虚拟现实解决方案等领域，相互交叉又相互独立。微软拥有众多子公司和强大的分销网络，包括 GitHub（面向开源及私有软件项目的托管平台），Mojang（电子游戏开发商），Skype（即时通信软件），LinkedIn（领英）等。

5. Ansys Inc.（软件公司）

Ansys Inc. 成立于 1970 年，总部位于美国，是一家软件公司，为不同行业的客户设计和开发工程模拟和测试软件。该公司提供基于物理模拟和分析的数字孪生解决方案，为汽车、航空等众多行业提供解决方案。公司拥有子公司和强大的分销网络，在北美、欧洲、亚太、中东、非洲以及澳洲等地设有办事处。

6. Siemens Industry Software Inc.（西门子工业软件公司）

西门子工业软件公司是西门子公司的子公司，成立于 1963 年，总部设在美国得克萨斯州的布莱诺市。服务范围涉及消费品和零售、交通、能源、公用事业、石油、天然气、保险和金融等。公司提供仿真和数字化工业软件，包括 Siemens NX（产品工程解决方案）、Teamcenter（工业软件）、Simcenter（仿真和测试解决方案套件）、PLM（产品生命周期管理）组件和 Mendix（低代码平台）。凭借其子公司和强大的分销网络，该公司业务涉及北美、欧洲、亚太、中东、非洲等地区。

**7. SAP SE（软件公司）**

公司成立于1972年，总部位于德国沃尔多夫市，是企业应用软件解决方案、分析和商业智能解决方案行业的领先者。公司向企业提供有效管理不同业务和客户关系的企业软件。该公司使用机器学习、物联网和先进的SAP Analytics Cloud（分析云）技术帮助客户将企业转化为智能企业。该公司提供的广泛应用和服务使客户能够以盈利的方式运作，以适应竞争激烈的商业环境。凭借其子公司和强大的分销网络，该公司业务涉及北美、欧洲、亚太、拉丁美洲、中东和非洲等地区。

**8. Oracle（甲骨文公司）**

甲骨文公司成立于1977年，总部设在美国加利福尼亚州。甲骨文公司为不同行业提供众多软件解决方案和产品，如汽车、通信、建筑和工程、金融服务、食品和饮料、保健、高科技、工业制造、生命科学和公用事业。该公司提供各种解决方案，包括自主数据库解决方案、业务分析、开发工具、工程系统、IT基础设施、Java（计算机编程语言）、中间件应用概述解决方案、客户体验管理、企业绩效管理解决方案、企业资源规划、人力资本管理、供应链管理解决方案。凭借其子公司和强大的分销网络，该公司在北美、欧洲、亚太和拉丁美洲等地设有办事处。公司的一些关键子公司包括NetSuite（为企业提供定制企业管理软件的应用程序制造商），Taleo（云计算人才管理解决方案提供商），BlueKai（数据管理平台），Responsys（企业广告软件商），Textura（为建筑行业提供合同与支付云服务的公司），Endeca（企业搜索和数据管理公司），Opower（为电力公司提供数据软件服务的公司）等。

**9. SWIM. AI（边缘计算生态系统提供商）**

公司成立于2015年，总部设在美国，SWIM. AI提供边缘智能解决方案，结合边缘计算、机器学习和数字孪生，通过各种数据驱动的应用程序，如数据交换、数据应用驱动智能城市、工厂和物流。公司提供产品，以流数据输入，并以图表、分析模型、预测模型和数字孪生的形式提供实时洞察力。该公司专业从事智能物流、工业物联网、智能电网、边缘学习、机器学习、物联网应用、边缘分析和边缘计算。

10. Robert Bosch GmbH（罗伯特·博世公司）

成立于1964年，总部设在德国格尔林根，公司从事汽车与智能交通技术、工业技术、消费品和能源及建筑技术产业。该公司通过物联网技术和平台为连接智慧城市和连接制造业提供各种创新的解决方案。

在汽车行业，该公司提供不同类别的产品，包括连接解决方案、驾驶员辅助系统、自动驾驶解决方案、内部和车身系统、转向系统和驾驶安全系统。凭借其子公司和强大的分销网络，该公司业务涉及欧洲、亚太和美洲等地。

数字孪生应用领域广泛，其产业图谱如图2-4所示。

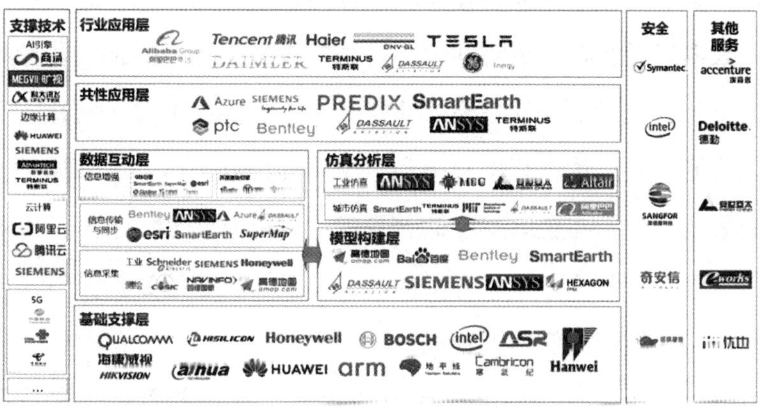


图2-4　数字孪生产业图谱

## 第二节
## 数字孪生和其他新一代数字技术的关系

作为最新的数字技术，数字孪生和我们所熟知的新一代数字技术，如大数据、人工智能、云计算、5G、物联网、区块链等，有什么关联和区别呢?

### 一、数字孪生和大数据

先对比一下两个数字技术的概念。

数字孪生是现存或未来的物理实体对象的数字模型，采用实测、仿真和数据分析来实时感知、诊断、预测物理实体对象的状态；通过指令来优化和调控物理实体对象的行为；通过相关数字模型间的相互学习来进化自身，同时改进相关方在物理实体对象生命周期内的决策。

大数据指无法在一定时间范围内用常规软件进行捕捉、管理和处理的数据集合，是需要新处理模式才能具有更强的决策力、洞察发现力和流程优化能力的海量、高增长率和多样化的信息资产。大数据是一种大规模的数据集合，在获取、存储、管理、分析方面大大超出了传统数据库软件工具能力范围，具有海量的数据规模、快速的数据流转、多样的数据类型和价值密度低四大特征。

数字孪生和大数据都以数据为基础，数据采集和处理都是重要环节。数字孪生技术偏重数据优化，大数据更强调数据分析。两者关系如图 2－5 所示。

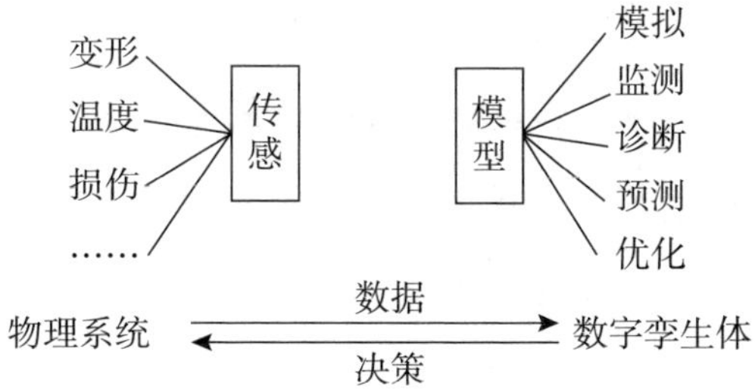


**图2-5 数字孪生和大数据关系**

我们用一个大数据和数字孪生的电网应用为例，来说明大数据与数字孪生技术在应用中的共性和联系。

利用特高压技术远程输送电力时，调相机的故障诊断和预防性维护是数字孪生一个重要的应用。在调相机的日常运行过程中，用于固定设备的部件可能会发生松动，最终会导致转动设备的异常振动，严重时会造成停机甚至安全事故。

配备调相机的换流站往往和发电厂相距不远，大多建设在边远地区，不方便维护人员常驻，微小的变化在巡查中也很难被发现。应用现代化的手段进行检测和维护成为必然。建立调相机数字孪生模型、调相机运维大数据系统并应用大数据技术进行挖掘，对调相机进行故障诊断十分必要。

通过调相机声波传感器和振动传感器采集设备运转数据，应用大数据技术建立调相机基本运转模型，将调相机采集的声波和振动数据进行分析，应用大数据和人工智能的相关算法，对调相机运行模型进行训练，形成可用于智能诊断的调相机运行模型。然后，将传感器实时传递回来的数据与调相机运行模型数据进行比对，形成决策机制，从而诊断调相机故障。

在上述大数据模型关于调相机故障分析判断基础上，结合调相机模型、历史数据、温度、湿度、时间等因素，搭建调相机数字三维模型，连接实时传感数据，组成调相机的数字孪生体，进一步完成对调相机的预测性维护及优化。

从这个案例中可以发现，大数据技术给出了发现和解决具体问题的算法，数字孪生技术给出了解决问题的可视化和操作的对象和方案。

## 二、数字孪生和人工智能

人工智能已经发展几十年，尤其是在2010年之后，随着机器学习算法、深度学习算法的飞速发展，谷歌的AlphaGo（一般指阿尔法围棋）和IBM的沃森都已投入应用。人工智能技术的应用，会促进数字孪生体的数字空间与物理空间的实时交互。

数字孪生系统采集的实时数据，再结合历史数据，通过人工智能机器学习算法对这些数据进行挖掘，可以发现物理世界的相互关联，从而构造数字孪生系统的自我学习体系，实时在数字世界里呈现物理实体，比如智能设备、工具、工厂、生产系统和环境等的近真实状况，并具备对未来发生的事件进行推测和预演的能力。

另外，物理实体和相关的特征在未来都将会数字化，数字创意和数字IP（知识产权）也将越来越普遍，而这一切便形成了数字资产。在一个可信、去中心化的网络上，经过安全认证后，这些代表物理实体包括个人的数字孪生体，将不受任何时间和物理空间的局限，可以通过定制化智能身份和个性化人工智能，与这个世界互动。

## 三、数字孪生与云计算

从普遍接受的方式来看，数字孪生是放在云端的。一些数字孪生的开发者倾向于将数字孪生看成是纯粹基于云的资产，因为运行一个数字孪生需要的计算规模和弹性都很大。

对于数字孪生而言，既可以线下部署，也可以从云端发布，这两种方式都有需求，也同等重要。云原生技术可以实现“云—边—端”一体化的应用分发，特别是解决在海量的边缘、端设备上完成大规模应用交付、运维、控制的问题。

智能终端设备的数量呈几何级增加，大量的传感器和精细化数据采集，5G 等高速高带宽的网络协议，这一切都使传统计算中心集中存储、处理的模式已经无法满足终端设备对于时效、算力、容量的需求。将算力下沉到边缘侧，并通过中心进行统一管理和运维，这将是云计算的重要发展趋势。

所谓的云原生技术，就是通过统一的协议和标准，在终端设备上实现和云端相同的功能和体验。云原生技术还可以实现“云—边—端”一体化的应用分发。云边协同大大加快了物联应用落地的速度，让边缘计算备受关注。在各个产业应用场景中，云计算与边缘计算紧密协同，将云计算与边缘计算的应用价值最大化。

在 5G、智能终端、云计算、边缘计算等应用越来越广泛的同时，“云—边—端”协同的分布式云推动了物联应用的管理和部署，成为物联网场景中各种技术的纽带。

各大云服务商通过云原生技术，将算力延伸到边缘侧，支持数字孪生应用场景落地。亚马逊推出 AWS IoT Greengrass（将云功能扩展到本地设备的软件），使得设备可以更靠近信息源来收集和分析数据，自主响应本地事件，同时在本地网络上彼此安全地通信。微软推出 Azure IoT Edge（边缘计算服务），将 AI 和分析工作负荷迁移到网络边缘；阿里巴巴推出物联网边缘计算平台，将阿里云的边缘计算能力部署在各类计算节点或智能设备中，打造“云—边—端”一体化的协同计算体系；华为推出智能边缘平台，支持用户海量边缘节点接入和边缘应用全生命周期管理，提供完整的云边协同一体化的计算解决方案。

数字孪生与云计算运行示意如图 2 –6 所示。

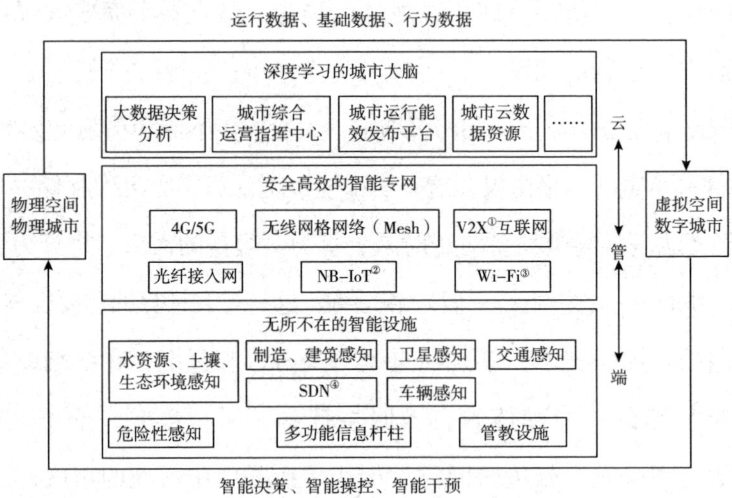


**图 2 –6　数字孪生与云计算运行示意**

## 四、数字孪生和 5G

5G 的三大场景包括增强移动宽带（eMBB）、大规模物联网（mMTC）、超高可靠低时延通信（URLLC），这些都有数字孪生的影子。

---

① V2X 即 Vehicle to X，意为车用无线通信技术。

② NB – IoT 即 Narrow Band Internet of Things，意为窄带物联网。

③ 无线通信技术。

④ SDN 即 Software Defined Network，意为软件定义网络。

数字孪生体的数字空间和物理空间需要通过5G来加速高频、海量、实时数据的采集和传输。数字孪生是5G推动工业4.0的助燃剂。

5G网络的三大特点是高速率、广连接、低时延，基于这些特性，新的应用场景和商业模式逐渐发展起来。带宽的增加可以全面提升网络速度和数据流量。泛连接可以接入各类的终端设备，真正实现设备的互联。高可靠、低时延对自动驾驶、远程医疗、实时交通、线上培训和远程操作、工业4.0自动化等时间和精度要求高的行业十分关键。

据《工人日报》报道，2019年3月16日，中国移动携手华为公司助力中国人民解放军总医院，成功完成了全国首例基于5G的远程人体手术——帕金森病“脑起搏器”植入手术。该例手术的成功，是数字孪生技术在数字医疗的成果应用。

目前数字孪生技术还是偏向应用于工业制造领域或工业互联网领域。工业互联网是工业系统与数字技术和互联网融合的结果，通过智能设备以及未来的人机连接，结合工业软件，重构全球工业和制造业。5G衍生赋能产业链如图2－7所示。

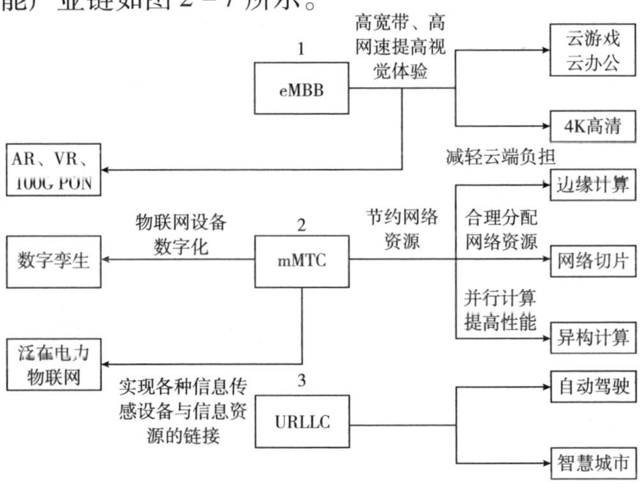


图2－7　5G衍生赋能产业链

## 五、数字孪生和物联网

物联网技术处于数字孪生技术的连接环节。物联网传感器提供了数字孪生体数字空间需要的物理资产数据。

随着物联网传感器变得越来越普及、功能越来越强大、成本越来越低，数字孪生技术会在越来越广泛的应用场景落地。随着传感数据的快速增长，数字孪生技术可以帮助数据科学家研发和优化系统。

制造业的数字化转型，离不开数字孪生技术。主要原因是数字孪生技术可以提高制造业设备维护和运营的效率。将数字孪生技术与物联网结合使用可以为以下几个方面带来好处。

（1）维护：通过数字孪生技术构建设备的数字孪生体，使每台设备都可以作为一个个体单元被跟踪和监控。物联网传感器数据经过一段时间的积累，可以成为设备异常模式的预测模型，以便在设备发生故障之前进行预测，并通过数字孪生系统远程解决问题，缩短维护时间。

（2）运营：针对问题的解决方案可以预先在数字孪生体进行重复性实验，对物理设备不产生干扰，既安全又高效。

（3）优化：数字孪生系统允许使用数字孪生体运行模拟仿真，在降低成本的同时对产品进行优化。

（4）成本：通过使用数字孪生体对设备进行预测性维护和优化，可以延长设备资产的使用寿命，从而降低运营成本和支出。

例如，美国得克萨斯州和加利福尼亚州的电网出现故障，凸显了能源公司在电力供应方面同时切换到不同能源过程中所面临的困难。GE公司采用了数字孪生的技术解决方案，通过数字孪生体来模拟现实世界中的物理资产，打造混合可再生能源和传统能源的下一代电网[2]。

数字孪生技术预测性维护、运营以及产品设计和测试方面的改进等功能对工业物联网的发展具有重要意义。随着物联网设备的完善和数量的增长，数字孪生方案可以优化物联网部署以提高效率，同时帮助在实际部署前精准定位、优化运行方式。

## 六、数字孪生和区块链

数字孪生体在实际运行中需要大量的实时数据，并依赖采集和传输的数据进行分析、决策，因此对数据可信、设施设备可信具有很高的要求。目前，数字孪生体通用的做法是采用中心化的方式，将采集的数据传送到中心服务器，在服务器端运行仿真模拟。这对中心系统的可信性要求是巨大的，数据的可信性问题必须得到高度重视和解决。

在集中式中心系统中，对数据的信任或差异容忍是有边界的。数字孪生体和其表达的物理世界，可以是一一对应的，也可以是局部同步的。从数据的采集到处理完成出结果，其中的可靠性、时效性、可计算性等环节都非常重要。

采用区块链技术可以解决数据的可信性问题，为数字孪生体构建一个可信的计算平台。众所周知，区块链采用分布式账本，由各个节点保存账本副本，其中只有在超过一半节点修改其副本才能认定为可信修改。单个或少数参与方无法通过恶意修改和干扰的方式降低计算的可信性。另外，区块链通过一套各参与方公认的规则、协议、流程和方法，使区块链系统的计算运行得以顺利进行。

区块链技术与数字孪生技术相结合，各自发挥其作用，为数字孪生体的应用提供了保障，有利于保证数据不被篡改，建立数字孪生体与物理世界的一对一映射关系，实现数字孪生体之间的交互。区块链技术与数字孪生技术相结合的优点具体体现在以下几个方面。

#### 1. 保证数据不被篡改

数据是数字孪生体和其所表达的物理世界进行链接交互以及数字孪生体之间交互的重要元素。在极端情况下，存在黑客或组织利用各种科技手段，对数据进行入侵、删除、造假等以达到其非法目的的可能。

如果数字孪生体基于这样的数据进行模拟仿真决策，其结果会偏离事实并对参与的决策各方产生极大的威胁，造成严重的后果或灾难。区块链技术的应用保证了链上的数据难以被篡改。运用区块链技术保存和调用数字孪生体的所有数据，可以保证数据的真实性，从而确保结果有效可靠。区块链系统中的分布式系统也提供了多节点的数据副本，缓解中心系统对于数据存取的压力。

#### 2. 去中心化

数字孪生建立的镜像世界，记录了历史信息和模拟物理世界的未来信息，形成了一个全生命周期的生态。海量的数字孪生体之间的信息交互难以通过一个中心化的系统来完成。

前面提到，区块链技术支持的分布式系统在每个节点都可以保存整个系统的副本，并通过系统的共识机制来更新整个系统对于该数字孪生体的变化。这不但分散了数字孪生体进行交互的巨大工作量，还通过众多节点的协调形成数字孪生体之间通信的渠道。总之，区块链技术可以为数字孪生赋能，解决许多中心化系统难以解决的问题。

#### 3. 一一映射和授权

实体难以被复制，但是一旦数字化以后，其数字孪生体被复制的可能性就大大增加。怎样保证数字孪生体是和其代表的物理实体存在对应关系，或确认一个数字孪生体是被合法授权的代表，是需要解决的重要问题。

区块链系统采用 Token（通证）来进行管理，通过 Token 实现实物资产或数字资产上链。通过上链，资产的所有权映射在了区块链上，与区块链数字凭证形成一对一的对应关系，数字凭证的持有者身份即对应资产的所有权。

区块链的通证可以实现上述一对一关系，防止有价值的数字孪生体被非法复制。以太坊 ERC－721 标准规定了每一个 Token 都有唯一的 Token ID，即每一个 Token 都是独一无二的[3]。使用 ERC－721 标准创造的数字孪生体就具有与物理实体一对一的唯一性。

我国对基于区块链的版权存证已在司法实践中获得认可。利用区块链的去中心化、分布式账本、不可篡改的特性，可以降低信任成本，简化交易流程，提升资产的流动性。

## 第三节 数字孪生的相关标准

自 2015 年开始，ISO（国际标准化组织）、IEC（国际电工委员会）和 IEEE（电气与电子工程师协会）等国际标准化组织着手推动成立数字孪生技术委员会和工作组，力求从各自的领域和层面出发，探索标准化工作。同时推动测试床等相关概念验证项目，助力标准的实施推广。数字孪生国际标准化全景如图 2－8 所示。

就目前来看，智能制造和智慧城市领域是数字孪生标准工作的切入点，其他领域相对缺乏标准化的研究工作。数字孪生整体的标准化工作也处于初级阶段，标准研究内容有待丰富。随着全国信息技术标准化技

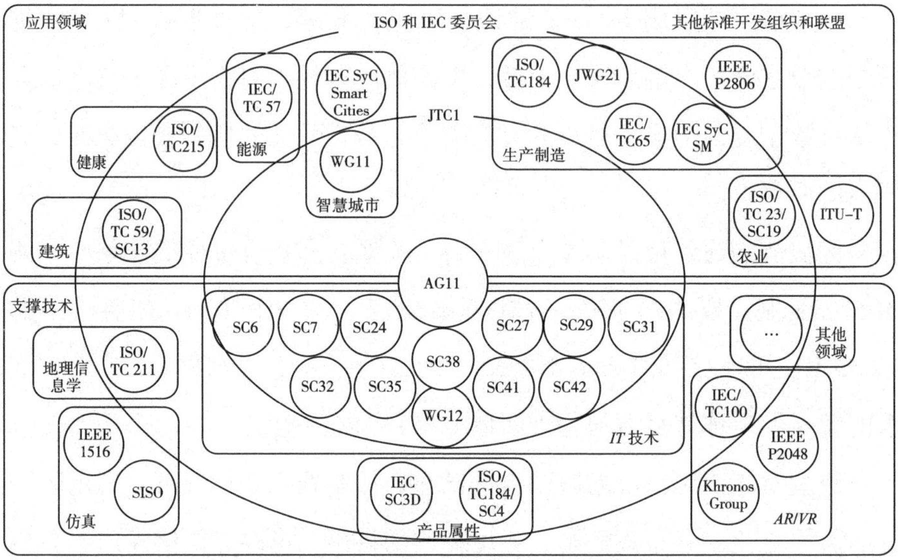


图 2-8　数字孪生国际标准化全景

术委员会、国家智能制造标准化总体组等国内标准化组织或机构对数字孪生标准化的关注与推动，由中国电子技术标准化研究院牵头起草的《智能制造　虚拟工厂参考架构》《智能制造　虚拟工厂信息模型》两项国家标准已报批。未来，国内数字孪生领域基础共性及关键技术标准将不断涌现，依托正在研制的数字孪生概念框架等标准，通过聚焦新标准化需求，逐步建立基本的数字孪生标准体系并孵化典型行业中的数字孪生应用标准，形成国际标准、国家标准、行业标准和团体标准良性互动的局面[4]。具体表现在以下几个方面。

**1. ISO/IEC JTC1（国际标准化组织/国际电工委员会的第一联合技术委员会）标准化工作**

（1）2019 年 5 月，ISO/IEC JTC1 第 34 届全会采纳中国、韩国、美国等成员代表建议，成立数字孪生咨询组 AG11，并发布《数字孪生技术趋势报告》。

（2）2019 年 11 月起，ISO/IEC JTC1 AG11 数字孪生咨询组开始工作，各国代表围绕数字孪生关键技术、参考模型、典型案例模板等进行了交流。

目前，AG11 数字孪生咨询组已完成工作报告。AG11 在报告中制定了如下的数字孪生的标准体系框架，为数字孪生标准研究与制定人员提供参考，同时为数字孪生落地应用提供指导，具体包括以下内容。

（1）基础标准：定义术语和概念、参考架构和框架。

（2）数字孪生技术实现：定义功能、生命周期、数字线程和互操作性。

（3）集成与协作：定义资源、数据、信息模型和接口。

（4）测试与评估：定义性能评估、成熟度和合格测试。

（5）应用场景：不同行业的数字孪生应用，例如智能制造、智慧城市、智能建筑、智慧农业、智慧医疗等。

在 AG11 数字孪生咨询组推动下，2020 年 10 月《数字孪生　概念和术语》（提案号：ISO/IEC AWI 5618）和《数字孪生　应用案例》（提案号：ISO/IEC AWI 5719）两项国际标准项目正式获批立项。

**2. ISO 标准化工作**

2018 年起，ISO/TC 184/SC 4 的 WG15（数字化制造）工作组推动了《面向制造的数字孪生系统框架》系列标准（ISO 23247）的研制和验证工作。该标准的四个部分范围如下。

（1）概述和一般原则：包括制造业中开发数字孪生的一般原则和要求。

（2）参考架构：具有功能视图的参考体系架构。

（3）制造元素的数字表示：可观察制造元素的基本信息属性列表。

（4）信息交换：参考体系结构中实体之间信息交换的技术需求。

该标准发布的数字孪生制造框架，从用户域、运维管控域、服务提供域、资源交互域、感知控制域和目标对象域六个方面描述了数字孪生制造框架，中国电子技术标准化研究院涵盖了数字孪生创建人员、设备、材料、制造过程、设施、环境、产品和支持文件等要素。另外，本系列标准附加的技术报告包含了符合框架的数字孪生用例，标准第四部分的附件中也包含了用例的初步纲要。

### 3. IEC 标准化工作

IEC TC 65/SC 65 推动了 IEC 62264《企业控制系统集成》标准的制定。在该标准中，资源被定义为“提供执行企业活动和/或业务流程所需的部分或全部功能的企业的实体”，包括人员、设备、物理财产和材料。

### 4. 德国工业 4.0 标准化工作

德国力求推动其工业 4.0 的国际化，使其在未来的国际制造版图中占据主动。为此，德国工业 4.0 平台（Industrie 4.0 Platform）寻求与中国和美国等国家展开合作。

2018 年，德国与美国工业互联网联盟联合组成任务组，探讨数字孪生和资产管理壳在技术和应用场景，以及资产管理壳和数字孪生相互支持的适用性和可行性。在中德智能制造/工业 4.0 标准化工作组的研究中，数字孪生/管理壳也是研究主题。中德双方将在未来发布《中德智能制造/工业 4.0 数字孪生/管理壳联合报告》。①

2019 年 11 月起，ISO/IEC JTC1 AG11 数字孪生咨询组开始工作，各国代表围绕数字孪生关键技术、参考模型、典型案例模板等进行交

① 截至发稿前，尚未披露相关信息。

流，评估了相关标准化活动并提出进一步需求。目前 AG11 在报告中制定了如图 2－9 所示的数字孪生的标准体系框架。①

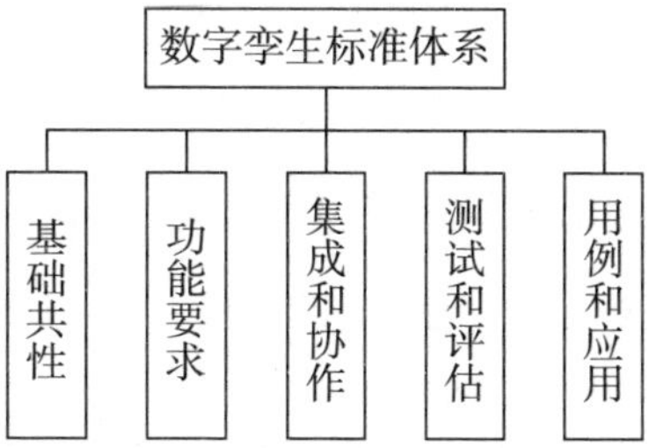


**图 2－9　数字孪生的标准体系框架**

在智能制造领域，数字孪生标准化涉及几个方面。

（1）智能装配标准化。

（2）虚拟工厂标准化。

（3）汽车行业标准化。

（4）大型起重机械行业标准化。

（5）物流标准化。

在智慧城市领域，数字孪生标准化涉及以下几个方面。

（1）2015 年，国家标准化管理委员会提出智慧城市标准体系框架，包括总体、支撑技术与平台、基础设施、建设与宜居、管理与服务、产业与经济、安全与保障。

（2）2016 年，国家发展和改革委员会、国家标准化管理委员会等提出智慧城市评价指标体系，包括惠民服务、精准治理、生态宜居、智能设施、信息资源、网络安全、改革创新、市民体验八个一级指标，下设三十七个二级指标评价要素。

① Report of ISO/IEC JTC1 AG11 Digital Twin.

国内其他主要标准化组织还包括全国信息技术标准化技术委员会（SAC/TC 28）、全国智能建筑及居住区数字化标准化技术委员会（SAC/TC 426）、全国通信标准化技术委员会（SAC/TC 485）、全国信息安全标准化技术委员会（SAC/TC 260）等。

各标准化组织针对相关领域，开展了数字孪生相关标准化工作。各标准化组织数字孪生相关标准工作概述如表 2－1 所示。

**表 2－1　各标准化组织数字孪生相关标准工作概述**

| 年份 | 相关标准化组织 | 标准化工作概述 |
| --- | --- | --- |
| 2015 | 美国工业互联网联盟 | 启动工业数字线程测试床项目 |
| 2017 | 韩国电子通信研究院 | 提出《面向制造的数字孪生系统框架》标准立项申请 |
| 2018 | 美国工业互联网联盟 | 成立“数字孪生互操作性”任务组 |
| 2019 | ISO/TC184 | 成立数字孪生数据架构特别工作组（AHG 2） |
| 2019 | IEEE SA | IEEE P2806《智能工厂物理实体的数字化表征系统架构》标准获批立项 |
| 2019 | ISO/IEC JTC1 | 发布《数字孪生技术趋势报告》，成立数字孪生咨询组（AG11） |
| 2019 | ISO/IEC/JWG21 | 成立 TF8“数字孪生资产管理壳”任务组 |
| 2019 | ISO/TC184/SC 4 | ISO/TR24464：2020《自动化系统和集成工业数据　数字孪生的可视化组件》立项 |
| 2020 | 美国数字孪生联盟 | 联盟成立并着手创建跨行业的数字孪生参考架构和定义 |
| 2020 | 德国工业数字孪生协会 | 协会成立并着重开发数字孪生开源解决方案 |
| 2020 | 国际电信联盟 ITU－TSG17 | 智慧城市领域《智慧城市数字孪生系统安全机制》标准立项 |

续表

| 年份 | 相关标准化组织 | 标准化工作概述 |
| --- | --- | --- |
| 2020 | 国际电信联盟 ITU - TSG17 | 智慧城市领域《智慧社区安全机制》标准立项 |
| 2020 | IEEE | IEEE P2806. 1《工厂环境中物理对象数字表示的连接性要求》标准立项 |
| 2020 | ISO/IEC JTC1 | ISO/IEC AWI 5618《数字孪生　概念与术语》和 ISO/IEC AWI 5719《数字孪生　应用案例》两项国际标准立项 |

重点强调一下，基于数字孪生技术建立的城市信息模型（CIM），是智慧城市的重要基础，其核心包括数据采集、数据接入、数据整合、数据共享、业务协同、轻量化、可视化等。数字孪生城市的标准化制定是智慧城市标准化需求的重要途径。

在智慧健康领域和数字孪生标准化领域，西方发达国家包括美国，在健康建筑设计和营造方面制定了相关标准和指南，关注室内空气、净化系统、水、建筑材料、噪声、光照、视觉、温度、湿度、老人及残疾人设施、病虫害、健身激励、精神等方面，旨在提升建筑的健康性能。健康建筑、健康养老、个人健康状态远程监测等方面的标准相继出台，数字健康建筑和数字健康家庭通用标准体系也在建设之中，目前已有的标准包括《绿色建筑评价标准》（GB/T 50378—2019 ）、《健康社区评价标准》（T/CECS 650—2020）、《健康建筑评价标准》（T/ASC 02—2016）、《传感器网络个人健康状态远程监测》（CBT 37733. 1　2019）、《家用声系统设备互连配接要求》（GB/T 9031—1988）。

在智慧交通领域，数字孪生标准化在空间维度对功能、接口、集成、互操作性等建立标准规范。在时间维度，对动态更新、全生命周期、数据集成等建立指导性标准规范。在价值维度，基于优化目标、增值服务等核心需求对关键对象的数字孪生建立相关指导性标准规范。

## 参考文献

[1] RESEARCH AND MARKETS. Digital twin solutions market 2021 - 2026 [EB/OL]. (2021 - 03) [2021 - 05 - 31]. https://www.researchandmarkets.com/reports/5308850/digital - twins - market - by - technology - twinning.

[2] WOODIE A. Can digital twins help modernize electric grids? [EB/OL]. (2021 - 04 - 05) [2021 - 05 - 31]. http://www.datanami.com/20212/04/05/can - digital - twins - help - modernize - electric - grids/.

[3] ENTRIKEN W, SHIRLEY D, EVANS J, et al. EIP - 721: ERC - 721 Non - Fungible Token Standard [EB/OL]. (2018 - 01 - 24) [2021 - 05 - 31]. https://eips.ethereum.org/EIPS/eip - 721.

[4] 中国电子技术标准化研究院，树根互联技术有限公司．数字孪生应用白皮书［EB/OL］. (2020 - 11 - 18) [2021 - 05 - 31]. www.cesi.cn/202011/7002.html.

# 第三章／国家战略

“我知道你在那儿，我能感觉到你，你在害怕我们，害怕改变。我无法预知木来，我并不是来告诉你一切将如何结束。我是来告诉你，一切将怎样开始。”

“I know you’re out there,I can feel you now, you’re afraid of us, you’ re afraid of change. I don’t know the future,I didn’t come here to tell you how this is going to end,I came here to tell you how it's going to begin.”

——《黑客帝国》2:07:59

新技术革命的浪潮，将彻底改变我们所熟知的这个世界。正如尼奥所说，面临巨变，人们不清楚未来会是什么样子，也不知道数字文明将以怎样的形态将人类社会带入下一个进程。人们忐忑不安，又满怀憧憬。既然如此，我们能做的，只有准备好如何开始。

面对新的起跑线，每个国家都在制定相关的政策，迎接数字经济和数字文明的到来，让自己的国家和民族在新一轮的演进中处在最优的位置。要想不在大浪中退却，就要乘风破浪，砥砺前行。

## 第一节 国外数字经济产业政策

全球正在经历一场更大范围、更深层次的科技革命和产业变革。新一代数字技术不断取得突破，数字经济蓬勃发展，全球化进程不可逆转，国与国之间利益更加紧密相连。我们有必要了解，全球发达国家和地区在数字经济领域制定了怎样的战略和相关的产业政策，又有哪些值得我们借鉴并做出创新。

### 一、美国

作为超级大国，美国信息技术和创新基金会（ITIF）于 2021 年 1

月19日发布了《美国全球数字经济大战略》（*A U. S. Grand Strategy for the Global Digital Economy*）报告[1]。报告阐述了数字技术的重要性，并分析了美国、欧盟、中国、俄罗斯、日本以及其他各个国家和地区等具有代表性经济体的数字技术发展的程度、成功经验、在全球的位置。美国作为全球数字技术创新主要的推动者，在报告中指出中国正在通过数字技术的发展来寻求全球的主导地位，通过弯道超车，中国已成为美国主要的竞争对手。

报告为此制定了有利于美国与其盟国和其他国家沟通合作的数字政策和规则，其主要目的是联合更多的国家认可并采用美国发展模式，同时阻止各国与中国和俄罗斯结盟。报告的主要核心包括：

（1）美国的信息技术和数字政策需要以一个宏大的总体战略为指导，保持美国全球技术的领先地位；

（2）美国面临的风险是包括欧盟在内的世界大部分国家和地区可能会对抗美国的信息技术和数字利益，形成多对一的局面，并造成不利后果；

（3）为了努力与欧盟重新建立更紧密的关系，美国不应该允许欧盟继续推进其日益积极的重商主义技术；

（4）美国必须以各种方式招募志同道合的国家和地区来支持美国的利益，而且应该施加压力鼓励这些国家加入；

（5）美国战略的首要目标应该是限制中国的全球主导地位，以及对信息技术和数字领域市场的操纵。

2019年2月，时任美国总统特朗普签署了《维持美国在人工智能领域的领导地位》（*Maintaining American Leadership in Artificial Intelligence*）的行政令[2]。2020年2月，美国白宫科技政策办公室（OSTP）发布《美国人工智能行动：第一年度报告》（*American Artificial Intelli-*

*gence Initiative*：*Year One Annual Report*）[3]，从人工智能领域的投资、研发、资源、创新、培训来打造美国人工智能创新的国际环境。报告总结了自特朗普在签署《维持美国在人工智能领域的领导地位》行政令一年后，美国不断加大在人工智能方面的投入，如表 3－1 所示。

**表 3－1　　美国在人工智能领域的重大投入**

| | |
|---|---|
| 2020 财年预算提案 | 人工智能领域研发资金为 9.735 亿美元，2020 财年实际批准 11.183 亿美元 |
| 2021 财年政府预算 | 提议在 2021 年将人工智能和量子信息科学的非国防预算增加约 30%。2021 财年预算中人工智能预算为 15.02 亿美元 |
| 2022 财年预算 | 2022 财年美国研发预算优先事项中，人工智能、量子信息科学、5G 仍然是美国的优先研发方向 |
| 《无尽前沿法案》（*Endless Frontier Act*） | 未来 5 年投入 1000 亿美元研发十大关键技术，包括芯片、人工智能等 |
| 《为美国生产半导体（CHIPS）制定有益激励措施的法案》 | 提出为半导体产业提供超过 220 亿美元援助 |
| 成立 7 个人工智能研究中心 | 白宫科技政策办公室、国家科学基金会和美国能源部宣布未来 5 年投资 10 亿美元成立 12 个人工智能和量子研究机构，其中 7 个人工智能研究中心 |
| 《军队人工智能法案》 | 进一步提高了人工智能在整个国防部的重要性，确保联合人工智能中心的负责人是三星级将领并直接向国防部部长报告，法案还要求国防部部长制订培训和认证计划，以更好地招募 AI 和网络安全人才等 |
| 《国家安全创新途径法案》 | 为从事保护国家安全方面重要工作的非公民建立获取移民签证的途径，如为从事特定技术领域（AI、量子信息科学、生物学、机器人技术等）的学生或专业人员提供永久居留的途径 |
| 美英《人工智能研究与开发合作宣言》 | 美国和英国政府正式签署《人工智能研究与开发合作宣言》，以促进两国在人工智能发展方面的合作，并对人工智能规划的优先事项提出建议 |

美国政府大力推动人工智能发展，其具体行动时间及内容如图3－1所示。

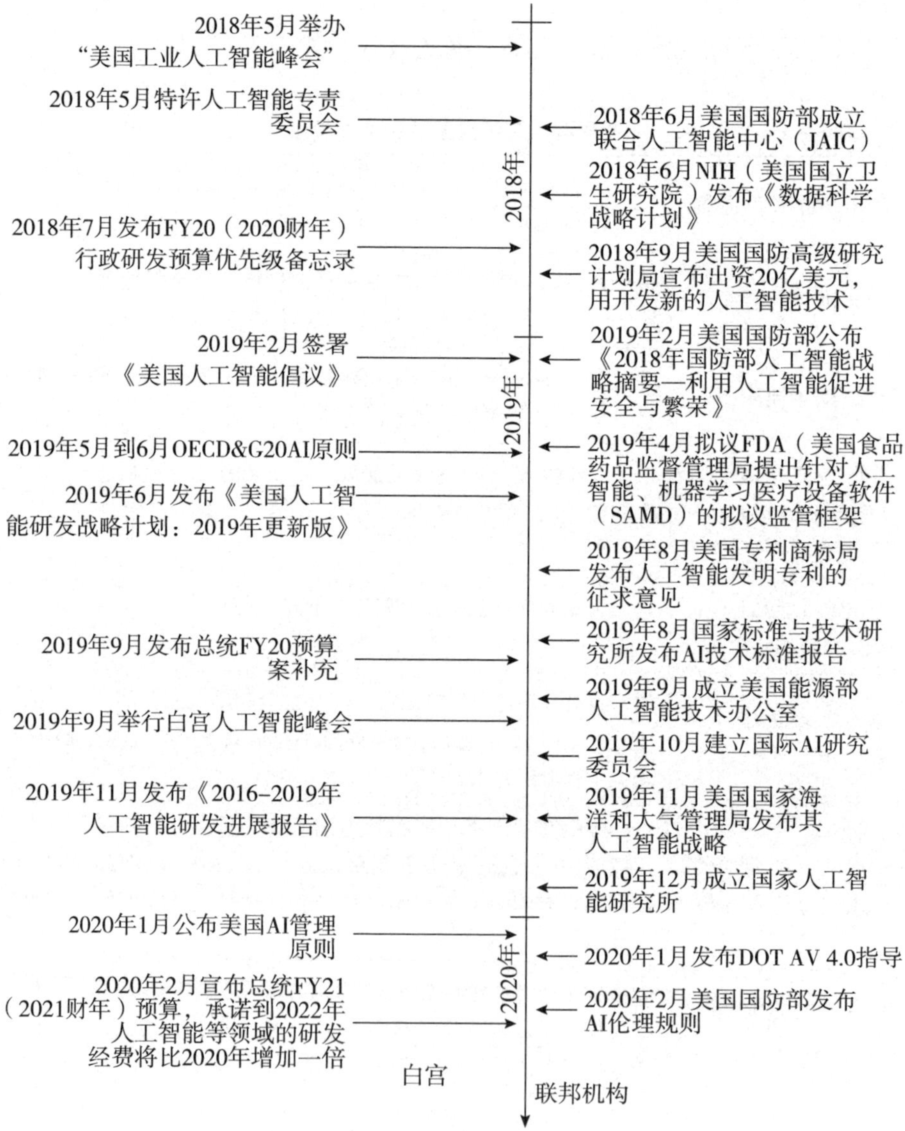


图3－1　美国政府推进人工智能计划的行动时间及内容

美国总统拜登于 2021 年 5 月 12 日签署了《加强国家网络安全》（*Executive Order on Improving the Nation's Cybersecurity*）的行政令[4]，其重点内容包括以下几个方面。

**1. 消除政府和私企之间信息共享的障碍**

该行政令确保信息技术服务商与政府共享信息，并要求服务商分享可能会违反合约的信息。消除合同障碍的目的是便于联邦部门更有效地进行防御，并改善国家整个网络安全。

**2. 在联邦政府中实现更现代化和更强大的网络安全标准**

该行政令确保联邦政府在明确的时间期限内加固云服务和零信任架构，强制实施多层级身份验证和加密机制。

**3. 提高软件供应链的安全性**

该行政令将通过对销售和安装给政府的软件设立基线安全标准来提高软件的安全，包括要求开发人员保持对其软件的更大的可见性，并公开安全数据。

**4. 设立网络安全审查委员会**

该行政令建立了一个网络安全审查委员会，由政府和私营部门领导联合担任主席，可针对网络事故进行分析，并为改善网络安全提出具体建议。

**5. 创建响应网络事故的标准化应对手册**

该行政令为联邦部门和机构的网络事件响应创建了一套标准化的应对手册和定义，各机构不能等被入侵后才开始想办法如何应对攻击。

**6. 提高针对联邦政府网络上的安全事故的检测能力**

该行政令通过启用政府端检测和响应系统来提高检测联邦网络上恶

意网络活动的能力，并提升联邦政府内的信息共享。

7. **提高调查和补救能力**

该行政令要求联邦政府各部门和机构创建网络安全事件日志。

2018 年 10 月，美国国家科学技术委员会下属的先进制造技术委员会发布了《美国先进制造业领导力战略报告》（*Strategy for American Leadership in Advanced Manufacturing*）[5]。该战略首次公开了美国政府确保未来美国占据先进制造业领导地位的战略规划，旨在通过制定发展规划扩大制造业就业、扶持制造业发展、确保强大的国防工业基础和可控的弹性供应链，实现跨领域先进制造业的全球领导力，以保障美国的国家安全和经济繁荣。针对不同需求，报告确定了若干战略目标，就智能制造系统的未来战略目标，提出四个具体优先事项。

1. **智能与数字制造**

利用大数据分析和先进的传感和控制技术促进制造业的数字化转型，利用实时建模、仿真和数据分析优化产品和工艺，制定智能制造的统一标准。

2. **先进工业机器人**

促进新技术和标准的开发以便更广泛采用机器人技术，促进安全和有效的人机交互。

3. **人工智能基础设施**

制定人工智能新标准，保障数据安全并尊重知识产权，优先为美国制造商研发数据访问、机密性加密和风险评估的新方法。

4. **制造业的网络安全**

明确标准、工具和测试平台，在智能制造系统中根据网络安全的指南实施。

这一战略报告是由美国科技委员会、先进制造小组委员会在经过广泛的公开征询后制定的。它为美国领导者展示了各工业领域的先进制造业远景，以确保国家安全和经济繁荣。这一愿景将通过实现以下三个目标来达成：一是开发和转换新的制造技术；二是教育、培训和联系制造劳动力；三是扩大国内制造供应链的能力。

## 二、欧盟

2020 年，欧盟委员会发布了用于指导欧洲适应数字时代的总体规划《塑造欧洲的数字未来》（*Shaping Europe's Digital Future*）[6]、《欧洲工业战略》（*European Industrial Strategy*）[7]、《欧洲数据战略》（*A European Strategy for Data*）[8]、《人工智能白皮书——通往卓越和信任的欧洲路径》（*White Paper on Artificial Intelligence—a European Approach to Excellence and Trust*）[9]等，旨在重新定义并扩大其数字主权，建立基于规则和标准的数字空间框架。2021 年 3 月初，欧盟委员会发布了《2030 数字指南针：数字十年的欧洲之路》（*Europe's Digital Decade*：*Digital Targets for* 2030）纲要文件[10]，涵盖了欧盟到 2030 年实现数字化转型的愿景、目标和途径。为助力数字经济发展战略与规划的实施，欧盟高度重视并积极推动有关数字经济的立法工作。《网络与信息系统安全指令》（*Directive on Security of Network and Information Systems*）[11]《通用数据保护条例》（*General Data Protection Regulation*）[12]《网络安全法案》等文件的出台，为数字经济的健康发展提供了法律依据。《通用数据保护条例》赋予欧盟公民个人数据的获取、转移、删除、被使用知情等权利，旨在为数字信任创建依据，为基于可信任数据技术的未来竞争优势奠定基础。同年颁布的《非个人数据在欧盟境内自由流动框架条例》确保非个人数据在欧盟范围内的自由流通。这些法律的建立和完善有助于消除数据保护主义，为大数据、云计算和人工智能技术发展铺平道路，推动数字经济发展，增强欧盟数字技术在全球市场的竞争力。

另外，据《2030 数字指南针：数字十年的欧洲之路》计划，到2030 年，欧盟境内至少应有 80% 的成年人具备基本的数字技能，信息技术专业人员应达到 2000 万人。

2020 年 3 月，欧盟发布的《欧洲新工业战略》提出通过物联网、大数据和人工智能三大技术来增强欧洲工业的智能化程度，大型企业、中小企业、创新型初创企业等均在受支持范围之内。对企业而言，数字化转型更是巩固市场份额、激发企业活力的最佳机遇。数字欧洲协会发布的调查显示，绝大部分受访企业支持将大规模数字化转型作为促进经济复苏的主要刺激措施。

《欧洲数据战略》规定，2021—2027 年在共同数据空间和云基础设施领域启动 40 亿 ~60 亿欧元的投资。欧盟发布的《人工智能白皮书》提出，未来 10 年内欧盟每年将投入 200 亿欧元用于人工智能技术研发和应用。欧盟还将连接欧洲基金计划拓展至 2027 年，拟向数字领域投资 30 亿欧元，欧盟重建基金的 20%（约 1500 亿欧元）将投资于数字领域。为促进数字技术和创业技能的发展，欧洲社会基金和欧洲区域发展基金在 2014—2020 年为职业教育与培训提供 300 亿欧元资助，“伊拉斯谟 +”计划将在 2021—2027 年间再投入 92 亿欧元用于支持教育与数字技能发展项目。

2020 年，欧盟公布《数字服务法》（*Digital Services Act*）[13] 和

《数字市场法》（*Digital Markets Act*）草案[14]，它被视为欧盟在数字领域20多年来的首次重大立法，是欧盟在数字经济反垄断规制领域进行的自我革新，意在打破互联网企业垄断，推动欧洲数字经济健康可持续发展。

欧盟还推出了“地平线欧洲”（Horizon Europe）计划[15]，该计划整合了欧盟研发框架计划、欧盟竞争与创新计划、欧洲创新与技术研究院三家预算，在云计算、物联网、5G、人工智能、高性能计算等核心数字技术领域加大投入力度，以减少对外国技术的依赖，确保欧洲科技创新的领先地位。《地平线欧洲》提出了2021—2027年的发展目标和行动路线，帮助欧盟站在全球研究与创新的前沿，发现和掌握更多更新的知识和技术，强化科研能力，促进经济增长，积极应对重大社会和环境挑战。计划预算为1000亿欧元，重点打造智能制造技术、关键数字技术、人工智能与机器人、下一代互联网、先进计算和大数据。

欧洲政治战略中心发布了《欧盟人工智能》（*The Age of Artificial Intelligence: Towards a European Strategy for Human - Centric Machines*）[16]，力图打造欧洲可信赖人工智能品牌，对人工智能领域的技术研发、道德规范制定、投资规划进行部署，要求增进政府投资以加强基础研究，同时打造世界级的欧洲人工智能研究卓越中心，并加强培养多元化、跨学科人才。

## 三、德国

2019年2月，德国政府发布了《国家工业战略2030》（*Nationale Industriestrategie 2030*）草案[17]。新一代数字技术包括人工智能、大数据、物联网等结合传统行业应用场景，是数字经济的主要推手。对于产业互联网和智能制造领域，数字技术也是提升制造业水平，降本增效的重要手段。

德国是最早提出工业 4.0（第四次工业革命）的国家，其核心目的是提高德国在工业、制造业的竞争力，在新一轮工业革命中占领先机。2018 年，德国在数字经济领域主要发布了《联邦政府人工智能战略要点》（*Eckpunkte der Bundesregierung für eine Strategie Künstliche Intelligenz*）和《联邦政府人工智能战略》（*Strategie Künstliche Intelligenz der Bundesregierung*）[18]。同年，还发布了“高科技战略 2025”（*Hightech-Strategie 2025*）[19]，明确提出将推动人工智能技术的应用，加大人工智能战略实施。

上述人工智能战略帮助德国政府确立了发展人工智能的目标，同时，德国在研发、产业化、数据使用、人才培养、标准化、法律保障等领域也制定了措施。这些纲领性文件将人工智能的重要性提升到了国家的高度，为人工智能的发展和应用提出整体政策框架。如果按照计划落地，德国人工智能的研发和应用将提升到全球先进水平。

为实施以上战略，德国政府计划在 2025 年之前投入 30 亿欧元，以促进科研机构和企业加强对人工智能的研发和应用，缩小德国同其他发达国家包括美国、日本在数字技术、工业软件方面的差距。该战略利用人工智能打造德国的国家竞争力，同时提升社会效益、改善生活环境、应对气候变化，通过法律和制度保护个人数据隐私和企业的数据安全。

“高科技战略 2025”为德国未来高科技的发展制定了战略框架，明确了德国未来 7 年研发和创新任务、目标以及重点领域，以人为本，将研究和创新与国家可持续发展和持续提升生活质量相结合。

该战略计划投入150亿欧元用于实施，通过推动和促进科技的研发和创新应对挑战，提高公民的生活质量，进一步加强德国在世界上研究和创新的强国地位。

## 四、英国

2018年，英国在数字经济领域主要发布了《数字宪章》（*Digital Charter*）[20]、《产业战略：人工智能领域行动》（*Industrial Strategy*：*Artificial Intelligence Sector Deal*）[21]、《工业战略：建设适应未来的英国》（*Industrial Strategy*：*Building a Britain Fit for the Future*）[22]等一系列行动计划，支持数字经济领域前沿技术发展。

《数字宪章》制定了网络空间的规范和标准，通过对创新的监管应对新技术带来的机遇和挑战，为英国创造全球最安全的网络环境，打造孵化、加速和发展高科技公司的最优生态环境。

《产业战略：人工智能领域行动》是英国政府和业界针对推进人工智能和数字经济的发展而制订的行动计划。该计划针对《工业战略：建设适应未来的英国》人工智能和数字经济，在发展思路、劳动力、基础设施、商业环境、产业聚集这五个方面确定了目标和具体措施。

## 五、俄罗斯

2018年俄罗斯总统签署的《2024年前俄联邦发展国家目标和战略任务》总统令，提出了要促进数字经济相关领域的发展，强调科技发展新理念，建设世界级科教中心。

《2024年前俄联邦发展国家目标和战略任务》总统令[23]，规划了俄罗斯未来6年的发展蓝图，确定了在2024年前俄罗斯在社会、经济、教育和科学等领域的国家发展目标和战略任务。总统令核心内容包括以下几个方面。

（1）在2024年前（后来延期到2030年）保证俄罗斯在智能制造、机器人、无人驾驶和运输系统等科技领域进入全球五强。

（2）发展信息安全技术，确保个人、企业和国家的数据安全，发展端到端数字技术，支持数字技术和系统化解决方案的研发投入，并在公共服务、健康、教育、工业等领域引入和应用。

（3）建设数字经济法律监管体系，创建具有国际竞争力的数字基础设施，实现大数据的有效传输、存储、挖掘，培养数字经济领域的高级人才。

（4）在教育、医疗健康、工业、农业、交通、能源、金融等部门进行数字化升级，并为数字化技术的研发提供多样的融资渠道，制定数字经济发展国家发展规划。

2019年10月俄罗斯总统普京批准了《2030年前俄罗斯国家人工智能发展战略》，加快推进人工智能发展提升至国家战略层面。战略希望通过促进人工智能技术的发展与应用，确保俄罗斯国家安全，提升整体经济实力，并寻求俄罗斯人工智能领域的全球领先地位。战略提出了未来10年俄罗斯人工智能产业的发展思路，明确了俄罗斯发展人工智能的基本规则、总体目标、主要任务、工作重点、实施机制。

同年，俄罗斯国家杜马通过了新的数字权利法，法案在俄罗斯立法中确立了数字权利的概念，确定了数字权利的行使和转让方式，并为包括数字交易在内的各个领域制定了规则。

## 六、日本

日本于数年间多次发布《日本制造业白皮书》（製造基盤白書（ものづくり白書））[24]，于2020年7月17日发布《统合创新战略2020》（統合イノベーション戦略2020）[25]，于不同年间多次发布《科学技术综合创新战略》（科学技術イノベーション総合戦略）[26]、《战略性创新推进计划（SIP）》（戦略的イノベーション創造プログラム（SIP））[27]等战略和计划，详细阐述了推动数字经济发展的行动方案。日本重视科技解决问题，致力“社会5.0”计划。

按照惯例，日本政府每年5月左右会发布年度《日本制造业白皮书》。该白皮书旨在分析和解决日本制造业所面临的持续低收益率问题，指出要将发展工业互联网作为日本制造业发展的战略目标，明确工业互联网是未来产业趋势。该白皮书强调数字化工具的利用对提高生产率的重要性。面对人力资源不足的问题，白皮书提出要通过机器人、人工智能、大数据、物联网等技术提高自动化程度，通过数字化工具连接“人—物—系统”，实现自动化与数字化融合，创造新的价值。白皮书强调了战略性领域的基础建设，同时要加强自动驾驶、机器人、网络安全的建设。

《统合创新战略2020》提出将人工智能、网络空间和物理空间相关技术以及自动驾驶技术作为重点领域，加大发展力度。

《科学技术综合创新战略》则提出要将科学技术与创新成果应用于社会需求，关注大学改革、加强对创新的支持，提升日本科学技术创新能力。该战略强调要完善基础设施所必需的数据基础，通过加强政府和民间合作，完善不同领域之间的数据协同，解决数据安全、数据转移等相关课题，采用人工智能算法和技术对数据进行分析和挖掘，在3年内完成数据合作的基础，5年内正式投入运营。在2025年前通过培养计划，每年录用几十万名信息化人才，包括数万名高级数字技术人才。战略强调要加速发展数字技术及理工科教育，确保在2032年之前要使所有学生都具备数字技术能力。

《战略性创新推进计划（SIP）》是推动科技从基础研究到实际应用的产业化转化，从而达到提升日本经济水平和工业综合能力，实现技术创新，解决大众生活的实际问题，建设超智能"社会5.0"。

在康养、教育、服务领域，该计划强调采用大数据、人工智能、人机交互等技术，开展研发和有效实施，实现设备与人类的高度协作。在自动驾驶方面，该计划强调要开发自动驾驶系统和智能信号系统，让自动驾驶实用化，并培养公众对自动驾驶的接受度。在农业领域，该计划强调要建立智能食物链系统，结合大数据、生物技术开展由数据驱动的育种工作。在医疗领域，该计划强调要研发高度安全的医疗信息大数据及医疗数据的采集、分析技术，使用人工智能自动监测各项医疗活动，通过病患的个人生理数据进行智能诊断、检测和治疗。在商业和物流领域，该计划强调要打造流量数据平台，并通过研发可视化技术让商业和物流的运营和决策直观高效。

## 七、韩国

韩国在数字经济领域发布了"人工智能国家战略"[28]。《第四期科学技术基本计划（2018—2022）》（과학기술기본계획 2018—2022）和《创新增长引擎》[29]五年计划，其中着重提出推动数字经济发展的优先举措，力争科技创新国家。

“人工智能国家战略”指出要加强韩国在人工智能的研发能力，将投资超过2万亿韩元，在2022年前新设六所人工智能研究院，培养上千名人工智能高级人才。通过战略，政府计划资助包括国防、医疗、公共安全等方面的重点项目，并将启动类似美国国防高级研究计划局的人工智能研发计划。对于人工智能初创及中小企业，政府计划在2029年前创建人工智能创业孵化器来支持其发展。

《第四期科学技术基本计划（2018—2022）》是韩国第四个科学技术领域最高级别的五年计划。计划的核心是人才为中心，主旨是科技改变国民生活。计划描绘了到2040年，科学和技术所能实现的未来蓝图。该计划对未来5年科学技术作出的重要战略规划包括智慧城市、人工智能、大数据、区块链、3D打印等方向的120个重点科技项目。该计划强调要将大数据、人工智能、区块链、智慧城市、虚拟现实、自动驾驶、无人飞行器、新一代通信、个性化医疗保健、智能机器人、半导体等领域作为政府大力发展的创新增长引擎，推动数字经济发展，引领第四次工业革命。

《创新增长引擎》五年计划提出了4大创新增长引擎领域以及12个技术方向。计划指出，增长引擎通过培育基于研发的新产业来加速经济发展，将在2022年改变韩国。韩国将利用这些领域的发展为第四次产业革命做好准备。

在数字经济基础设施领域，该计划提出以大数据、人工智能、新一代通信作为主要技术方向，通过提高大数据预测分析能力，人工智能核心技术，利用5G商业化和物联网来缩短差距。在智能移动物体领域，该计划提出以自动驾驶、无人飞行器作为主要技术方向，真正实现可达到三级水平的自动驾驶汽车并建设自动交通系统，发展无人机技术并实现商业化。在商业服务领域，计划提出以智慧城市、虚拟现实、个性化医疗保健，智能机器人作为主要技术方向。在产业基础领域，该计划提出以半导体作为主要技术方向，计划在2022年前获得人工智能半导体的核心技术。

## 第二节 数字经济与新基建

2018年12月19日至21日，中央经济工作会议在北京举行[30]。会议第一次提出了新型基础设施建设，即“新基建”的概念，重新定义了新时代的基础设施建设。会议把5G、人工智能、工业互联网、物联网定义为新型基础设施建设的范畴。随后，“新基建”在国家一系列的重大会议中被反复提及和强调。

2019年3月，李克强总理在政府工作报告中明确提出了要“加强新一代信息基础设施建设”[31]。2019年7月，中共中央政治局召开会议，会议上提出了要“加快推进信息网络等新型基础设施建设”。2020年1月3日，国务院常务会议在确定促进制造业稳增长的措施时，提出“大力发展先进制造业，出台信息网络等新型基础设施投资支持政策，推进智能、绿色制造”[32]。2020年2月，习近平总书记主持的中央全面深化改革委员会第十二次会议指出，“基础设施是经济社会发展的重要支撑，要以整体优化、协同融合为导向，统筹存量和增量、传统和新型基础设施发展，打造集约高效、经济适用、智能绿色、安全可靠的现代化基础设施体系”[33]。

2020年3月，中共中央政治局常务委员会召开会议，会议指出“要加大公共卫生服务、应急物资保障领域投入，加快5G网络、数据中心等新型基础设施建设进度”。2020年3月，工业和信息化部召开加快5G发展专题会，深入学习贯彻习近平总书记关于推动5G网络加快发展的重要讲话精神，听取电信企业5G工作进展情况、存在的困难问题和意见建议，研究部署加快5G网络等新型基础设施建设，服务疫情防控和经济社会发展工作。

2020年4月，国家发展和改革委员会（以下简称国家发改委）首次明确新型基础设施的范围，主要包括信息基础设施、融合基础设施和创新基础设施三方面[34]。

一是信息基础设施。主要是指基于新一代信息技术演化生成的基础设施，比如，以5G、物联网、工业互联网、卫星互联网为代表的通信网络基础设施，以人工智能、云计算、区块链等为代表的新技术基础设施，以数据中心、智能计算中心为代表的算力基础设施等。

二是融合基础设施。主要是指深度应用互联网、大数据、人工智能等技术，支撑传统基础设施转型升级，进而形成的融合基础设施，比如，智能交通基础设施、智慧能源基础设施等。

三是创新基础设施。主要是指支撑科学研究、技术开发、产品研制的具有公益属性的基础设施，比如，重大科技基础设施、科教基础设施、产业技术创新基础设施等。

与传统基建相比，新型基础设施建设更加侧重于突出产业转型升级的新方向，其涵盖范围更广，内涵更加丰富，更能体现数字经济特征，能够更好推动中国经济转型升级。综上所述，“新基建”主要包括5G基站建设、特高压、城际高速铁路和城市轨道交通、新能源汽车充电桩、大数据中心、人工智能、工业互联网七大领域，涉及诸多产业链。

新型基础设施建设是建立现代化经济体系的国家基本建设与基础设施建设。它是数字经济时代贯彻新发展理念，吸收新科技成果，实现生态化、数字化、智能化、高速化、新旧动能转换的结果。“新基建”涉及诸多产业链，是以新发展为理念，以技术创新为驱动，以信息网络为基础，面向高质量发展需要，提供数字转型、智能升级、融合创新等服务的基础设施体系。

“新基建”也可以理解为数字基建，因为它是支撑数字经济、数字社会治理的各种基础设施。建设这些数字基础设施极其重要，它是数字文明的基石，人类文明的未来。

按照社会经济学的理论，社会矛盾是社会发展的根本动力。在生产力发展到一定程度后，可能会因为生产关系滞后而无法匹配新的生产力，从而妨碍先进生产力的发展。以互联网、大数据、人工智能、云计算、区块链等为代表的数字技术所产生的生产力，在过去几十年里得到了长足发展，并正在逐渐成为生产力中的主导力量。现有的生产关系还停留在工业革命时代，它已经无法满足数字生产力对于创新和效率的要求。要想释放数字生产力所蕴含的巨大能量，就必须要大胆变革生产关系。

“新基建”是数字生产力与生产关系匹配的产物。“新基建”释放数字生产力，从不同的方面重塑一个更加适合数字经济发展的经济社会基础环境，为数据全面融入经济社会的各个方面提供途径。在全球新格局逐渐形成的过程中，“新基建”的快速推进，将为企业提供更好的数字化平台，加速数字经济的发展，成为带动全国乃至全球经济的转型和持续增长的新动力。

“新基建”和传统基建有很大的区别。在传统基建建设过程中，政府作为投资主体，投资量大，投资模式和路径相对清晰，但综合效益低下，回收慢，具有不确定性。“新基建”根据市场主导政策引领的方式采用政府投资加社会资金的投资创新模式，有助于提高投资的综合效益和投资效率。国企、央企、民营企业、社会资本等多样化的投资主体可以充分体现“新基建”的创新性。根据市场需求，投资综合效率较高，回报周期相对较短。“新基建”可以催生规模庞大的数字经济产业，并对传统产业进行数字化赋能，从而产生巨大的叠加效应。

“新基建”将助推数字经济产业化，涉及的每个新型基础设施建设如5G、大数据、人工智能、物联网、云计算、区块链都会带来上万亿级别的投资。

根据中国信通院数据显示，2018 年我国数字产业化规模达到 6.4 万亿元，在 GDP 中占比达到 7.1%，在数字经济中占比为 20.49%。产业数字化在数字经济中继续占据主导位置[35]。黄奇帆在新基建新经济高峰论坛上的分享中表示，预计 2020—2025 年，我国 5G 商用将直接带动经济总产出 10.6 万亿元，直接创造经济增加值 3.3 万亿元……预计未来至少会有 30 亿~50 亿个终端联网，形成万物万联，带来投资规模也会超过 2 万多亿元，人工智能、区块链等也都将是上万亿级的开发投入。作为数字化平台的基础，5G 将大数据、云计算、人工智能、区块链、物联网连接成一个有机体，促进数字孪生技术对社会经济产生强大的推动力[36]。

“新基建”通过助推传统产业数字化，对产业互联网的形成具有重要意义。智慧城市、工业 4.0、智慧物流、金融科技，都是传统产业数字化的产物。产业互联网就是利用数字技术，把产业的生产要素、运用流程数字化网络化，进而形成新的产业协作、资源配置和价值创造。数据变成了产品的一部分，通过数据产品和服务拓展产业链的价值空间。

“与美国相比，我国产业互联网还处在发展初期，国内消费互联网在2014年以后进入了缓慢的增长期，实际上已经接近天花板，现在渐渐进入拐点了，目前国内还没有什么产业互联网企业崭露头角。”[36]在黄奇帆看来，这是一个巨大的蓝海，今后的高价值企业很大可能主要产生于产业互联网体系。相对于中国的消费互联网市场目前只能够容纳屈指可数的几家万亿元级的企业而言，产业互联网可以容纳数十倍甚至数百倍规模的新型企业。

从更深远的意义来讲，“新基建”催生了科技创新、产业创新、制度创新，让中国有机会引领数字革命。中国错过了第一次工业革命、第二次工业革命，作为参与者赶上了第三次工业革命。面对新一轮的数字革命，中国极有可能成为引领者之一。作为全球第一大制造大国、世界第二大经济体，中国最近十年依托数字技术，创新能力突飞猛进。华为在5G领域的投资和研发奠定了中国在5G领域全球领先的地位，而5G正是数字产业化、产业数字化的关键技术。

在新冠肺炎疫情深度冲击全球经济的大背景下，我们要通过科技创新争取主动，化危为机，抓住百年机遇。全面深化改革，坚持开放创新，强化基础研究，通过“新基建”建设，进一步推动我国数字经济的高质量发展。

## 第三节
## 我国数字经济产业相关政策分析

中国是制造业大国，也是互联网大国。制造业是中国国民经济的主体，推动新旧发展动能和生产体系转换、提升聚合效应对制造业与互联网融合有重大意义。中国还不是制造业强国，在数字技术平台支撑、核心技术、应用水平、安全保障等方面和发达国家还有很大差距。为进一步深化制造业与互联网融合发展，协同推进《中国制造 2025》和“互联网 +”行动，2016 年 5 月，国务院印发《关于深化制造业与互联网融合发展的指导意见》[37]。

工业互联网作为新一代信息技术与制造业深度融合的产物，日益成为数字经济的关键支撑和深化“互联网 + 先进制造业”的重要基石，是推进制造强国和网络强国建设的重要基础。为深化供给侧结构性改革，深入推进“互联网 + 先进制造业”，规范和指导我国工业互联网发展，2017 年 11 月，国务院印发《关于深化“互联网 + 先进制造业”发展工业互联网的指导意见》[38]。

2018 年 12 月，中央经济工作会议重新定义了基础设施建设，把 5G、人工智能、工业互联网、物联网定义为“新型基础设施建设”的范畴[30]。2019 年 7 月，中共中央政治局召开会议，提出“加快推进信息网络等新型基础设施建设”。2020 年 4 月，国家发改委的新闻发布会上，官方首次明确了“新基建”的范围。

随着决策层开始注意并逐步认识到数字孪生的重要性，数字孪生于 2020 年 4 月在国家发改委、中共中央网络安全和信息化委员会办公室印发的《关于推进“上云用数赋智”行动　培育新经济发展实施方案》中出现[39]。在该方案第二节主要方向中提到，支持在具备条件的行业领域和企业范围探索大数据、人工智能、云计算、数字孪生、5G、物联网和区块链等新一代数字技术应用和集成创新。该方案还在“创新赋能：突破数字化转型关键核心技术”这部分提到，“鼓励研究机构、产业联盟举办形式多样的创新活动，围绕解决企业数字化转型所面临数字基础设施、通用软件和应用场景等难题，聚焦数字孪生体专业化分工中的难点和痛点，引导各方参与提出数字孪生的解决方案”。

面对新冠肺炎疫情的冲击，并在疫情防控取得重大战略成果的情况下，为了促进新型基础设施建设、新型城镇化建设，重大工程建设，2020 年 5 月 22 日，《2020 年国务院政府工作报告》提出，重点支持“两新一重”建设[40]。

在美国对中国科技进行封锁的大环境下，集成电路产业和软件产业受到很大的影响，特别是集成电路的设计、生产代工方面。而这两个产业是数字经济和信息产业的核心和引领新一轮科技革命和产业变革的关键。为进一步优化集成电路产业和软件产业发展环境，深化产业的国际合作，提升产业创新能力和发展质量，2020 年 8 月，国务院印发《新时期促进集成电路产业和软件产业高质量发展的若干政策》[41]。

为推动数字孪生技术的发展，2020 年 11 月，在商务部、科学技术部、工业和信息化部（以下简称工信部）、国家发改委等部委和深圳市人民政府共同举办的中国国际高新技术成果交易会现场，发布了由工信部中国电子技术标准化研究院牵头编写的 2020 年《数字孪生应用白皮书》[42]。该白皮书对数字孪生定义、特征进行了阐述，针对数字孪生技术热点、应用领域、产业情况和标准化现状进行了梳理分析。该白皮书在智能制造、智慧城市、智慧交通、智慧能源、智慧建筑、智慧健康六个领域提供了 31 个数字孪生应用案例。白皮书通过梳理数字孪生技术和产业应用发展情况，提出了相关的标准化工作需求，希望能作为数字孪生技术领域、产业发展和标准化之间的桥梁，加快推动数字孪生发展。

2020 年 5 月 22 日，国家发改委会受国务院委托发布了《关于 2019 年国民经济和社会发展计划执行情况与 2020 年国民经济和社会发展计划草案的报告》[43]。在推进数字经济发展方面，该报告提出了一个从政策到方案、从产业发展到国际合作再到试点的系统工程，着重强调了“数据作为生产要素”。

该报告中提及编制《数字经济创新引领发展规划》，研究构建数字经济协同治理政策体系。该报告强调要加快传统产业的数字化转型，推进前沿技术创新，通过数字化融合实体经济。以数字核心突破为出发点，推进自主创新产品应用。数据作为生产要素，要促进其流通、共享开放、开发利用、实施市场培育。报告要求推进数字政府建设，持续深化国际合作，统筹推进试点示范，发展新型基础设施，实施全国一体化大数据中心、区域级数据中心集群和智能计算中心建设。

2020 年 11 月 3 日，《中共中央关于制定国民经济和社会发展第十四个五年规划和二〇三五年远景目标的建议》正式出台，提出：“加快数字化发展。发展数字经济，推进数字产业化和产业数字化，推动数字经济和实体经济深度融合，打造具有国际竞争力的数字产业集群。加强数字社会、数字政府建设，提升公共服务、社会治理等数字化智能化水平。建立数据资源产权、交易流通、跨境传输和安全保护等基础制度和标准规范，推动数据资源开发利用。扩大基础公共信息数据有序开放，建设国家数据统一共享开放平台。保障国家数据安全，加强个人信息保护。提升全民数字技能，实现信息服务全覆盖。积极参与数字领域国际规则和标准制定。”

近年来，我国工业互联网发展成效显著。为深入实施工业互联网创新发展战略，推动工业化和信息化在更广范围、更深程度、更高水平上融合发展，2020 年 12 月 22 日，工信部印发了《工业互联网创新发展行动计划（2021—2023 年）》（简称《行动计划》），提出到 2023 年，我国工业互联网新型基础设施建设量质并进，新模式、新业态大范围推广，产业综合实力显著提升[44]。

《行动计划》提出了五大发展目标：一是新型基础设施进一步完善；二是融合应用成效进一步彰显；三是技术创新能力进一步提升；四是产业发展生态进一步健全；五是安全保障能力进一步增强。

《行动计划》中明确将开展网络体系强基行动等十一项重点任务，制定工业设备上云实施指南、工业设备数据字典，培育设备上云公共服务平台，推动行业企业核心业务系统云化改造，带动产业链上下游中小企业业务系统云端迁移。

《行动计划》从企业发展的实际需求出发，围绕工业互联网发展的核心要素细化建设内容，明确具体目标，为传统企业的转型升级提供了发展方向和政策指引，力争使企业在数字革命的浪潮中占据战略制高点。

各省市基于自身现状，对未来的发展制定政策。在京津冀、珠三角、长三角、川渝地区等数字经济发展较好的区域，出台了一批相关规划和政策。

京津冀数字经济发展迅速。据统计，2019 年北京市数字经济增加值占 GDP 比重超过 50%，在全国位居首位。2020 年 9 月 7 日，在 2020 年中国国际服务贸易交易会上，北京市委网信办、北京市经济和信息化局、北京市商务局、北京市地方金融监管局等在北京市促进经济发展政策新闻发布会上，对外发布了《北京市促进数字经济创新发展行动纲要（2020—2022 年）》《北京市关于打造数字贸易试验区实施方案》等重要政策，从打造数字贸易试验区、建设数据跨境流动安全管理试点、设立北京国际大数据交易所三个方面探索数字经济发展的新路径和突破口。政策提出要打造数字经济发展的先导区和示范区，到 2022 年，北京数字经济增加值占地区 GDP 比重达到 55%。

政策文件还提出了九大重点工程，包括基础设施保障建设工程、数字技术创新筑基工程、服务业数字化转型工程等。

2019 年 6 月，天津市出台了《天津市促进数字经济发展行动方案（2019—2023 年）》。该方案重点提到了“天津智港”建设，以及质量变革、效率变革、动力变革这三大变革。方案提出力争到 2023 年天津数字经济占 GDP 比重全国领先，数字化转型成为实现天津高质量发展的主导力量。

2020 年 4 月，河北省人民政府印发印发了《河北省数字经济发展规划（2020—2025 年）》，重点强调大数据创新应用、制造业数字化转型等方向。规划重点支持雄安新区、京津冀大数据综合试验区的发展。

珠三角是我国极早布局数字经济政策的地区之一。早在 2003 年 5 月，广东省人民政府印发了《广东省电子商务认证机构资格认定和年审管理办法（暂行）》，旨在促进电子商务的发展。2018 年至今，广东省数字经济政策更多侧重于数字经济顶层设计及数字化治理，出台《广东省数字经济发展规划（2018—2025 年）》等政策规定。在规模方面，广东省提出 2022 年数字经济规模达 7 万亿元，占 GDP 比重接近 55%，是明确提出数字经济目标规模最大的省份。

在珠三角，深圳和广州的数字经济政策体系非常完善。2020 年 12 月，深圳市发布深圳“十四五”规划。规划提出，到 2025 年，深圳数字经济核心产业增加值占全市 GDP 比重达 31%。2020 年以来，在新冠肺炎疫情的影响下，深圳市数字经济产业展现出强大活力，为经济稳增长作出了突出贡献，GDP 增长贡献率达到 1/3 以上。为进一步推动创新发展，2021 年 1 月，市工业和信息化局牵头推动出台了《深圳市数字经济产业创新发展实施方案（2021—2023 年）》。深圳市重点扶持数字技术包括云计算、区块链、大数据、人工智能等新业态，到 2022 年数字经济产业增加值达 2428 亿元，软件和信息技术服务业营业收入突破 8000 亿元，软件业务收入突破万亿元。

2021 年 5 月，广州市发布《广州市国民经济和社会发展第十四个五年规划和二〇三五年远景目标纲要》。该纲要提出，在“十四五”期间，广州经济年均增长 6% 左右，到 2025 年地区生产总值达 3.5 万亿元。广州未来五年把发展壮大战略性新兴产业作为经济工作的首要工程，并进一步加强与深圳、佛山等粤港澳大湾区城市的产业协同发展。广州要支撑引领粤港澳大湾区国际科技创新中心和综合性国家科学中心建设，到 2025 年，研发经费支出（R&D）占地区生产总值比重达 3.4% 左右，战略性新兴产业增加值突破 1.2 万亿元。

在长三角，上海、浙江、江苏根据自身产业基础特点已构建较完备的数字经济政策体系，相继出台相关行动方案以及专项政策，促进数字经济的发展与应用。上海要全面推进城市数字化转型并取得显著成效，打造基本框架，到 2035 年成为具有世界影响力的国际数字之都。

数字经济已经成为引领浙江经济高质量发展的新引擎，2019 年浙江省数字经济核心产业增加值达到 6228.94 亿元，占全省 GDP 的比重为10%。2020年12月，浙江省经济和信息化厅会同省发展和改革委员会、省委网信办、省大数据发展管理局等单位研究编制了《浙江省国家数字经济创新发展试验区建设工作方案》。在建设目标上，浙江将通过3年的建设，确立全省数字产业化、产业数字化和治理数字化良性互动的发展格局，显著提升数字经济发展水平。预计到2022年，浙江省数字经济增加值达到4万亿元以上，占全省GDP比重超过55%。

2020年10月，江苏省人民政府办公厅发布了《省政府办公厅关于深入推进数字经济发展的意见》。该意见要求把数字产业化、产业数字化、数字化治理作为主攻方向，充分发挥数据作为关键生产要素的倍增效应，加快推动全要素数字化转型，围绕建设数字经济强省，着力实施数字设施升级、数字创新引领 、数字产业融合、数字社会共享、数字监管治理、数字开放合作六大工程。

根据2021年5月发布的《2020江苏省信息通信业发展蓝皮书》显示，2020年，江苏数字经济规模超过4.4万亿元，占GDP比重超43%，位居全国第二。

在川渝地区，四川、重庆均发布了数字经济政策。2020年6月，重庆市发布了《重庆建设国家数字经济创新发展试验区工作方案》，成为全国首个启动实施的国家数字经济创新发展试验区。该方案提出，到2022年，重庆数字经济总量要达到万亿级规模，占GDP比重达到40%以上，对全市的GDP增长的贡献率达60%以上。

2019年8月，四川省发布《关于加快推进数字经济发展的指导意见》，提出要加快发展大数据、人工智能、5G等数字经济产业，支持产业数字化转型、数字化治理、智慧社会建设等。到2022年，四川省数字经济总量目标为2万亿元。为推动数字经济发展，四川省成立推进数字经济发展领导小组，编制四川省“十四五”数字经济发展规划、数字政府建设规划。推进国家数字经济创新发展试验区建设，推进数字产业发展，建设数字化转型促进中心，打造数字产业集群，加快推进“数字四川”建设。

除此之外，福建、江西、湖南、贵州等地也先后出台了各具特色的数字经济政策。福建省实施“数字福建”“数字经济领跑行动”，推动数字经济快速全面发展，2020 年全省数字经济规模突破 2 万亿元。江西省数字经济增加值到 2022 年要达到 1.5 亿元。湖南数字经济规模到 2025 年要突破 2.5 万亿元。贵州省实行大数据产业布局，2020 年发布《贵州省大数据与实体经济深度融合实施指南》，推进大数据与实体经济深度融合的“贵州模式”建设。

## 参考文献

[1] Information Technology & Innovation Foundation. A U. S. grand strategy for the global digital economy [EB/OL]. (2021 – 01 – 19) [2021 – 05 – 31]. https: //itif. org/publications/2021/01/19/us – grand – strategy – global – digital – economy.

[2] Federal Register. Maintaining American leadership in artificial intelligence [EB/OL]. (2019 – 02 – 14) [2021 – 05 – 31]. https: //www. federalregister. gov/documents/2019/02/14/2019 – 02544/maintaining – american – leadership – in – artificial – intelligence.

[3] The White House Office of Science and Technology Policy. American artificial intelligence initiative: year one annual report [EB/OL]. (2020 – 02) [2021 – 05 – 31]. https: //max. book118. com/html/2020/0411/80071311

40002105. shtm.

[4] The White House. Executive order on improving the nation's cybersecurity [EB/OL]. (2021 - 05 - 12) [2021 - 05 - 31]. https://www.whitehouse.gov/briefing - room/presidential - actions/2021/05/12/executive - order - on - improving - the - nations - cybersecurity/.

[5] The White House. Strategy for American leadership in advanced manufacturing [EB/OL]. (2018 - 10) [2021 - 05 - 31]. https://xueshu.baidu.com/usercenter/paper/show? paperid = 85aee37f0f6001481be5ce1ef62ef262&site = xueshu_se.

[6] European Commission. Shaping Europe's digital future [EB/OL]. [2021 - 05 - 31]. https://digital - strategy.ec.europa.eu/en.

[7] European Commission. European industrial strategy [EB/OL]. [2021 - 05 - 31]. https://ec.europa.eu/info/strategy/priorities - 2019 - 2024/europe - fit - digital - age/european - industrial - strategy_en.

[8] European Commission. European data strategy [EB/OL]. [2021 - 05 - 31]. https://ec.europa.eu/info/strategy/priorities - 2019 - 2024/europe - fit - digital - age/european - data - strategy_en.

[9] European Commission. White Paper on artificial intelligence—a European approach to excellence and trust [EB/OL]. (2020 - 02 - 19) [2021 - 05 - 31]. https://ec.europa.eu/info/sites/default/files/commission - white - paper - artificial - intelligence - feb2020_en.pdf.

[10] European Commission. Europe's digital decade: digital targets for 2030 [EB/OL]. (2021 - 03 - 09) [2021 - 05 - 31]. https://ec.europa.eu/info/strategy/priorities - 2019 - 2024/europe - fit - digital - age/

europes – digital – decade – digital – targets – 2030_en.

[11] European Commission. NIS directive [EB/OL]. (2020 – 11 – 20) [2021 – 05 – 31]. https://digital – strategy. ec. europa. eu/en/policies/nis – directive.

[12] EUR – Lex. Regulation (EU) 2016/679 of the European Parliament and of the Council of 27 April 2016 on the protection of natural persons with regard to the processing of personal data and on the free movement of such data, and repealing Directive 95/46/EC (General Data Protection Regulation) (Text with EEA Regulation) [EB/OL]. (2016 – 05 – 04) [2021 – 05 – 31]. https://eur – lex. europa. eu/legal – content/EN/TXT/?uri = CELEX%3A32016R0679.

[13] European Commission. The digital services act package [EB/OL]. [2021 – 05 – 31]. https://digital – strategy. ec. europa. eu/en/policies/digital – services – act – package.

[14] European Commission. Proposal for a regulation of the European Parliment and of the Council on contestable and fair markets in the digital sector (digital markets act) (text with EEA relevance) {CSEC (2020) 437 final} – {CSWD (2020) 363 final} – {CSWD (2020) 364 final} [EB/OL]. (2020 – 12 – 15) [2021 – 05 – 31]. https://ec. europa. eu/info/sites/default/files/proposal – regulation – single – market – digital – services – digital – services – act_en. pdf.

[15] European Commission. Horizon Europe [EB/OL]. [2021 – 05 – 31]. https://ec. europa. eu/info/research – and – innovation/funding/funding – opportunities/funding – programmes – and – open – calls/horizon – europe_en.

[16] European Political Strategy Centre. The Age of Artificial intelligence for Europe [EB/OL]. (2019-03-13) [2021-05-31]. https://ec.europa.eu/jrc/communities/digitranscope/document/age-artificial-intelligence-towards-european-strategy-human-centric.

[17] Bundesministerium für Wirtschaft und Energie. Nationale Industriestrategie 2030: strategische leitlinien für eine deutsche und europäische indstrie-politik [EB/OL]. (2019-02-05) [2021-05-31]. https://www.bmwi.de/Redaktion/DE/Publikationen/Industrie/nationale-industriestrategie-2030.pdf.

[18] Bundesministerium für Wirtschaft und Energie. Strategie Künstliche Intelligenz der Bundesregierung [EB/OL]. (2018-11-16) [2021-05-31]. https://www.bmwi.de/Redaktion/DE/Publikationen/Technologie/strategie-kuenstliche-intelligenz-der-bundesregierung.html.

[19] Bundesministerium für Bildung und Forschung. Hightech-Strategie 2025 [EB/OL]. (2021-06-16) [2021-06-16]. https://www.bmbf.de/de/hightech-strategie-2025.html.

[20] UK Department for Digital, Culture, Media & Sport, The Rt Hon Matt Hancock MP. Digital charter. [EB/OL]. (2018-01-25) [2021-05-31]. https://www.gov.uk/government/publications/digital-charter.

[21] UK Department for Business, Energy & Industrial Strategy, Department for Digital, Culture, Media & Sport. Artificial Intelligence Sector Deal [EB/OL]. (2018-04-26) [2021-05-31]. https://www.gov.uk/government/publications/artificial-intelligence-sector-deal.

[22] UK Department for Business. Energy & Industrial Strategy. Industrial strate-

gy: building a Britain fit for the future [EB/OL]. (2017-11-28) [2021-05-31]. https://www.gov.uk/government/publications/industrial-strategy-building-a-britain-fit-for-the-future.

[23] 中国科学院科技战略咨询研究院．俄罗斯提出2024年前科学发展目标和战略任务 [EB/OL]. (2018-08-06) [2021-05-31]. aoc.ouc.edu.cn/2018/0806/c9829a207549/pagem.htm.

[24] 経済産業省．製造基盤白書（ものづくり白書）[EB/OL]. (2021-06-29) [2021-07-01]. https://www.meti.go.jp/report/whitepaper/index_mono.html.

[25] 内閣府．統合イノベーション戦略2020 [EB/OL]. (2020-07-17) [2021-05-31]. https://www8.cao.go.jp/cstp/tougosenryaku/2020.html.

[26] 内閣府．科学技術イノベーション総合戦略 [EB/OL]. [2021-05-31]. https://www8.cao.go.jp/cstp/sogosenryaku/index.html.

[27] 内閣府．戦略的イノベーション創造プログラム（SIP: エスアイピー）[EB/OL]. [2021-05-31]. https://www.cao.go.jp/cstp/gaiyo/sip/.

[28] 韩联社．韩国政府公布人工智能国家发展战略 [EB/OL]. (2019-12-17) [2021-05-31]. https://cn.yna.co.kr/view/ACK20191217002400881.

[29] 과학기술정보통신부. The Innovation Growth Engine [EB/OL]. [2021-05-31]. https://www.msit.go.kr/bbs/view.do?sCode=eng&mId=10&mPid=9&bbsSeqNo=46&nttSeqNo=6.

[30] 新华网．习近平在中央经济工作会议上发表重要讲话 [EB/OL]. (2018-12-22) [2021-05-31]. http://photo.cctv.com/2018/

12/22/PHOA5r8eA4MSmel1uEN7cKlt181222. shtml? spm = C94212. PZmRfaLbDrpt. S83346. 2#gZOJGeSTCxOu181222_1.

[31] 新华网. 李克强作政府工作报告 [EB/OL]. (2019-03-05) [2021-05-31]. lianghui. people. com. cn/2019npc/n1/2019/0305/c42577/-30958714. html.

[32] 范梓萌. 重磅消息! 新年首次国务院常务会议确定促进制造业稳增长具体措施 [EB/OL]. (2020-01-04) [2021-05-31]. http://www. gov. cn/xinwen/2020-01/04/content_ 5466470. htm.

[33] 新华社. 习近平主持召开中央全面深化改革委员会第十二次会议强调 完善重大疫情防控体制机制健全国家公共卫生应急管理体系 李克强王沪宁韩正出席 [EB/OL]. (2020-02-14) [2021-05-31]. https://www. ndrc. gov. cn/xwdt/ztzl/fkyqfgwzxdzt/fztx/xjpzsjzyzs/202003/t20200306_1222552. html.

[34] 中华人民共和国国家发展和改革委员会政研室. 新型基础设施主要包括哪些方面? 下一步在支持新型基础设施建设上有哪些考虑和计划? [EB/OL]. (2020-04-22) [2021-05-31]. https://www. ndrc. gov. cn/fggz/fgzy/shgqhy/202004/t20200427_1226808. html? code = &state = 123.

[35] 中商产业研究院. 2018 年中国数字经济总量突破 30 万亿元 占 GDP 比重 34.8% [EB/OL]. (2019-04-25) [2021-05-31]. https://www. askci. com/news/chanye/20190425/1148191145362. shtml.

[36] 新浪财经. 黄奇帆: 今年到 2025 年期间, 5G 商用将直接带动经济总产出 10.6 万亿元, 万物万联带来投资规模也会达到 2 万多亿元 [EB/OL]. (2020-09-25) [2021-05-31]. http://finance. si-

na. com. cn/money/smjj/smdt/2020 - 09 - 25/doc - iivhvpwy8828339. shtml.

[37] 国务院. 国务院关于深化制造业与互联网融合发展的指导意见 国发〔2016〕28 号 [EB/OL]. (2016 - 05 - 20) [2021 - 05 - 31]. http://www. gov. cn/zhengce/content/2016 - 05/20/content_5075099. htm.

[38] 国务院. 国务院关于深化“互联网 + 先进制造业”发展工业互联网的指导意见 [EB/OL]. (2017 - 11 - 27) [2021 - 05 - 31]. http://www. gov. cn/zhengce/content/2017 - 11/27/content_5242582. htm.

[39] 中华人民共和国国家发展和改革委员会高技术司. 关于推进“上云用数赋智”行动 培育新经济发展实施方案的通知（发改高技〔2020〕552 号） [EB/OL]. (2020 - 04 - 10) [2021 - 05 - 31]. https://www. ndrc. gov. cn/xwdt/ztzl/fkyqfgwzxdzt/fkgjdt/fgfc/202004/t20200410_1225 542_ext. html.

[40] 中国政府网. 2020 年国务院政府工作报告 [EB/OL]. (2020 - 05 - 22) [2021 - 05 - 31]. http://www. gov. cn/zhuanti/2020lhzfgzbg/index. htm.

[41] 国务院. 国务院关于印发新时期促进集成电路产业和软件产业高质量发展若干政策的通知 [EB/OL]. (2020 - 07 - 27) [2021 - 05 - 31]. http://www. gov. cn/zhengce/content/2020 - 08/04/content_5532370. htm.

[42] 中国电子技术标准化研究院物联网研究中心. 重磅发布丨一图看懂《数字孪生应用白皮书》 [EB/OL]. (2020 - 11 - 18) [2021 - 05 - 31]. http://www. cesi. cn/202011/7002. html.

[43] 新华社. 关于 2019 年国民经济和社会发展计划执行情况与 2020 年国民经济和社会发展计划草案的报告 [EB/OL]. (2020 - 05 - 30)

[2021－05－31]. http://www.gov.cn/xinwen/2020－05/30/content_5516227.htm.

[44] 中华人民共和国工业和信息化部信息通信管理局．关于印发《工业互联网创新发展行动计划（2021－2023年）》的通知 [EB/OL]. (2021－01－13) [2021－05－31]. https://www.miit.gov.cn/ztzl/rdzt/gyhlw/wjfb/art/2021/art_6706d89a6cbc49cea75e8 d47d4787064.html.

# 第四章 / 数字孪生技术

“你望向窗外，或是打开电视，都能看到它。”

“You can see it when you look out your window, or when you turn on your television.”

——《黑客帝国》27:55

# 第一节
# 概　述

如今，数字孪生仿佛具有魔法一般，受到各行各业中各方人士的热情追捧，俨然成为各领域数字化业务和业务数字化的“灵丹妙药”和“万金油”。数字孪生迅速走出其“发源地”——制造业，快速“占领”诸如智慧城市、智慧交通、智慧农业、智慧医疗、智能家居等众多行业。伴随着以区块链、物联网、大数据、5G、人工智能、云计算等新一代信息技术为代表的数字化浪潮席卷全球，人类生存的物理世界和人类创造的数字世界正在以前所未有的规模建立更丰富、更直接、更多维度的连接，形成数以万亿计的关联，甚至建立一一映射关系。人类正在一砖一瓦，或者更准确地说，一比特一比特地逐步构建起完整的“数字孪生”世界。

数字世界和物理世界平行发展、相互作用。数字世界为了服务物理世界而诞生且在这一过程中不断优化，物理世界因为数字世界的出现及其提供的额外价值而变得更加高效而有序，从而不断提升服务人类社会的能力。

在这样的时代大背景下，数字孪生的发展进入快车道。2017 年到 2019 年，数字孪生连续三年入选全球顶级分析机构 Gartner 公司发布的《十大战略技术趋势分析报告》。Gartner 公司的《十大战略技术趋势分析报告》主要收录具有重大颠覆性潜力的技术趋势，这些战略性技术正在从新兴状态中快速发展壮大，有望产生广泛而深远的影响，或者正在以巨大的波动性呈现迅速增长的状态。在 2017 年的报告中，Gartner 公司将数字孪生列在十大战略技术趋势的第五位，如图 4－1 所示。

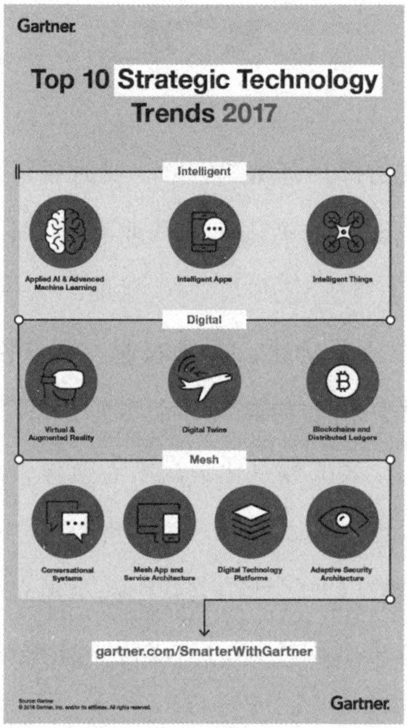


**图 4－1　Gartner 公司 2017 年《十大战略技术趋势》①**

在 2017 年的报告中，Gartner 公司是这样描述数字孪生的[1]：

Trend No. 5：Digital twin

Within three to five years，billions of things will be represented by

① 该图由 Gartner 公司提出，是 2017 年十大战略科技趋势中对于数字孪生的描述。

digital twins, a dynamic software model of a physical thing or system. Using physics data on how the components of a thing operate and respond to the environment as well as data provided by sensors in the physical world, a digital twin can be used to analyze and simulate real world conditions, responds to changes, improve operations and add value.

Digital twins function as proxies for the combination of skilled individuals (e. g., technicians) and traditional monitoring devices and controls (e. g., pressure gauges). Their proliferation will require a cultural change, as those who understand the maintenance of real-world things collaborate with data scientists and IT professionals.

Digital twins of physical assets combined with digital representations of facilities and environments as well as people, businesses and processes will enable an increasingly detailed digital representation of the real world for simulation, analysis and control.

在三年到五年内，数十亿计的物体将通过数字孪生（一个物理体或物理系统的动态软件模型）来表达。数字孪生体利用描述物理体的组成部分如何运行及其对环境如何响应的物理数据，以及物理世界中传感器提供的数据，来模拟和分析真实世界的情况，并对变化做出反应，以改进操作和增加价值。

数字孪生功能作为具有技能的个人（如专业技术人员）与传统监测和控制类设备（如压力计）这一对“人机组合”的“中间人”，其扩散需要建立在文化转变的基础上，正如那些了解如何维护真实世界事物的人与数据科学家及信息技术专家产生合作一样。

物理资产的数字孪生体与设施、环境以及人、业务和流程的数字表示相结合，将使真实世界数字体越来越精细化，用于更优的仿真模拟、分析和控制。

在2018年的报告中，数字孪生位列Gartner公司十大战略技术趋势报告的第四位，如图4－2所示。

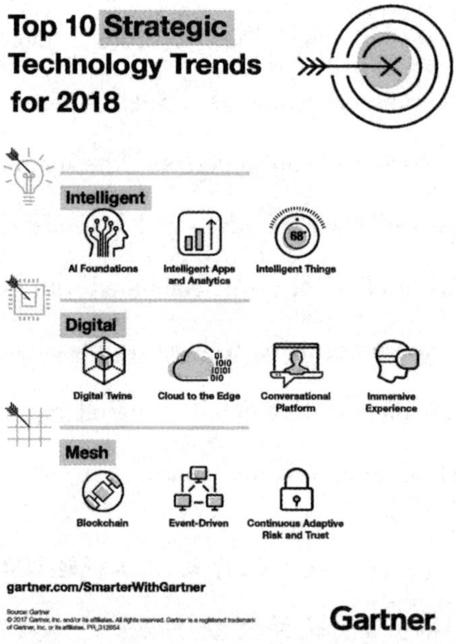


图4－2　Gartner公司2018年《十大战略技术趋势报告》

在2018年的报告中，Gartner公司是这样描述数字孪生的[2]：

Trend No. 4：Digital twin

A digital twin is a digital representation of a real-world entity or system. In the context of IoT，digital twins are linked to real-world objects and offer information on the state of the counterparts，respond to changes, improve operations and add value. With an estimated 21 billion connected sensors and endpoints by 2020, digital twins will exist for billions of things in the near future. Potentially billions of dollars of savings in maintenance repair and operation (MRO) and optimized IoT asset performance are on the table, says Cearley.

In the short term, digital twins offer help with asset management, but will eventually offer value in operational efficiency and insights into how products are used and how they can be improved.

Outside of the IoT, there is a growing potential to link digital twins to entities that are not simply "things". "Over time, digital representations of virtually every aspect of our world will be connected dynamically with their real-world counterparts and with one another and infused with AI-based capabilities to enable advanced simulation, operation and analysis," says Cearley. "City planners, digital marketers, healthcare professionals and industrial planners will all benefit from this long-term shift to the integrated digital twin world." For example, future models of humans could offer biometric and medical data, and digital twins for entire cities will allow for advanced simulations.

数字孪生是真实世界实体或系统的数字化表示。在物联网的语境中，数字孪生体与现实世界的物体相连接，并提供对应物的状态信息、响应变化，以改善运营并增加价值。到 2020 年，估计将有 210 亿个联网的传感器和终端，在不久的将来，数以十亿计的物体将拥有其对应的数字孪生体。据 Cearley 说，在维护、维修和运营

（MRO）以及优化物联网资产表现等方面，数字孪生可能帮助节省数十亿美元的成本。

短期来看，数字孪生在资产管理方面提供了帮助，但最终将在提升运营效率方面提供价值，同时，在产品是被如何使用的和产品可以怎样被优化等方面提供洞见。

除了物联网之外，数字孪生与不仅仅是“物体”的实体进行关联的潜力越来越大。“随着时间的推移，我们世界几乎每个方面的数字表示都将与其真实世界的对应物实现动态连接，并且融合人工智能的能力，以实现先进的仿真模拟、操作和分析”，Cearley说，“城市规划师、数字营销人员、医疗保健专业人员和工业规划师都将受益于这种向集成化数字孪生世界的长期转变”。例如，未来的人类模型可以提供生物特征和医疗数据，整个城市的数字孪生体将被允许进行更高级的仿真模拟。

在2019年的报告中，数字孪生仍被Gartner公司列在《十大战略技术趋势报告》中。延续2018年的排名，数字孪生继续保持第四位，如图4-3所示。

在2019年的报告中，Gartner公司是这样描述数字孪生的[3]：

Trend No. 4：Digital twin

A digital twin is a digital representation that mirrors a real-life object, process or system. Digital twins can also be linked to create twins of larger systems, such as a power plant or city. The idea of a digital twin is not new. It goes back to computer-aided design representations of things or online profiles of customers, but today's digital twins are different in four ways:

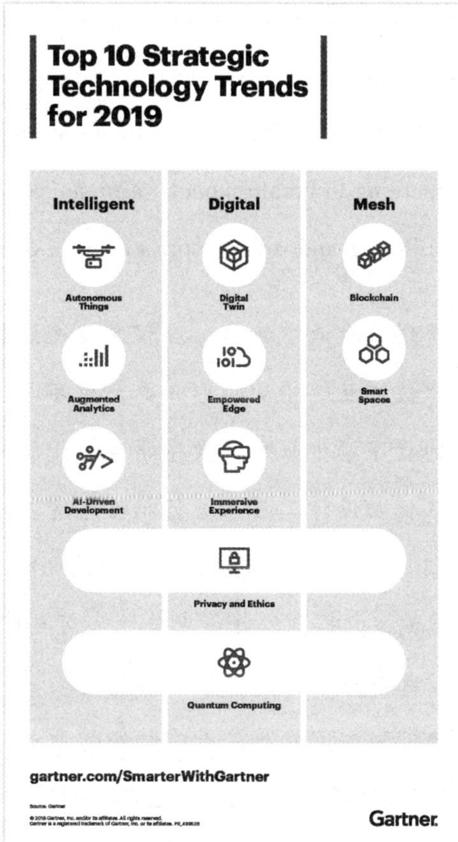


图 4－3　Gartner 公司 2019 年《十大战略技术趋势报告》

• The robustness of the models, with a focus on how they support specific business outcomes.

• The link to the real world, potentially in real time for monitoring and control.

• The application of advanced big data analytics and AI to drive new business opportunities.

• The ability to interact with them and evaluate "what if" scenarios.

The focus today is on digital twins in the IoT, which could improve enterprise dicision making by providing information on maintenance and reliability, insight into how a product could perform more effectively, data about new products and increased efficiency. Digital twins of an organization are emerging to create models of organizational process to enable real time monitoring and drive improved process efficiencies.

数字孪生是现实生活中物体、流程或系统的数字镜像。数字孪生体之间也可以被相互连接从而形成更大数字孪生系统，比如发电厂或城市级别的数字孪生系统。数字孪生的想法并不新鲜，可以追溯到使用计算机辅助设计工具来进行物体或者客户的线上画像的数字化表示的时期。但现今的数字孪生在以下四个方面有所不同。

一是具有稳健性的模型，并重点关注如何支持特定的业务结果。二是具有与现实世界的联系，具有实时监控的潜力。三是具有应用先进的大数据分析和人工智能技术推动新的商业机会。四是具有与数字孪生体交互并评估"假设这样，会怎么样"的情景模拟的能力。

当前数字孪生的重点是物联网，它可以基于相关维护和可靠性的信息、关于产品如何表现更高效的洞察以及有关新产品的数据等来为企业的优化提供决策支撑。组织的数字孪生正在兴起，通过创建组织过程的仿真模型来实现实时监控并提高过程效率。

同时，在 2017 年的新兴技术成熟度曲线（Gartner Hype Cycle for Emerging Technologies）中，Gartner 公司将数字孪生置于创新萌芽期（Innovation Trigger）的中后期阶段，如图 4 – 4 所示[4]。将其置于这个位置表明 Gartner 公司认为随着业界和媒体的关注，无论是业内人士还是大众，对数字孪生技术的期望值已经变得越来越高。虽然在这一阶段，用户的需求和产品状态并不成熟，但会有大量的资本进入，从而促使数字孪生进入快速发展的阶段。

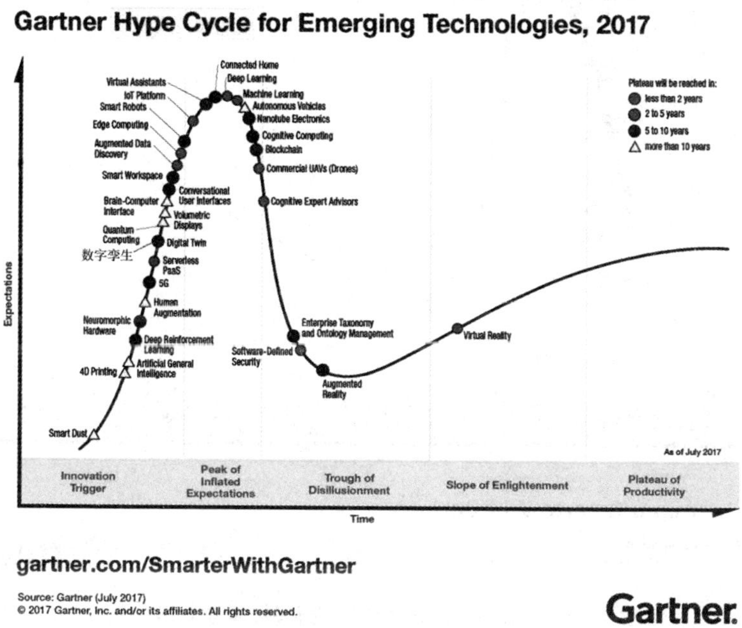


图 4－4　Gartner 公司 2017 年新兴技术成熟度曲线

在 2018 年的新兴技术成熟度曲线中，Gartner 公司将数字孪生置于泡沫膨胀期（Peak of Inflated Expectation）的中期，如图 4－5 所示[5]。将其置于这个位置表明 Gartner 公司认为公众对数字孪生技术的期望值已经达到顶峰，并且有少量用户已经开始应用该项技术。

从 Gartner 公司的《十大战略技术趋势报告》和新兴技术成熟度曲线对数字孪生的重视程度可以推断，其认为数字孪生具有非常重要的价值。2017 年数字孪生出现在新兴技术成熟度曲线的上升段，2018 年到达曲线顶点。2019 年数字孪生从新兴技术成熟度曲线中消失，标志着它已不再被定义为新兴技术，而是被认为进入了主流技术行列。

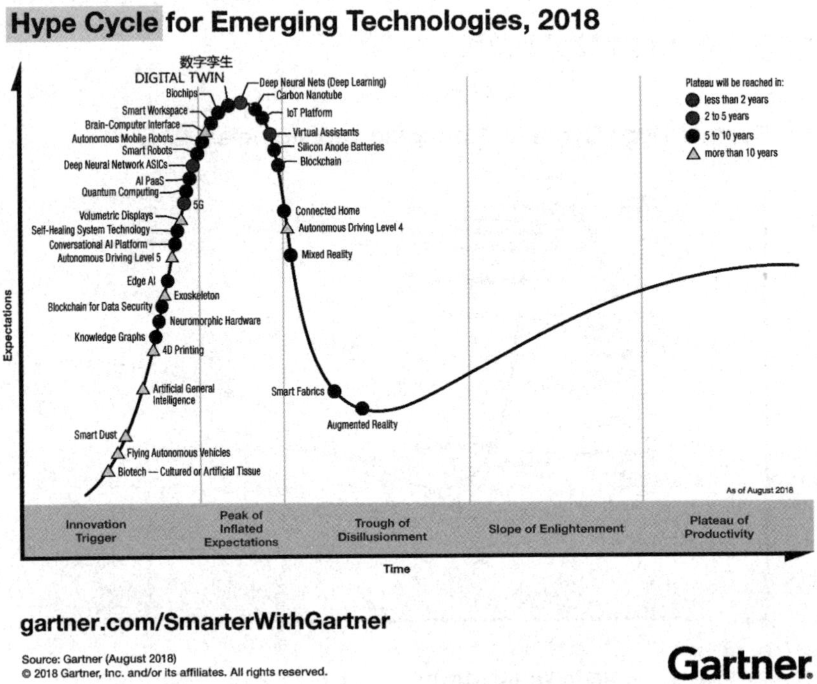


图4－5　Gartner 公司2018年新兴技术成熟度曲线

根据 Gartner 公司在2019年2月基于大量调查研究发布的预测报告可知，有效应用物联网技术方案的公司或组织当中，有13%已经开始应用数字孪生技术，有62%的组织正在建立数字孪生应用方案或者已经启动相关的计划。Gartner 公司预计，到2022年有效实施物联网技术方案的公司当中，将有超过2/3开始应用数字孪生技术。报告中提到，各类公司和组织都开始应用数字孪生技术，但已经使用物联网技术方案实现了产品之间有效连接的制造商是在数字孪生技术应用方面进步最快的。数字孪生技术应用率快速增长的原因主要有两个方面：一方面归因于供应商的市场培育；另一方面更要归因于业界对于数字孪生提升业务价值的共识，进而将其纳入企业数字化转型战略。

Gartner 公司 2020 年十大战略科技趋势中的第一项是超自动化（Hyperautomation），指通过多种机器学习、软件和自动化工具的打包组合来完成工作。在模型驱动的组织基础上，实现组织的数字孪生体是获得超自动化技术应用全部收益的基础要求和前提[6]。2019 年 7 月，Gartner 公司发布数字政府技术成熟度曲线中，“政府的数字孪生体”出现在该曲线的起点，如图 4－6 所示[7]。2019 年 9 月，美国召开首次智慧城市和数字孪生融合研讨会。种种迹象表明，数字孪生已经逐步开始在各个领域进入深度开发和大规模扩展应用的阶段。

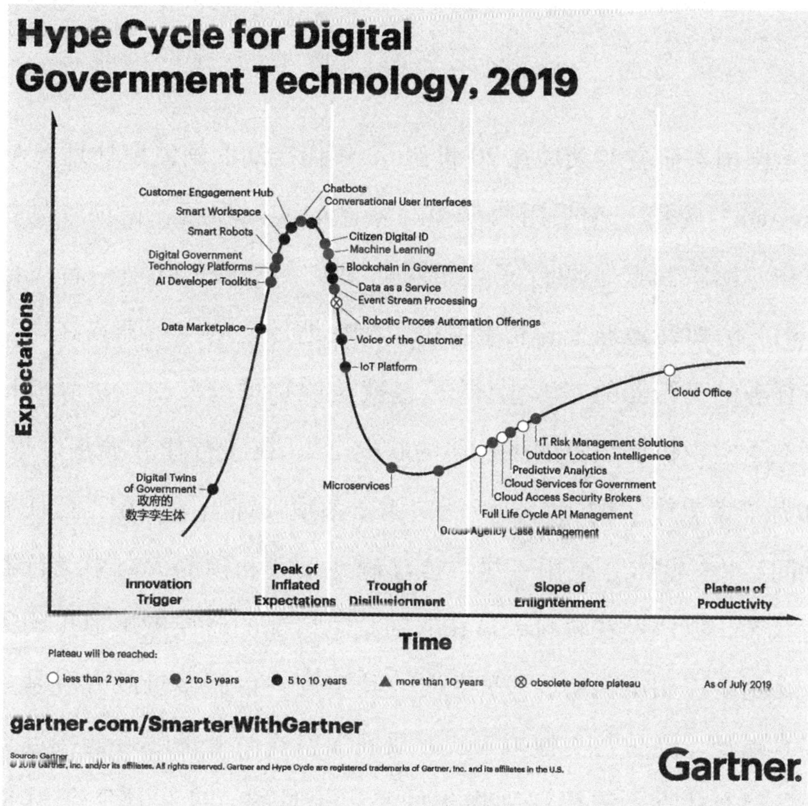


图 4－6　Gartner 公司 2019 年数字政府技术成熟度曲线

## 第二节
## 数字孪生概念起源

"你有没有过这种感觉，不知道自己是醒着还是在梦中。"

"Ever have that feeling where you're not sure if you're awake or still dreaming?"

——《黑客帝国》09:01

美国国家航空航天局在20世纪60年代启动的阿波罗计划（Apollo Program）是第一个采用"孪生"概念的实际项目。这项计划执行过程中，团队制造了两台完全相同的太空飞行器，其中一台飞向太空，另一台留在地球上的实验室中。留在地球上的飞行器是在太空中执行任务的飞行器的"孪生体"，也就是说它可以反映、仿真模拟和预测在太空中执行任务的飞行器的状况[8]。在飞行任务准备过程中，被称为"孪生体"的飞行器广泛应用于各项训练当中。在飞行任务执行期间，"孪生体"被用于尽可能准确地反映和预测太空中飞行器的运行状态，以协助在轨航天员在遇到紧急情况的时候做出最正确的决策。在这个应用案例中，"孪生体"其实是一台原型机或者说是一个高保真模型，通过仿真模拟来实时反映太空飞行器的尽可能接近真实情况的运行状态。需要特别指出的是，此时的"孪生体"仍然是物理体。

数字孪生这个术语首次在文献中出现，是 Hernández 和 Hernández 在 1997 年发表的学术文章中。在这篇文章中，数字孪生被用作城市道路网设计过程中的设计迭代和优化的技术工具[9]。然而，业界一致认为，数字孪生的概念最早是由 Michael Grieves 博士于 2002 年在美国密歇根大学举办的美国制造工程协会管理论坛上提出的。当时，他提出"digital equivalent to a physical product"的观点，即数字孪生模型作为产品生命周期管理（Product Lifecycle Management，PLM）的概念模型[10]。Michael Grieves 博士时任 PIM（个人信息管理器）咨询顾问，现任佛罗里达理工学院（Florida Institute of Technology）先进制造首席科学家。Michael Grieves 博士当时提出的产品生命周期管理的概念模型包含了当今数字孪生概念的所有核心元素，包括真实空间、虚拟空间以及真实空间和虚拟空间之间数据和信息流的交换，如图 4-7 所示。

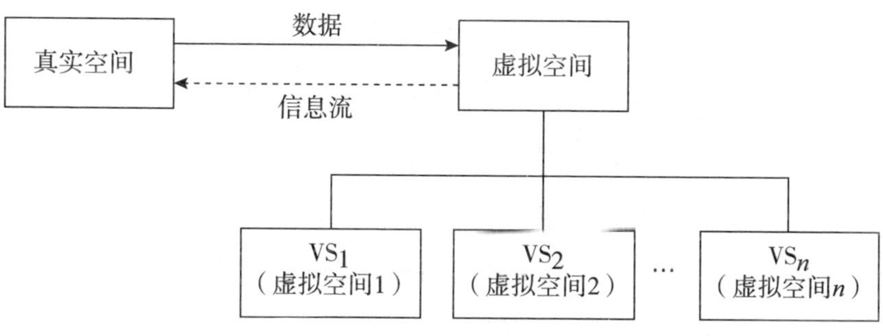


**图 4-7　Michael Grieves 博士提出的产品生命周期管理（PLM）的概念模型**

这一概念的提出打破了工业领域的局限性思维，将虚拟空间（或数字世界）和真实空间（或物理世界）进行了有效连接，试图在数字世界重现物理世界的信息。而单纯的信息连接和数字化重现远远达不到全生命周期管理的要求。只有在全生命周期过程中保证数据的有效循环（双向流动）以及状态的实时反馈，才称得上是全生命周期管理的状态。这样，数字世界和物理世界就可以在整个生命周期过程中真正地协调且相互作用。

在数字孪生的框架下，基于数字世界中对数字模型的各种类型的仿真、模拟、计算、数据采集、数据挖掘和分析，甚至对人工智能的应用，都可以适用于物理世界的物理体（产品、系统等），这是数字孪生对智能系统的意义。智能系统要想实现智能，首先必须要具有感知能力，即通过传感器等方式获取物理世界环境数据的能力。同时智能系统需要被建模，将静态数据和动态数据进行有效汇聚和融合后，才可能进行数据分析和辅助决策。如果没有基于数字孪生技术对物理世界的生产系统进行的数字孪生体的构建，所谓的智能系统将是无源之水，是无法实现的。

Michael Grieves 博士在 2002 年提出这一概念和模型之后，当时并没有引起学者太多的关注。其主要原因有以下四点：第一，在当时的条件下，在生产过程中收集产品相关信息的技术手段有限，大多采用手工记录的方法并以纸质文件形式留存，难以实现生产数据的在线实时采集；第二，物理世界物理体的数字化描述技术尚不成熟，相关的软硬件无法支持对物理产品在数字世界中的相关属性和行为的精确定义和描述；第三，当时即便使用最好的计算机和最先进的算法，都难以实现大量数据的实时处理；第四，移动通信技术不够成熟，难以实现数字世界的虚拟数据和物理世界的真实数据的实时传输和同步。

Michael Grieves 博士在2005 年发表的两篇文章中再次引用了产品生命周期管理的概念[11,12]。2009 年，数字孪生概念出现在美国空军实验室提出的“机身数字孪生体”（Airframe Digital Twin）中。NASA 在《建模、仿真、信息技术和处理路线图》（*Modeling, Simulation, Information Technology & Processing Roadmap*）以及《材料、结构、机械系统和制造路线图》（*Materials, Structures, Mechanical Systems, and Manufacturing Roadmap*）两份技术报告中直接使用了“数字孪生”这一术语[13,14]。2011 年，Michael Grieves 博士在其新书《虚拟完美：通过产品生命周期管理来驱动创新和精益产品》（*Virtually Perfect: Driving Innovative and Lean Products through Product Lifecycle Management*）中引用了NASA 首席技术专家 John Vickers 所建议的“数字孪生”这一术语，作为其信息镜像模型的别名[15]。从那时起，数字孪生一直是航空航天领域的热门术语。2014 年，Michael Grieves 博士发表了一份白皮书，进一步详细阐述了数字孪生概念的内涵，并深入讨论了数字孪生概念模型、实现需求和实际使用案例[10]。

虽然通常情况下，技术术语的概念和含义会随着时间的推移而发生变化，但数字孪生的基本概念自从 2002 年被提出以后，一直保持相对稳定的状态。数字信息是物理世界系统本身信息的“孪生体”，并在物理世界系统的整个生命周期中与其紧密关联。

每个“数字孪生系统”都由两个部分组成，一个是存在于物理世界的物理系统，另一个是包含物理系统的所有信息的，在数字世界中的虚拟系统（或数字系统）。也就是说在物理世界和数字世界之间存在着镜像对应或孪生关系。产品生命周期管理概念的提出，意味着数字孪生不是一个静止状态，而是一个具有时间维度的动态过程。物理系统和数字系统将在整个生命周期过程中相互关联和影响。

回顾数字孪生的发展历程，可以明显地捕捉到来自航空航天领域（航天发射任务和航空武器装备研制）的需求以及其给数字孪生发展带来的拉动，可以看到建模、仿真、系统工程、计算机等技术的积极推动作用。总体来看，数字孪生的发展历程可分为以下四个阶段[16]。

阶段一：1960 年到 2002 年是数字孪生基础技术准备期，主要是 CAD（计算机辅助设计）、CAE（工程设计中的计算机辅助工程）建模和仿真、传统系统工程等基础技术的准备。

阶段二：2002 年到 2010 年是数字孪生概念的产生期，在这一阶段，数字孪生模型被提出，英文术语名称得以确定。在这期间，建模和仿真等基础技术持续发展并趋于成熟，出现了仿真驱动的设计、基于模型的系统工程（MBSE）等先进设计范式。

阶段三：2010 年到 2020 年是数字孪生的领先应用期，这一技术主要被美国国家航空航天局、美国军方和通用电气等率先应用。这个阶段也是物联网、大数据、人工智能、区块链、云计算、5G 通信等与数字孪生紧密相关的新一代信息技术的快速发展期。

阶段四：2020 年到 2030 年将是数字孪生的深度研发和大规模爆发式扩展应用期。数字孪生的研发将与人工智能、大数据、物联网、区块链等多种新型技术融合，其应用领域也将从航空航天、智能制造等领域向数字孪生城市、数字孪生政府、数字孪生智慧医疗等城市化、民生化、全球化的领域和市场拓展。

# 第三节
# 数字孪生的定义

"你在找他。我知道，是因为我也曾找过他。而当他找到我的时候……他告诉我，我其实不是在找他，我是在寻找答案。是那个问题驱使着我们，尼奥。"

"You are looking for him. I know, because I was once looking for the same thing. And when he found me... he told me I wasn't really looking for him... I was looking for an answer. It's the question that drives us, Neo."

——《黑客帝国》11:14

通过前面的介绍，我们基本了解了数字孪生的起源。但是，到底什么是数字孪生？前面提到，数字孪生概念源自美国，其英文是 Digital Twin。将一个技术化词汇"digital"和一个生活化词汇"twin"组合，很容易在人们心中形成一个具有无限想象空间的"很酷"的概念。其中，"数字"（digital）代表数字化方式，"孪生"（twin）最初的含义是母体一次妊娠分娩两个胎儿。

数字孪生是在仿真模拟、数字样机等技术基础上发展而来，最初应用于美国军方航天系统的研究，而现在已经拓展到人类生活的各个领域。数字孪生中的"孪生"一词与其最初含义大体相同，暗示"两个相同体"。孪生体的其中之一就是大名鼎鼎的"数字孪生体"，即存在于数字世界（虚拟世界）中的由计算机编码形成的数字信息结构；另一个是常常被我们忽视的“物理孪生体”，即存在于物理世界（现实世界）的人类可以直接感知的物体实体。简单理解，数字孪生体是通过数字化方式为其物理孪生体创建的数字化模型，也被称为数字镜像或数字化映射。数字孪生表达的是数字孪生体与物理孪生体之间的映射关系。数字孪生是信息和数字化技术发展和演进的必然结果。

如何准确地定义数字孪生？这个问题的答案绝对不是唯一的，每个人都有自己对数字孪生的理解和定义，而且每个人心中的那个答案可能仍然在不断地变化着。

目前，业界许多主流公司都对数字孪生给出了自己的理解和定义。但实际上，人们对于数字孪生的认识依然在不断演进。这种演进状态从Gartner公司在2017年、2018年和2019年这三年间对数字孪生定义的调整便可见一斑。

2017年，Gartner公司对数字孪生的解释是一个物理体或物理系统的动态软件模型。预计在三年到五年，数十亿计的物体将通过数字孪生来表达。

2018年，Gartner公司对数字孪生的解释是真实世界实体或系统的数字化表达。在物联网的语境中，数字孪生体与现实世界的物体相连接，并提供对应物的状态信息、响应变化，以改善运营并增加价值。

2019年，Gartner公司对数字孪生的解释变化为现实生活中物体、流程或系统的数字镜像。

在数字孪生定义完善的过程中，数字孪生的应用场景也不再局限于基于物联网数据来洞察和提升设备的运行效率，而是延伸到更广阔的领域。

在模型维度上，从模型需求与功能的角度思考，一些观点认为数字孪生体就是三维模型，也就是是物理实体的复制，或是虚拟样机。在数据维度上，一些观点认为数据是数字孪生的核心驱动力，侧重于数字孪生在产品全生命周期的数据采集、数据管理、数据分析与挖掘、数据集成与融合、数据有效应用等方面的价值。在连接维度上，一些观点认为数字孪生是物联网平台或工业互联网平台。这些观点侧重于从物理世界到数字世界的感知接入、可靠传输、数据驱动应用等。而从服务的角度来说，一些观点认为数字孪生是仿真，是可视化。

数字孪生体就是针对物理体（物理世界的设备、产品、系统等），使用数字化技术创造出虚拟的"数字化模型"。这个数字化模型是基于数字化工具或平台而生成的，为使用者提供各类数字化服务。数字孪生体与 CAD 产生的图纸等数字化载体有本质的区别，主要体现在数字孪生体是"活的"，它是面向物理孪生体（实体对象）的动态实时映射。数字孪生体"活"的状态是依托于来自实体对象三维模型信息、传感器历史数据、传感器实时数据、大数据处理结果以及人工智能算法预测等数据的融合体现和反馈。

数字孪生涉及多技术、多学科和多应用场景。图 4－8 为望京SOHO能效管理系统。

在数字孪生发展演化过程中产生了多种多样的定义，下面对部分进行列举：

### 1. Michael Grieves 博士（2017 年）

The digital twin is a set of virtual information constructs that fully describes a potential or actual physical manufactured product from the micro

图 4－8　望京 SOHO 能效管理系统

(atomic level) to the macro (geometrical level). At its optimum, any information that could be obtained from inspecting a physical manufactured product can be obtained from its digital twin. Digital Twins are of three types: Digital Twin Prototype (DTP), Digital Twin Instance (DTI) and Digital Twin Aggregate (DTA). DTs are operated on in a Digital Twin Environment (DTE)[17].

数字孪生是一套虚拟信息结构，从微观（原子水平）到宏观（几何水平）全面描述潜在的或实际的物理制造产品。在最佳情况下，任何一个可以从检查实际制造的产品中获得的信息都应该可以从其数字孪生体中获得。数字孪生体有三种类型：数字孪生原型体、数字孪生实例体和数字孪生聚合体。而数字孪生环境则是数字孪生体的操作环境。

2. NASA（2010 年）

A digital twin is an integrated multi-physics, multi-scale, probabilistic simulation of a vehicle or system that uses the best available physical models, sensor updates, fleet history, etc., to mirror the life of its flying twin.

数字孪生体是一个集成了多物理属性、多尺度和概率仿真的数字飞行器（或系统），它可以通过逼真的物理模型、实时传感器和服役历史等数据来反映真实飞行器的实际状况。

### 3. 西门子公司（2017 年）

A digital twin is a virtual representation of a physical product or process, used to understand and predict the physical counterpart's performance characteristics.

数字孪生体是物理产品或过程的虚拟表示，用于理解和预测物理产品的性能特征。

### 4. 微软公司

A digital twin is a virtual model of a process, product, production asset or service. Sensor-enabled and IoT connected machines and devices, combined with machine learning and advanced analytics, can be used to view the device's state in real-time. When combined with both 2D and 3D design information, a digital twin can visualize the physical world and provide a method to simulate electronic, mechanical, and combined system outcomes.

数字孪生体是一个过程、产品、生产资产或服务的虚拟模型。配备传感器和物联网连接的机器和设备，结合机器学习和高级分析，可用于查看设备实时状态。当与二维和三维设计信息结合时，数字孪生体可以在数字世界实现物理世界的可视化，提供一种能够模拟电子、机械和组合系统相互作用产生的结果的方法。

### 5. Michael Batty（2018 年）

A digital twin is a mirror image of a physical process that is articulated alongside the process in question, usually matching exactly the operation of the physical process which takes place in real-time [18].

数字孪生体是一个物理过程的镜像，它往往与所讨论的过程一起被阐明，通常与实时发生的物理操作过程完全匹配。

6. Michael Grieves 博士（2011 年）

A virtual product is a use-specific informational or bit-based representation and its associated rule-based environment of a physical or atom-based product and its natural behavior Virtualization：creating an informational or bit-based representation of a physical or atom-based product. The Information Mirroring Model（IMM）as a framework of conceptualizing PLM and explored the implications of the duality of physical and virtual products. The ability to use virtual products in place of their physical counterparts drives the value of the IMM.

虚拟产品是与某种特定用途相关的基于比特的信息化表达，和基于原子的物理产品及其自然行为所构成的基于规则的关联环境。虚拟化是为基于原子的物理产品创建基于比特的信息化表达的过程。信息镜像模型作为概念化产品生命周期管理的框架，揭示了物理产品和虚拟产品二元性的含义。使用虚拟产品代替物理产品的能力体现了的信息镜像模型的价值。

7. 国际商业机器公司（2017 年）

A digital twin is a virtual representation of a physical object or system across its lifecycle, using real-time data to enable understanding, learning and reasoning.

数字孪生体是物理对象或系统在其整个生命周期中的虚拟体现，它使用实时数据来实现理解、学习和分析。

8. 美国空军（2013 年）

Digital Twin, a virtual representation of the system as an integrated system of data, models, and analysis tools applied over the entire life cycle on a tail-number unique and operator-by-name basis.

数字孪生体是系统的虚拟表达，作为实际运行的单个系统实例在整个生命周期中应用的数据、模型和分析工具的集成系统。

9. GE（2016 年）

A digital twin is a living model that drives a business outcome.

数字孪生体是驱动商业成果的动态模型。

10. PTC 美国参数技术公司（2015 年）

A digital twin is a function of things (the devices and products generating data), connectivity (working to bring networks together), data management (cloud computing, storage, and analytics), and applications. As such, they likely will figure heavily into the construction and logic of IoT platforms.

数字孪生体是由物（产生数据的设备和产品）、连接（网络）、数据管理（云计算、存储和分析）和应用构成的功能体。因此，它将深度参与物联网平台的定义与构建。

11. Gartner 公司

A digital twin is a digital representation of a real-world entity or system. The implementation of a digital twin is an encapsulated software object or model that mirrors a unique physical object, process, organisation, person or other abstraction. Data from multiple digital twins can be aggregated for a composite view across a number of real-world entities, such as a power plant or a city, and their related processes.

数字孪生体是真实世界实体或系统的数字表示。数字孪生体是使用是通过一个封装的软件对象或模型，它反映了一个独特的物理对象、过程、组织、人或其他抽象对象。来自多个数字体的数据可以聚合为一个跨多个真实世界实体（如发电厂或城市）及其相关过程的复合视图。

12. 德勤（2017 年）

A digital twin is a near-real-time digital image of a physical object or process that helps optimise business performance.

数字孪生体是物理对象或过程的近实时数字图像，有助于优化业务表现。

13. SAP（2018 年）

A digital twin is a virtual representation of a physical object or system – but it is much more than a high-tech look alike. Digital twins use data, machine learning, and the Internet of Things (IoT) to help companies optimize, innovate, and deliver new services.

数字孪生体是物理对象或系统的虚拟表达，但不仅仅是高科技外观。众多数字孪生体使用数据、机器学习和物联网来帮助企业优化、创新和提供新服务。

14. 国际标准化组织 ISO/CD23247（2019 年）

Fit for purpose digital representation of some realized thing or process with a means to enable convergence between the realized instance and digital instance at an appropriate rate of synchronization.

数字孪生是现实事物（或过程）具有特定目的的数字化表达，并通过适当频率的同步使物理实体与数字模型之间趋于一致。

15. 剑桥大学英国建筑数字中心（2019 年）

A digital twin is a realistic digital representation of something physical [10].

数字孪生体是物理事物的真实数字表示。

尽管目前对数字孪生存在多种不同认识和理解，短时间内无法形成广泛且统一的定义。但可以确定的是，物理实体、数字模型、数据、实时连接、数据双向流动和服务是数字孪生不可缺少的核心要素。

## 第四节 数字孪生的特征

“我看出你是个敢接受现实的人，因为你想醒过来。讽刺的是，我们现在离事实不远了。”

“You have the look of a man who accepts what he sees, because he’s expecting to wake up. Ironically, this is not far from the truth.”

——《黑客帝国》26:38

数字孪生作为多种先进技术的融合体，具有多学科性、虚拟性、连通性、多尺度性、多物理属性、多层次结构、多源异构数据、数据驱动、保真性、动态性、实时性、集成性、互操作性、可扩展性、可计算性、可预测性等特征（见图 4 –9）。

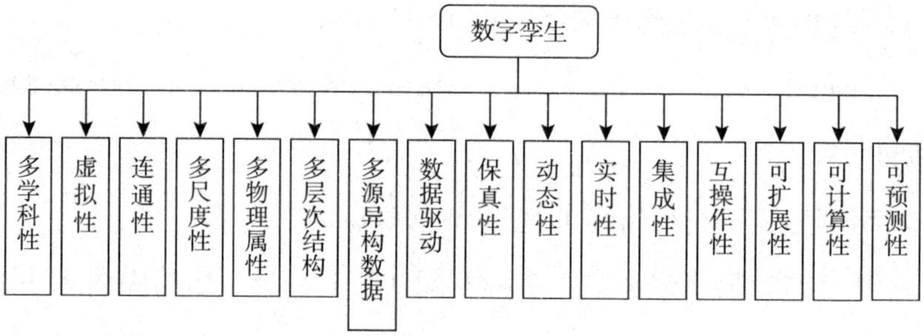


**图 4-9　数字孪生多重特征**

**1. 多学科性**

数字孪生最显著的特征之一就是其涉及不同的自然科学和工程技术，包括但不限于数学、物理学、化学、计算科学、信息科学、机械工程、电子工程等，具有明显的多学科交叉、多技术融合应用的特征。

**2. 虚拟性**

数字孪生的虚拟性是指数字孪生体是物理孪生体在数字世界中的载体，数字孪生体是虚拟体，存在于信息空间（或比特空间、虚拟空间），不属于物理空间。

**3. 连通性**

数字孪生的另一个主要特征是它具有连通性。在数字孪生应用中，通过数字技术手段实现物理组件（物理实体）和数字组件（虚拟模型）之间的连接，这种连接是由物理孪生体上的传感器及其他数据与数字孪生体的数据通道共同创建的。物理孪生体的传感器通过各种技术获取数据并进行有效集成，再通过数据通道将实时数据反映在数字孪生体中。

连通性不仅仅体现在技术层面。在应用层面，数字孪生增强了组织、产品、系统、服务等与使用者之间的连通性。例如，一个为用户制造复杂机械设备的企业可以通过检查其销售的设备的数字孪生体的状态来判断设备工作状态是否正常，并在必要时为客户提供预测警告和维护服务。

4. 多尺度性

数字孪生具有明显的多尺度性。根据实际不同场景的应用需求，数字孪生体可以包含和呈现不同尺度的信息，比如物理孪生体的空间坐标、几何尺寸、边界等宏观特征信息和微观结构特征。

5. 多物理属性

数字孪生体可以是多物理属性的，其物理属性的多少取决于数字孪生的应用场景。在复杂的应用场景中，数字孪生体不仅要描述物理孪生体的几何特征、空间位置特征等，也许还要对物理孪生体的构件、材料力学、动力学等特征进行细致的描述。

6. 多层次结构

数字孪生体可以是多层次结构的，正如其镜像（物理孪生体）一样。比如汽车的数字孪生体包括车身数字孪生体、动力系统数字孪生体、控制系统数字孪生体、机械系统数字孪生体等。而机械系统数字孪生体又可以由不同的更小系统的数字孪生体构成。数字孪生体的层次结构有利于数字孪生功能和数据的模块化架构管理。

7. 多源异构数据

如果把数字孪生看作一个有机生命体，那么静态数据就是它的“细胞”，而动态数据更像是其“血液”。伴随着数字孪生系统的多学科性、多尺度性、多物理属性等显著特征，其数据结构也相应地呈现出多源异构的特征。数据来源包括物理实体描述性数据、物联网传感器数据、各软件系统数据、互联网数据、运营商数据等，涵盖结构化和非结构化数据类型。数字孪生体作为多源异构数据汇聚、展示、分析、交互的载体，必须具备高维数据处理能力，需要将多维数据进行有效融合和应用，以提供数字化、智慧化服务能力。

### 8. 数据驱动

在上述多源异构数据特征的基础上，数字孪生表现出明显的数据驱动特征。通过适当计算资源、存储资源、收集资源、分析算法等技术的支撑，数据驱动着数字孪生体的运行、演化、优化等，以保证对物理孪生体真实状态的实时、全面、精准的描述。

### 9. 保真性

数字孪生具有保真性的特征，其保真性通过多维数据的精准呈现来保障，并且要考虑时间维度，即实时性。在不同的应用场景中，数字孪生体可能呈现出不同程度的保真。以数字孪生城市场景为例，针对政府的城市统筹管理的应用场景，建筑外表面几何和位置数据及区域级相关统计数据即可满足应用需求。但如遇特定建筑空间的管理需求，则该空间的保真性可能要提升至其内部结构甚至相关联的软件系统数据层面。

### 10. 动态性

数字孪生的动态性是其与仿真计算等技术的重要区别之一。在产品或系统全生命周期的各个阶段，数字孪生体会基于来自物理孪生体的动态数据持续更新自身的状态，并根据最近的数据对物理孪生体进行实时分析，甚至提出辅助决策。

### 11. 实时性

数字孪生具有显著的实时性特征，即物理孪生体当前的状态数据需要在极短的时间段内反映在数字孪生体上，同理，数字孪生体发出的指令需要在极短的时间内反映在物理孪生体上，也就是实现数据和指令的实时双向流动。

#### 12. 集成性

多学科性、多尺度性以及多物理属性等特点使数字孪生带有明显的集成性，数据主要是由不同尺度、来自不同学科的不同物理属性的模型集成而来。

#### 13. 互操作性

数字孪生体和物理孪生体之间存在虚拟空间和现实空间的双向映射和实时连接，因此孪生体之间应具备互操作性。即对物理孪生体进行操作而引起的变化应实时反映在数字孪生体当中。同样，对数字孪生体的操作可以反向控制物理孪生体。

数字孪生体通过传感数据了解物理孪生体状态的变化，对变化进行分析、预测和优化。物理孪生体应根据从数字孪生体接收到的优化方案对变化作出响应。

#### 14. 可扩展性

数字孪生体以模块化形式构建，具备集成、添加和替换数字孪生体模块的能力，能够面向多尺度、多物理、多层级、多场景的物理孪生体进行灵活扩展。

#### 15. 可计算性

数字孪生体基于来自其物理孪生体的大量多源异构数据（包括静态数据和动态数据），通过使用数值分析、数值仿真计算、概率统计计算、大数据分析等手段，可模拟和反映物理孪生体实时状态。通过基于人工智能模型的计算，可面向物理孪生体提出辅助决策建议。

#### 16. 可预测性

基于数字孪生体从物理孪生体中获取的海量历史数据，通过迭代仿真、大数据分析，以及人工智能技术的应用，可对物理孪生体在不同条件下的状态和行为进行有效预测。数字孪生需包含不断改进的人工智能（监督、无监督学习算法），当它们处理从物理环境和周围环境连续接收到的传感数据时，其预测能力得到改进。这个虚拟的（认知的）大脑应用了描述性的、预测性的和规定性的算法，因此可以作为一个智能体来执行一系列的任务。在人工智能算法中，特征选择和特征提取任务降低了数据的维度，同时保留了信息量最大的数据，允许仅提取和存储有用的信息（即"正确的数据"），从而降低存储成本和计算处理成本。

此外，数字孪生还具有复用性（可重复使用）、可共享使用等特征。

## 第五节 数字孪生与相近技术的区别

> "我希望你找对了人。"
> "我不用希望。我相信。"
> "I hope you're right."
> "I don't have to hope. I know it."
>
> ——《黑客帝国》35:26

数字孪生技术出现以来，由于其定义不清晰且仍处于快速演进的阶段，所以经常被误认为是另外的技术，其中最容易与之混淆的就是模拟仿真（Simulation）、信息物理系统（Cyber-Physical Systems，CPS）和数字线程（Digital Thread）这三种技术。

## 一、数字孪生与模拟仿真（Simulation）的区别

虽然模拟仿真技术和数字孪生技术都具有虚拟仿真能力，但它们的本质并不相同。

模拟仿真技术是应用仿真硬件和仿真软件通过仿真实验，借助某些数值计算和问题求解方法来反映系统行为或过程的模型技术，是用包含了已知的确定性规律和完整机理的模型转化成软件的方式来模拟物理世界的方法，目的是依靠正确的模型和完整且正确的信息、环境数据等，有效反映物理世界的特性和参数。仿真技术仅以离线的方式模拟物理世界，不具备实时的复杂多源异构数据分析和系统优化能力，因此不具备数字孪生的实时性、动态性以及互操作性等特征。

数字孪生体需要与物理孪生体保持实时动态一致，通过实时监测、模拟仿真、数据分析等方式，获取物理孪生体静态和动态数据。数字孪生体通过提升多源异构数据的维度和精确度、分析算法以及计算能力等不断进行自身的优化，同时为物理孪生体提供优化方案。

虽然计算机辅助设计和工程应用程序中的传统模拟仿真功能已经是强大的产品设计工具，但数字孪生与其相比具备更多且更强大的能力。虽然模拟都是在虚拟模型上进行的，但一旦产品生产出来，仿真模型可以演化为数字孪生体。

模拟仿真和数字孪生都使用数字模型来复制系统的各种过程，但数字孪生体实际上是一个具备丰富信息的虚拟环境，这使研究变得更加多样化。数字孪生和模拟仿真之间的区别很大程度上是一个规模问题。虽然模拟仿真通常研究一个特定的过程，但数字孪生本身可以运行任意数量的有用模拟来研究多个过程。例如，模拟仿真通常不会从实时数据中

受益。但是数字孪生是围绕着一种双向实时信息流设计的。由于数字孪生可以提供更好的和不断更新的数据，且这些数据涉及不同的维度，因而伴随不断增强的虚拟环境计算能力，数字孪生能够从比标准模拟仿真更有利的角度研究更多的问题。模拟仿真与数字孪生的区别主要体现在以下三个方面。

**1. 静态与动态**

模拟仿真侧重于创建产品或过程的模型，使用者可以在其中引入和测试各种设计元素，包括材料、操作条件等。在使用者引入新参数之前，模拟仿真是静态的。当一个数字孪生体以这样的模型开始它的生命周期时，也就是当它开始从真实世界的对应物理孪生体接收实时数据时，它便具备更强大的能力。然后，数字孪生体随着实时数据的不断采集和分析而改变。因为数字孪生体是基于物理孪生体数据而动态变化的，所以它可以产生传统模拟仿真无法提供的有价值的信息，这些信息可以有效推动业务决策。

**2. 可能性与实际情况**

模拟仿真复制了在现实世界中对设计进行特定更改的情况下其模拟的产品可能发生的情况，这种变化受到使用者想象力的限制。物联网实时数据驱动的数字孪生体从现实世界中的同类产品中学习当前的情况，使使用者能够看到产品是否按预期运行，并根据实际运行情况进行调整和改进。通过从数字孪生体收集到的见解，使用者可以识别出仅使用传统模拟仿真模型不可能或甚至不可想象的改进。通过利用集成数字孪生系统的近实时数据，制造企业可以变得更加灵活和敏捷，能够及时响应快速变化的客户需求或业务条件。

### 3. 以产品为中心与以业务为中心

传统模拟仿真往往是基于使用者的经验和权限，允许他们在设计产品时更改模拟参数。因此，传统模拟仿真往往不涉及学术研究和产品开发以外的其他业务部分。通过集成的数字孪生系统，产品生命周期所有阶段的数据都会根据需要反馈到每个步骤中。这意味着，专业人士可以在业务工作流的模拟部分利用数字孪生体，对业务流程做出调整和改进，更好地做出业务决策。

## 二、数字孪生与信息物理系统的区别

信息物理系统（简称CPS）是指计算机辅助的软件组件与机械和电子部件的组合，可以通过数据基础设施（如互联网通信的数据中心）进行访问。基于计算机算法的控制或监控，整个系统与网络整合在一起，所以名称中有“Cyber”一词。CPS 具有高度的复杂性，其理论基础是通过有线或无线通信网络将嵌入式系统连网。在 CPS 中，物理组件和软件组件在不同的空间和时间尺度上运行。其应用包括自动汽车系统、医疗监控、过程控制系统、机器人系统、自动飞行员电子设备、智能电网、交通物流系统等。

数字孪生与信息物理系统都是利用数字化手段构建系统为现实服务。其中，信息物理系统属于系统实现，而数字孪生侧重于模型的构建等技术实现。信息物理系统是通过集成先进的感知、计算、通信和控制等信息技术和自动控制技术，构建物理空间与虚拟空间中人、机、物、环境和信息等要素相互映射、交互、高效协同的复杂系统，实现系统内资源配置和运行的按需响应、快速迭代和动态优化[19]。

相比于综合了计算、网络、物理环境等多维复杂系统的 CPS，数字孪生更像是CPS的具体的可视化呈现。数字孪生的应用场景既包括产品，也包括生产线、车间和工厂等，直接对应CPS所面对的产品、装备和系统等对象。数字孪生是以数据和模型为主要元素构建的，基于模型的复杂系统，更适合融合人工智能或大数据等新的计算能力进行数据处理任务[16]。它驱动新的数字化能力来设计、操作、维护和创建新的数字化服务，以实现其价值最大化。

## 三、数字孪生与数字线程的区别

数字线程被认为是产品模型在各阶段演化所利用的沟通渠道，是依托于产品全生命周期的业务系统，涵盖产品构思、设计、供应链、制造、售后服务等各个环节。在整个产品的生命周期中，通过提供访问、整合以及将不同的分散数据转换为可操作信息的能力来通知决策制定者。数字线程的目标是在产品的整个生命周期内实现数字化和可追溯性。

数字线程是一个允许可连接数据流的通信框架，并提供一个包含生命周期各阶段功能的集成视图。数字线程有能力为产品的数字孪生体提供访问、整合和转换能力，其目标是贯通产品生命周期和价值链，实现全面追溯、信息交互和价值链协同。数字线程的概念提高了“在正确的时间将正确的信息传递到正确的地点”的标准。由此可见，产品的数字孪生体是对象、模型和数据，而数字线程是方法、通道、链接和接口。在数字孪生的广义模型之中，存在着彼此具有关联的小模型。数字线程可以明确这些小模型之间的关联关系并提供支持。因此，从全生命周期这个广义的角度来说，数字线程是属于面向全生命周期的数字孪生的[20]。

# 第六节
# 数字孪生的生命周期

"时间总是不够用。"

"Time is always against us."

——《黑客帝国》30:00

物理世界万事万物都有各自的生命周期，由于虚拟世界的数字孪生体是与物理世界的物理孪生体一一对应的，所以数字孪生体和物理孪生体一样，也具有其相应的生命周期。数字孪生体的生命周期与物理孪生体是基本对应的，包括设计、开发、部署、验证、运行、优化和退役等阶段。

数字孪生体的生命周期时间跨度可能长于或者短于其物理孪生体的生命周期时间跨度。比如，使用BIM（建筑信息模型）正向建模的方式构建建筑物的数字孪生体，则数字孪生体先于物理孪生体出现，其生命周期时间跨度将大于对应物理孪生体。但是当基于已有物理孪生体来构建数字孪生体的时候，大概率数字孪生体的生命周期时间跨度会小于其物理孪生体（见图4－10）。

比较有趣的是，当物理孪生体被报废或销毁之后，我们可以选择将其数字孪生体暂时下线，但是那一刻的状态和全部数据可以被保留。当未来某一时刻需要的时候，我们可以将其重新上线，并且基于原有数据和算法，数字孪生体依然可以执行特定的功能。然而，对应的时间点

图 4－10　数字孪生的全生命周期

上，其物理孪生体已经不复存在，这时候，曾经的数字孪生体大概只能被定义为数字模型了。

## 参考文献

[1] Gartner. Gartner's top 10 strategic technology trends for 2017 [EB/OL]. (2016－10－18) [2021－05－31]. https：//blogs. gartner. com/smarter-withgartner/gartners－top－10－technology－trends－2017/.

[2] Gartner. Gartner's top 10 strategic technology trends for 2018 [EB/OL]. (2017－10－03) [2021－05－31]. https：//www. gartner. com/smarter-withgartner/gartner－top－10－strategic－technology－trends－for－2018/.

[3] Gartner. Gartner's top 10 strategic technology trends for 2019 [EB/OL]. (2018－10－15) [2021－05－31]. https：//www. gartner. com/smart-

erwithgartner/gartner – top – 10 – strategic – technology – trends – for – 2019/.

[4] Gartner. Gartner hype cycle for emerging technologies, 2017 [EB/OL]. (2017 –08 –15) [2021 –05 –31]. https://www. gartner. com/smarterwithgartner/top – trends – in – the – gartner – hype – cycle – for – emerging – technologies –2017/.

[5] Gartner. Gartner hype cycle for emerging technologies, 2018 [EB/OL]. (2018 –08 –16) [2021 –05 –31]. https://www. gartner. com/smarterwithgartner/5 – trends – emerge – in – gartner – hype – cycle – for – emerging – technologies –2018/.

[6] Gartner. Gartner's Top 10 strategic technology trends for 2020 [EB/OL]. (2019 –10 –21) [2021 –05 –31]. https://www. gartner. com/smarterwithgartner/gartner – top – 10 – strategic – technology – trends – for – 2020/.

[7] Gartner. Top trends from Gartner hype cycle for digital government technology, 2019 [EB/OL]. (2019 –10 –17) [2021 –05 –31]. https://www. gartner. com/smarterwithgartner/top – trends – from – gartner – hype – cycle – for – digital – government – technology –2019/.

[8] BOSCHERT S, ROSEN R. Digital Twin—The Simulation Aspect [M]. German: Springer International Publishing, 2016.

[9] HERNÁNDEZ L A, HERNÁNDEZ S. Application of Digital 3D Models on Urban Planing and Highway Desing [C] //Ⅲ Conference on Urban Transport and the Environment for the 21 Century. 1997.

[10] GRIEVES M. Digital Twin: manufacturing excellence through virtual factory

replication [EB/OL]. (2017－10－08) [2021－05－31]. https://download. csdn. net/download/ykwangme/10011135? utm_source = iteye_new.

[11] GRIEVES M. Product Lifecycle Management: Driving the Next Generation of Lean Thinking [M]. New York: McGraw－Hill, 2005.

[12] GRIEVES M. Product lifecycle management: the new paradigm for enterprises [J]. International journal of product development, 2005.

[13] SHAFTO M, CONROY M, DOYLE R, et al. Draft modeling, simulation, information technology & processing roadmap: technology area 11 [EB/OL]. (2010－11) [2021－05－31]. https://www. nasa. gov/pdf/501321main_TA11－MSITP－DRAFT－Nov2010－A1. pdf.

[14] PIASCIK B, VICKERS J, LOWRY D, et al. Materials, structures, mechanical systems, and manufacturing roadmap: technology area 12 [EB/OL]. (2012－04) [2021－05－31]. https://www. docin. com/p－1381176739. html.

[15] GRIEVES M. Virtually perfect: drivinginnovative and lean products through product lifecycle management [M]. Florida: Space Coast Press, 2011.

[16] 安世亚太.《数字孪生体技术白皮书（2019）》重磅发布 [EB/OL]. (2019－12－30) [2021－05－31]. http://www. peraglobal. com/content/details_155_20653. html.

[17] GRIEVES M, VICKERS J. Digital Twin: Mitigating Unpredictable, Undesirable Emergent Behavior in Complex Systems BT － Trans－disciplinary Perspectives on Complex Systems: New Findings and Approaches

[M]. German: Springer International Publishing, 2017: 85－113.

[18] BATTY M. Digital twins [J]. Environ Plan B Urban Anal City Sci., 2018, 45 (5): 817－820.

[19] 中国电子技术标准化研究院软件工程与评估中心. 信息物理系统建设指南 (2020) [EB/OL]. (2020－08－28) [2021－05－31]. http: //www. cesi. cn/202008/6748. html, 2020－08－28.

[20] 中国电子技术标准化研究院. 一图看懂《数字孪生应用白皮书》[EB/OL]. (2020－11－18) [2021－05－31]. http: //www. cesi. cn/202011/7002. html, 2020－11－18.

# 第五章／数字孪生的关键应用领域

“为了管理树木、风、日出与日落，又编写了另一个程序。”

“A program was written to watch over the trees and the wind, the sunrise and sunset.”

——《黑客帝国2：重装上阵》44:23

# 第一节 概　述

数字孪生最早起源于航空航天领域，也应用于航空航天领域，初期只是基于相对比较简单的计算机建模、虚拟仿真技术、可视化技术及交互技术。其后在国际智能制造与工业互联网巨头如 GE、波音、西门子等公司的推动下，数字孪生经历了与计算机辅助设计与制造、工业物联网、工业仿真、人机交互等智能制造相关技术数十年的交叉融合与发展。计算机设计及建模从二维平面图发展到全三维交互式设计和基于模型的产品数字化定义；虚拟仿真技术也从有限元分析、流体分析发展到多物理场仿真分析，再到数字化虚拟样机和数字化工厂仿真；工业物联网技术则逐步覆盖了设备、产品、生产线、厂房、车间、物流等全方位的场景，形成了以多种数据来源（传感器、数字仪表、控制系统等）和高频实时的数据采集为特征，结合基于大数据、人工智能为基础的工业互联网平台作为后端支撑的感知和控制网络，而新兴的 VR（虚拟现实）、AR（增强现实）、MR（混合现实）等可视化及交互技术也使物理世界与数字世界的互动更加便捷和自然，一切以数据为根本、以数据为核心、以数据为驱动，数字孪生也取得了前所未有的发展和广阔的应用空间。

数字孪生应用领域的拓展，一方面源于技术的进步，这与学术界、国际标准组织、制造业巨头、工业软件主流厂商的努力推动是分不开的。在航空航天、能源、轨道交通、船舶、汽车、工程机械等复杂装备制造领域，需要对复杂设备及产品的设计、生产制造及运行维护的各个阶段，基于数字孪生模型进行虚拟仿真、监控和预测，从而节省开发及设计成本，及时预警可能出现的问题和风险，对运行数据进行实时采集和状态监控，优化设备运行绩效，进行设备健康管理和预测性维护，推进数字化和智能服务。另一方面也源于市场的需求和竞争。由于数字孪生能够构建协同创新的平台，减少和缩短产品设计、研发及生产的成本和周期，同时还能保障产品的高性能和高可靠性，满足客户的定制化需求。在产品上线之后，还能结合物联网的实时生产运行数据，与数字孪生模型相结合进行仿真分析和优化，帮助企业快速迭代，改进产品或是研发新品，从而在激烈的全球化竞争环境中保持领先优势。数字孪生的这些特点，也使其应用领域迅速拓展，除了装备制造领域以外，数字孪生的应用领域还包括数字城市、数字空间、医疗、教育、金融、文化创意、数字娱乐等各行各业，形成了更为全面、更为生动的物理世界到数字世界的映射和驱动，成为人类经济和社会文明发展的重要技术基础设施。

## 第二节
# 智能制造与工业互联网

"我说说你来这里的原因吧。你来这儿是因为你知道些什么，却无法解释原因。"

"Let me tell you why you're here. You are here because you know something. What you know, you can't explain."

——《黑客帝国》27:06

数字孪生发展较早，应用较广泛的领域是智能制造和工业互联网。其应用范围涵盖产品、生产制造、监控运维、服务、供应链、产业链等各个环节。

### 一、产品数字孪生

在产品方面，数字孪生应用覆盖产品的设计、研发、工艺规划、制造、测试、运维等全生命周期，有助于解决其过程中的复杂性和不确定性，帮助生产者进行科学分析和决策。产品设计是智能制造的第一环节，也是实现客户个性化需求的关键环节。数字孪生能够描述、模拟和管理复杂产品的结构设计、工艺设计、加工、装配、检测，工业人员通过在虚拟空间中模拟、分析、生产预测，能够仿真复杂的制造工艺，实现产品设计、制造和智能服务等环节的闭环优化。

传统的产品设计开发模式是基于物理样机，存在很多问题，如需求收集不精准、变更难、设计协作难、样机试制周期长、成本高、样机功能及性能无法及时反馈和验证需要多次调整和反复等，这些都严重影响了产品创新和市场开发。到20世纪90年代，工程设计领域开始应用虚拟样机，它是一个与物理原型具有功能相似的系统或子系统。基于仿真，通过虚拟样机替代物理样机，对候选设计方案进行测试和评估。其后又发展出数字样机，对产品进行全面的数字化定义，不仅包含产品结构、力学、工艺等机械领域的定义，还扩展到电、热、控制等多学科和领域的描述，将复杂产品的数字模型定义变得更为完善[1]。

数字孪生为复杂产品的设计提供了全新的思路和方法。以建立产品的数字孪生模型为目标，在设计阶段采用多学科协同的设计理念，实现产品的机械、电气、自动化的协同设计和同步仿真，能够及时反馈和修正数字孪生模型，并通过模拟调试对设计结果进行验证并对方案进行优化。基于数字孪生，产品在还没有生产出来之前，就在数字孪生模型中完成了所有设计和部分调试工作，有效减少了返工次数和开发时间，通过可视化交互和模拟验证，实现了基于需求的精准开发和持续优化，从而提高了新产品的研发成功率和产品质量。另外，数字空间的设计成果，例如机械模型和零件清单、电器元件清单、自控程序等，可以直接应用于实际生产、调试和产品运行中，从而加快产品投放市场和迭代升级的速度。例如，西门子公司的机电一体化协同设计平台 Mechatronics Concept Designer（MCD）就是产品数字孪生的一个典型案例。在产品概念设计阶段就开始建立产品的概念模型、功能模型和行为规则模型，然后基于概念设计结果，同步推进机械设计、电气设计和自动化设计进程[1]。

数字孪生还可以记录产品的使用状态，对每个用户的产品使用行为轨迹进行记录，从而收集产品使用环境、产品使用偏好等数据，预测用户产品偏好迁移，推演未来产品的使用场景，评估产品的新功能等，帮助企业推进数字化营销，进而实现面向用户的个性化产品与服务，具体包括个性化定制、维保、节能、升级改造、回收等，从而提升用户体验[1]。

## 二、生产制造数字孪生

在生产制造过程中，可以将数字孪生应用于不同层面的场景中，从设备设施、流水线、生产车间单元到整个工厂，以实现对生产各个环节的模拟、评估和优化。借助数字孪生体对生产制造的资源配置、调度、能效管理、安全管理，实时监控生产流程及设备设施状态进行管控，及时预警和处理生产过程中的各种故障及安全风险，达到排除风险、降低成本、保质保量的目的。此外，数字孪生技术在工厂的策划、设计阶段，建造、安装、调试阶段，运行、监控等安全防护阶段都可以达到提效增益、多快好省的效果。数字孪生实现生产制造仿真如图 5 –1 所示。

图 5 –1　数字孪生实现生产制造仿真

数字孪生同样也可以帮助实现定制化生产，工厂将顾客引进产品设计、制造、应用和服务过程中，发现顾客需求，并对其开展针对性服务。现在流行的C2F（消费者到工厂）就是将消费者、工厂、产品、信息和数据直连，重构整个社会的生产关系。满足个性化群体的私人定制产品不断涌现，从网上直接定制下单的营销模式将日益成为主流。消费者占主导，工厂可以按需定制生产，降低生产成本，减少工厂资金风险和市场成本，避免库存积压。消费者也能享受到价格的优惠，实现双赢。面对个性化、定制化的产业模式，工厂需要突破传统思维的产品设计，拥有柔性化生产制造能力，建立精准营销和供应链模型，依托大量的数据采集和交互，制定市场跟踪、销量预测和供应链优化决策。而数字孪生能够以可视化、互动的方式让顾客了解、参与到整个环节中。比如红领西服，就全面实现了服装的定制化。红领集团拥有规范的设计中心、技术中心、生产车间以及专业配送中心，有近千名专业着装顾问，能够实现一人一款，七天成衣。顾客不仅可以拥有专属于自己的版型，还可以自主设计，自主选择想要的款式、面料、裁剪、纽扣及刺绣，甚至是缝衣线的颜色及缝法等①。一些国外品牌的厂商在制鞋业中应用数字孪生相关技术，为专业或爱好者团体诸如跑团、健身、培训、赛事等消费者提供定制化生产。

### 三、监控运维数字孪生

针对园区、厂房、车间、装备、仪器等的日常运行和管理，如矿山、船舶、地铁、变电站、石油钻井等，传统的监控运维需要专人在现

---

① 来源：www. redcollar. com. cn。

场巡视、排查、诊断、检修等，存在运行成本高、效率低下、覆盖范围窄，很难实时发现问题和隐患等多种弊端，而基于数字孪生的监控运维能够很好地解决这些问题。利用数字孪生相关技术能够建立这些运行场景的实时映射，实现运行和监控数据的实时采集和分析，也能够迅速应对突发事件和安全问题，远程就能实现比在现场还全面和及时的全局掌控。数据的采集可以基于现场图像采集、设备数据采集、物联网传感器的采集等多种手段，通过这些数据可以随时掌握和还原现场及设备的状况，并对其进行查询、分析、管理、监控和预测，从而总结出最优的运行模式和方法。此外，还可以实现预测性的维护和调度，尤其是能够随时侦测到故障和异常，实现实时报警，并制订和执行解决及应急方案。比如在地铁运维过程中使用数字孪生相关技术，就可以系统性地把运行车辆、轨道、隧道、车站、乘客等各种数据全面地汇总、分析和呈现，形成有机的整体。通过数据的透明化和集成以及智能的监控、分析、预测和决策，可以使管理及人员成本大大降低，解决问题的效率大大提升，有助于实现安全的监控和运营。如中国・新加坡生态城能效管理系统运用了数字孪生相关技术，如图 5 –2 所示。

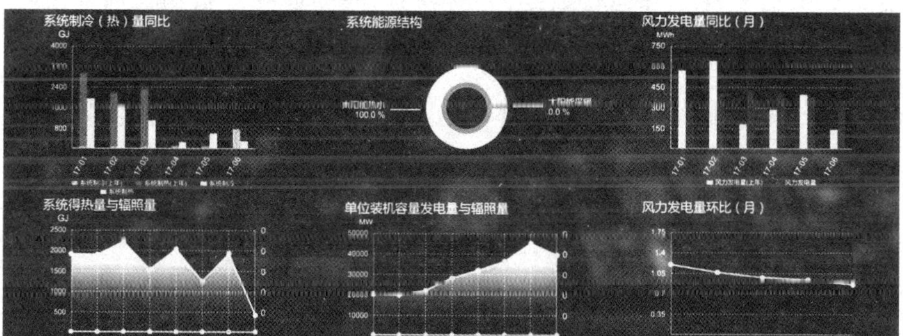


图 5 –2　中国・新加坡生态城能效管理系统

## 四、供应链数字孪生

数字孪生同样也可以应用于供应链管理和物流领域。在供应链和物流场景，数字孪生技术可以提供端到端的实时性、可视化数据，并结合数据分析为决策提供依据。要想实现这点需要供应链所有参与方的协同，包括制造商、供应商、经销商及代理、客户。这一技术的应用应涵盖供应链的所有环节，包括生产、物流、仓储、订单、配送、保险，以及对具体应用的物流手段如车辆、船只、飞机以及货物的调度、追踪及监控。基于以上，才能构建一个数字化的供应链网络体系。通过采集供应链各主体和环节的实时运营数据，提供端到端的实时可视化；通过分析全流程的供应链数据，为行动计划的优化，以及应对变化和风险进行的决策提供依据和方案。

供应链的运营和优化依赖于各个环节的相互协同，数字孪生模型通过对供应链各个环节的映射，展示出实时运作情况和相互关联性，如图 5 - 3 所示。要打造这样的供应链数字孪生模型、支撑供应链的持续运行、应对可能的变化和风险，就需要按照供应链流程和约定采集“人—物—景”和运行数据，并得到产品制造商、货物供应商、客户的高度配合。基于供应链的数字孪生能够为所有的参与方提供决策和优化。在宏观方面，依托整体的订单及客户分布，可以提供物流网络规划的指导、仓储枢纽的选址、实现物流成本的综合核算。在微观层面，由于掌握了供应链的实时状态，如库存、未结订单、发货、计划、突发事件等，可以实现车间物流调度、运输路径优化、库存管理及调度，以及对车辆、货物的精确跟踪等。比如可以针对高价值货物的运输过程进行数字化追踪，全流程记录货物所处的温度、湿度环境以及受冲击、碰撞情况等，从而确定承运方是否按照约定的条件对货物进行了保护[2]。

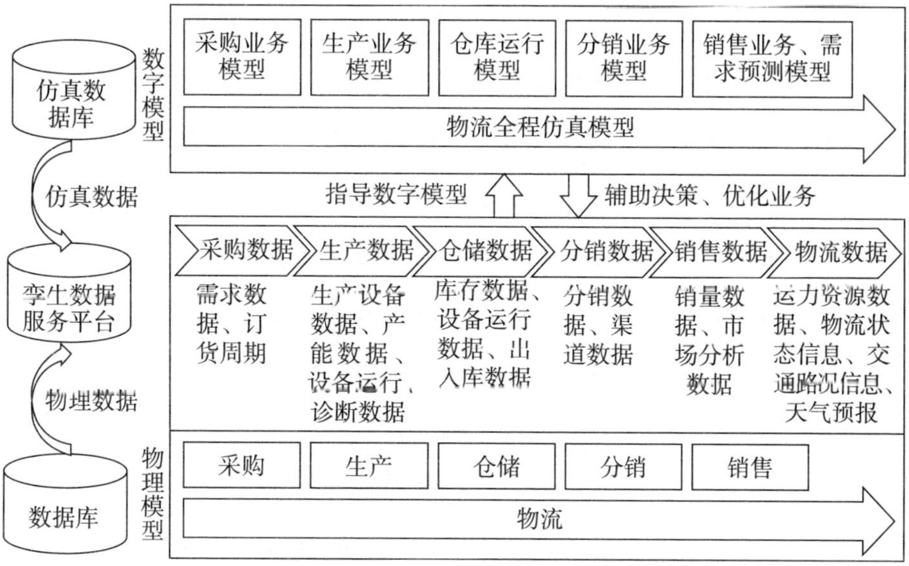


**图5－3　供应链数字孪生**

数字孪生相关技术的应用可以让产品制造商根据用户多样化和定制化的需求来配置资源并进行有效的生产管理。通过产品的实际使用情况，制造商还能主动提供从远程支持到预测性维修等各项服务。中间环节的经销商也可以根据实际需求选择产品型号和数量，减少库存，优化物流调度，提高服务质量和效益。最后受益的是客户，客户可以及时、全面地掌握物流的动态信息，收到自己需要的产品并享受高效的服务。此外，数字孪生相关技术在产品的溯源、保险以及供应链金融服务方面的应用也能起到重要的作用。通过应用数字孪生相关技术，实现了供应链的全程可视、高效协同，帮助管理人员做到精益管理、科学决策、快速响应，为产品制造商、经销商、客户提升了服务体验，实现了产品和服务的创新。

## 五、产业链数字孪生

当前全球的生产制造及供应，已经形成了一个庞大的产业协作体系，任何一家企业，都不可能独立运作，而是需要在产业链中承担各自的角色，与产业链上下游进行分工和协作。比如波音飞机的零部件需要由全球70多个国家的600多个供应商来提供，这仅依靠线下或是人工协同显然是不可能的。数字孪生可以构建全产业链的数字化协同体系，将设计、研发、生产、供应、物流全部整合为一体，协同创造价值。

产业链数字孪生可以优化全产业的资源配置，实现全产业综合成本的降低和精益化的运营协作，还可以促进行业横向和纵向的联合，集中品牌、设备、生产、设计等各方面的优势资源，共同开拓和服务市场，实现产品创新。供应链体系是产业链的组成部分，但是数字孪生相关技术的使用可以实现更宏观、更系统的产业层面的供应链调度管理与优化。

产业链数字孪生还可以促进产业向服务性生产、定制化生产转型，一切以客户和市场为导向，以数据为驱动，实现敏捷的开发定制及转型创新，促进产业的综合服务水平及服务质量的提升。

## 第三节
# 数字城市

"他们在监视你，尼奥。"

"They are watching you, Neo."

——《黑客帝国》10:52

数字孪生城市是将物理城市的人、物、事件等所有要素数字化，在网络空间再造一个与之对应的"虚拟城市"，形成实体城市和数字城市同生共存、虚实交融的形态。《黑客帝国》可以说是完美反映了数字孪生城市是如何仿真和运行的。尼奥最开始并没有意识到自己生活在一个虚拟世界中，在电影第一部刚开头的时候，他接到墨菲斯的电话，让他从高楼的窗台跳到对面时，他胆怯了。其后，在一个小型的模拟城市中，墨菲斯让他从高楼上跳下去，还要稳稳落地，他同样失败了。这是因为所模拟出来的城市，有着和物理世界一样的物理定律，普通人没有办法突破这些规律和局限。然而当尼奥意识到这一切都只是网络的模拟之后，他的超能力爆发了，他不再遵循这些虚拟的设定，可以徒手挡子弹，上天入地，无所不能。这同样也说明了当我们构建一个虚拟城市时，这个数字化的虚拟城市可以具备很多物理城市所无法具备的特性，我们可以在这个数字领域里探索、实验、模拟、分析、试错，而不会真正对物理城市造成伤害，而其中积累的知识、经验和教训，又可以指导我们在物理世界中去有效地尝试一些方法或是规避一些事件。影片《拆弹专家2》

就完整地模拟了带有核弹头的快轨，如何炸毁了中国香港的机场，并波及中国香港全岛，其后又根据这个模拟，有效地防止了悲剧的发生。

在新基建的基础上，国家提出了发展新型城市基础设施建设（以下简称新城建）的战略，加快推进基于信息化、数字化、智能化的新型城市基础设施建设。深入实施创新驱动发展战略，抓住新一轮科技革命和产业变革机遇，构建以5G、大数据、人工智能、工业互联网等为核心的基础信息网络，以城际高速铁路、城际轨道交通、智能交通基础设施等为核心的枢纽交通网，以特高压、新能源充电桩、智慧能源基础设施等为核心的智慧能源网，以高品质科创空间、重大科技基础设施、公共服务平台等为核心的科创产业网，着力创造新供给、激发新需求、培育新动能，创新城市治理模式，提升城市管理效率和政务服务效率[3]。

数字孪生重塑城市基础设施如图 5 –4 所示。

数字孪生城市将通过虚实结合、虚实互动的新形态，加速城市建设和有机升级，重塑城市新面貌。数字孪生重塑城市基础设施如图5 –4所示。数字孪生城市将提升城市规划质量和水平，优化城市管理和运行，提升城市生活品质，改善生活环境。数字孪生城市将凭借物理城市和虚拟城市孪生体，通过城市广泛存在的移动互联网络和物联感知网络，采用智能分析、模拟仿真手段，加速推动新型智慧城市建设。

## 一、城市信息模型（CIM）

数字孪生城市的技术基础是CIM。CIM是以BIM（建筑信息模型）、GIS、IoT等技术为基础，整合城市地上地下、室内室外、历史现状未来多维度、多尺度信息模型数据和城市感知数据，构建起三维数字空间的城市信息有机综合体[4]，如图 5 –5 所示。

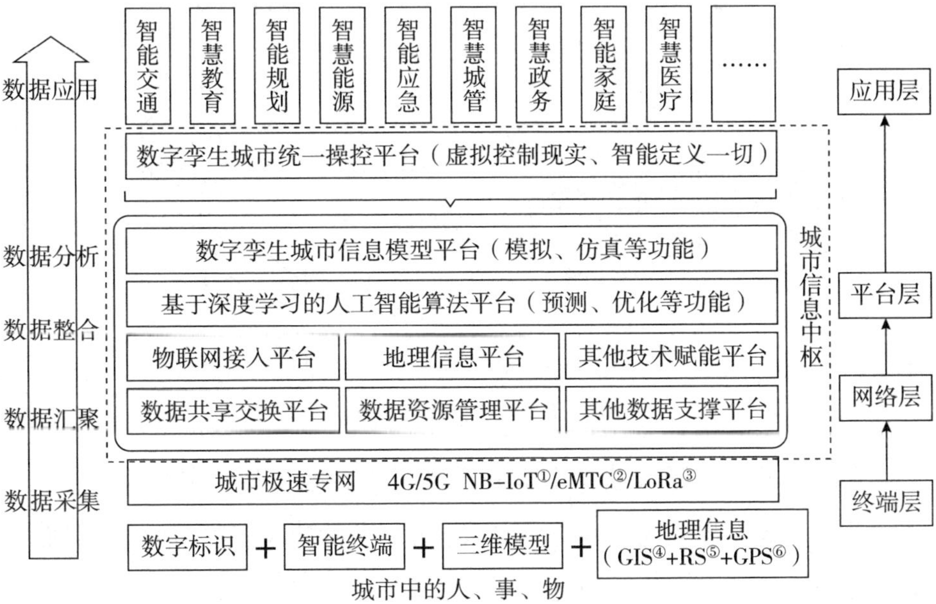


**图 5－4　数字孪生重塑城市基础设施**

BIM 技术是一种应用于工程设计、建造、管理的数据化工具，通过对建筑的数据化、信息化模型整合，帮助实现建筑信息的集成，从建筑的设计、施工、运行到建筑全生命周期的终结，各种信息始终整合于一个三维模型信息数据库中。设计团队、施工单位、设施运营部门和业主等各方人员可以基于 BIM 进行协同工作，从而有效提高工作效率，节省资源，降低成本，实现可持续发展。

---

① 窄带物联网。

② 增强机器类通信。

③ 低功耗远程无线通信技术。

④ 地理信息系统。

⑤ 遥感技术。

⑥ 全球定位系统。

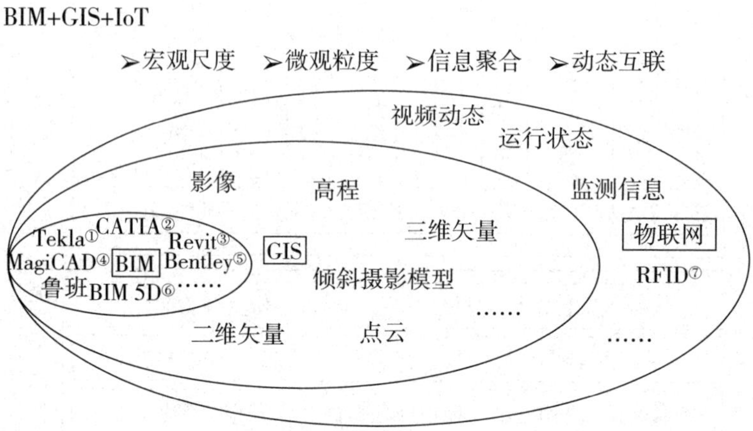


**图 5－5 城市信息模型系统**

BIM 的核心是通过建立虚拟的建筑工程三维模型，利用数字化技术，为这个模型提供完整的、与实际情况一致的建筑工程信息库。该信息库不仅包含描述建筑物构件的几何信息、专业属性及状态信息，还包含非构件对象（如空间、运动行为）的状态信息。借助这个包含建筑工程信息的三维模型，大大提高了建筑工程的信息集成化程度，为建筑工程项目的相关利益方提供了一个工程信息交换和共享的平台。

GIS 是一种特定的空间信息系统，是在计算机硬件、软件系统支持下，对地球表层空间中的有关地理分布数据进行采集、储存、管理、运算、分析、显示和描述的技术系统，能够全面采集地理及空间信息，并面向区域、资源、环境等进行规划、管理和分析。世界上第一个真正投

① 钢结构详图设计软件。
② 交互式 CAD（计算机辅助设计）/CAE（工程设计中的计算机辅助工程）/CAM（计算机辅助制造）系统。
③ 是 Autodesk 公司一套系列软件的名称，Revit 系列软件是专为 BIM 构建的。
④ 功能强大的 BIM 深化设计软件。
⑤ 生产厂商，其 Bentley Suite 系列软件提供了支持建筑全生命周期工具。
⑥ 数据汇总软件。
⑦ 频射识别技术。

入应用的地理信息系统是20世纪60年代由加拿大联邦林业和农村发展部在安大略省的渥太华研发的。罗杰·汤姆林森博士开发的这个系统被称为加拿大地理信息系统（CGIS），用于存储、分析和利用加拿大土地统计局的土地信息。系统使用了1∶50000的比例尺，利用关于土壤、农业、休闲，野生动物、水禽、林业和土地的地理信息，以确定加拿大农村的土地能力，并增设了等级分类因素进行分析。其后逐渐演进出了三维的GIS系统，GIS的应用也拓展到了包括城市、园区、建筑及不同场景，有了专业的GIS引擎，也出现了谷歌地图、高德地图这样的综合性应用。

CIM技术是以上技术和物联网感知网络的有机结合，是智慧城市的基础性、关键性和实体性信息基础设施。它是在城市基础地理信息的基础上，建立建筑物、基础设施等三维数字模型，表达和管理城市三维空间的基础平台，是城市规划、建设、管理、运行工作的基础性操作平台。综合管廊、海绵城市，或者是其他的城市信息相关的技术，都会围绕城市信息的采集和使用展开，都是在城市信息模型的基础之上进行构建[4]。

## 二、城市规划与设计

传统的城市规划与设计，往往是基于局部数据和设计图纸的演练，很难兼顾到城市的历史、现状及未来发展的综合状况，与城市的运营和管理难以衔接，建设效果也难以被预见和推演。因此，会存在规划短视、规划不合理、盲目跟风、论证不充分、决策困难、重复规划及重复建设等多种问题。基于城市数字孪生和统一的CIM，可以打通城市规划、建设、运营和管理的数据壁垒，改变传统模式下这三者脱节的状况，实现规划设计、建设、市政管理的有机融合。同时，基于规建管一体化的业务闭环，可以系统地构建统一的城市规建管全生命周期大数据，为城市的持续发展和建设提供科学决策依据[5]。

通过数字孪生可以综合掌握城市空间分布、土地利用变化、公共设施布局及基础设施建设状况，对建筑、人居环境、交通、环保、城市治理服务等进行推演分析及预案优化，演绎城市未来的发展，有助于优化城市空间布局，加强和改善城市基础设施，提升市民工作和生活环境及质量，形成虚实结合、相互促进的城市发展新形态。通过建立和完善CIM，城市的规划和决策部门可以直观了解城市空间及管网、道路等城市基础设施的现状，根据产业布局、配套、景观、城市风貌进行规划，并通过对多方案的比对、仿真模拟和分析，查看方案建设后的面貌和对城市运营的影响，进一步优化规划方案，提升规划的科学性，为相关部门的协同及审批提供决策依据。基于CIM，城市规划还可以有效地平衡经济效益与社会效益、城建投入与经济产出、城市交通与土地规划、环境生态与经济发展、生产要素集中和区域协调发展、人居生态与建筑环境等问题和矛盾。CIM对推进城市的科学规划、高效建设，以及建成后的精细化治理与服务，确保城市安全、有序运行提供了支撑。

数字孪生城市还可以支撑和推动以人为本的城市设计，从社区的治理到居民的生活便利角度出发，关注居民的收入水准、家庭结构、日常消费、交通出行以及城市的人口结构及迁徙等方面，注重环境、交通、医疗、教育等与民生息息相关的环节。基于此，规划和设计新城区、新社区，能够提升市民生活质量和服务满意度，促进社会和谐和平衡发展，让城市更有生机和活力。

### 三、城市建设

建设阶段是城市规划的落地实施阶段，数字孪生能够对建设过程进行指导、监督和管理，并对建设成果进行评估、验收及修正，使建设阶段能够符合规划设计要求，并且顺利过渡到运营管理阶段。

现代城市建设，加快了信息化、现代化的步伐，改善了居民的生活条件，产业也得到了迅速的发展。但城市建设也存在无序扩张、片面追求“高大全”、千城一面、城乡差距加大等问题。对环境生态的破坏，以及超规超预算的情况经常发生，建筑质量和效果也不能完全保证。基于数字孪生技术，对城市的规划和设计是相对合理和科学的，可以规避很多前述的问题。同时，城市规划还需因地制宜，制定切合城市现状、基础及发展的有效规划，保持地方特色、保护文化遗产，做到有序发展。数字孪生技术在这方面也能够提供指导和参考（见图5－6）。

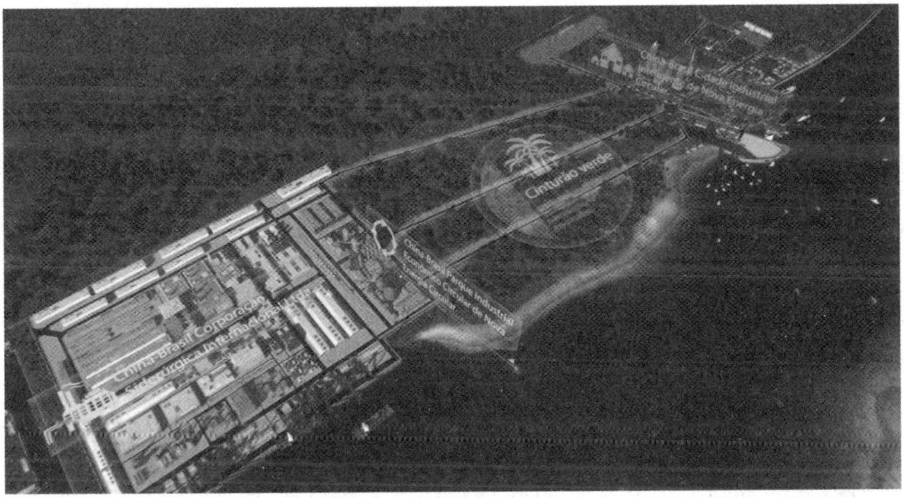


图5－6　数字孪生城市

然而在城市的具体项目建设过程中，涉及众多专业，多方建设单位，体量庞大，城市管理涉及多部门、多项目的协调，复杂度相当高。在缺乏统一的规建管系统的情况下，建设过程、效果，以及质量、安全、进度等都不容易及时掌控，容易造成信息不对称的局面，难以保证各方有序协作，也不能保证建设能严格按照规划实施。

综合考虑前期的规划设计要求和后续的运营管理需求，建立基于CIM的规建管一体化平台，有助于实现建设与监管的有机结合，促进建设部门与管理部门的协调联动。

通过一体化平台，相关部门可以实现对审查、施工、建设进度、质量把控、安全等方面的全方位的数字化动态监管和把控。在通过数字化工具确认工程项目完全符合规划要求的前提下做到按时、高质、安全地竣工并通过验收，顺利交付。

通过一体化平台，建设及工程实施的行业管理从粗放型监管向效能监管、规范监管和联动监管转变，城市功能将更趋完善、合理，城市将更加宜居宜业，更高效、有序地发展。

## 四、城市精益化运行和管理

传统的城市运行管理存在效率低、监管手段不健全、跨部门综合治理能力弱、城市基础设施安全监测与保障能力不足、数据很难互联互通，利用率低，价值得不到挖掘等问题，难以满足新形势下城市安全运行和精益化管理的要求。

依托城市感知网络和数据融合生态，建设城市的数字孪生系统，可以支持决策者用定量和定性的方式，在数字世界推演城市管理和运行的方方面面，包括城市基础设施、环境、交通、天气、安全、应急等要素的交互运行，绘制“城市画像”，形成“城市大脑”，然后将数字世界的推演再实施到物理世界，实现城市治理“一盘棋”的综合最优布局。数字孪生技术的应用可以有效驱动城市治理，如图 5 – 7 所示。

基于数字孪生和城市信息模型，可以构建智慧的“城市大脑”，即

图 5－7　数字孪生驱动城市治理

城市的信息中枢。基于开放共享的时空信息体系，赋能数字城市时空模型建设，实现基础设施数字化、事件时空化、决策可视化、管理智能化，持续推动城市的智能运行及创新发展。“城市大脑”是城市治理的主要载体，数字孪生城市平台是“城市大脑”的核心平台，以此为依托，未来可启动基于数据驱动的城市治理和城市运营模式。

基于城市感知网络（传感器、视频、市民、各单位和公共设施数据以及第三方数据）和数字孪生城市，汇集城市数据，联动各部门系统，结合对城市经济社会综合运行状况监测、综合预测决策、综合协调调度的需求，打造智慧“城市大脑”。既可以总览城市脉搏，也能精细化管理城市细节，帮助各级管理者及时做出最佳的决策。通过对城市管理多个部门的互联和整合，有效提升跨部门决策和资源协调能力，从而大幅度提高公共服务交付效率，并减少应对突发灾害的响应时间。

城市的精益化运行管理对信息采用高效的手段进行过滤、聚合，使之规范化，利于信息既全面又有针对性地被使用和展现，为城市的运营管理提供完整、全面的信息化支撑，帮助城市管理者及时做出最佳的规划和决策。在统一信息基础设施的基础上，汇聚城市各行业应用的数据，实现城市不同部门异构系统间的资源共享和业务协同，并建立安全认证、数据集成、服务集成和流程集成的标准和体系，通过提供数据存储、分析挖掘能力，搭建起整个智慧城市的数据基础框架。在整合大量数据基础之上，通过先进的人工智能、算法和技术，有效地分析数据，以此构建识别模式和预测趋势系统。在此基础上可以对接城市管理、生态治理、交通治理、市场监管、应急管理、公共安全等不同领域系统，以重大事件和特殊场景需求为驱动，制订全域一体的闭环流程和应急处置预案，实现预防与控制，进而实现城市治理的协同联动和一网统管。

数字孪生城市还可以实现对城市经济社会运行状况的动态监控、预测决策和智慧调度；面向各领域业务创新的需求，可以对海量、多源、异构的城市数据实现层次化、集成化、网络化、标准化、可视化统一管理，并提供将数据打包成标准化的服务，供各领域智慧应用直接调用，降低应用创新成本。数字孪生还需要支撑智慧城市各个产业及行业应用，包括政务、医疗、交通、教育、旅游、能源、环保、工业制造、农业、企业服务等，实现智慧城市的综合调度、运营和管理。

通过城市运行管理所积累的经验教训，并且在数字孪生城市上进行模拟仿真等，可以发现城市存在的一些问题和不足、矛盾和冲突、风险和隐患，形成合理有效的对策，这样反过来又可以引导和优化实体城市的规划、建设和管理，改善城市治理和服务供给，促进城市的升级和发展，形成可持续发展的闭环。

# 第四节
# 数字建筑

"你可曾做过这样的梦，尼奥，你坚信梦境就是现实。"

"Have you ever had a dream, Neo, that you were so sure was real?"

——《黑客帝国》31:33

在影片《黑客帝国》中，接线员坦克起着非常重要的作用，在组织成员进入网络，遇到紧急情况或是需要下线时，坦克总能迅速锁定他们的位置，找出他们所在的建筑及楼层的布局，引导他们找到出口。然而在墨菲斯被叛徒出卖的时候，系统更换了他们所在的建筑，原本是出口的地方被换成了一堵墙，这也造成了墨菲斯被捕，而尼奥不得不牺牲自己去营救墨菲斯。

数字孪生建筑是将数字孪生相关技术应用于建筑规划、设计、建设、运营维护的新技术。基于物理建筑构建的数字孪生模型，是指使用各种传感器全方位获取数据和信息，在数字虚拟空间中完成映射，对该物理建筑进行全生命周期管理。

数字孪生建筑需要集成各项信息技术，包括 BIM、云计算、大数据、物联网、人工智能等，引领建筑行业的转型升级。从建筑规划、设计，到施工、运维全生命周期的业务流程需要结合数字孪生技术，融合精益建造理论方法、各参与方、数据、技术、业务系统，实现建筑的数字化和智能化，从而构建多方共赢、协同发展的生态新体系[6]。数字孪生建筑全流程如图 5－8 所示。

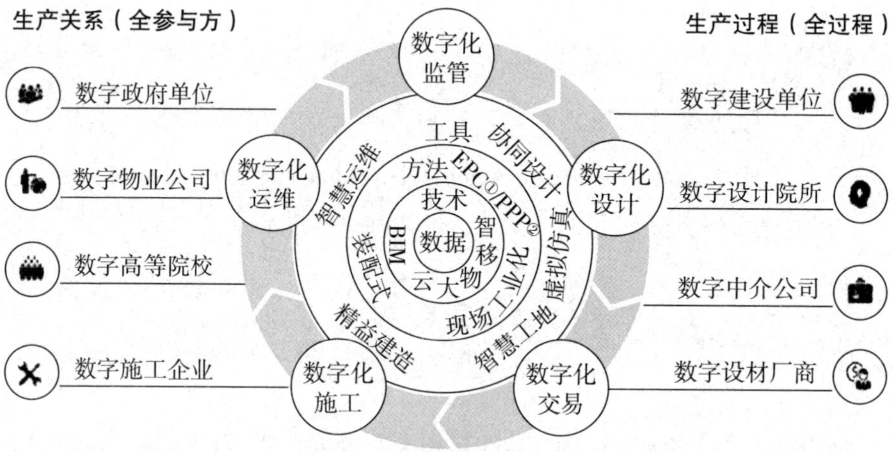


生产力（全要素资源，包括数据，技术和工艺工法等）

**图 5－8　数字孪生建筑全流程**

数字孪生建筑具有三大典型特征，即数字化、物联化、智慧化。其中数字化是基础，围绕建筑本体实现全过程、全要素、全参与方的数字化解构过程。物联化是纽带，通过泛在连接、实时交互、数据流驱动，实现虚拟和实体建筑及产业有效融合的链接与交互。智慧化是核心，基于数据采集、数据分析、数据挖掘，通过全面感知、实时交互，实现数字孪生体的虚实结合进行决策与执行的智慧化升级[6]。

早期的数字建筑仅仅能依靠类似 CAD 这样的软件进行数字制图，其后逐步发展出了三维数字化建模，然后又演变成 BIM。数字孪生建筑

① 设计采购施工。

② 政府和社会资本合作模式。

的核心环节在于 BIM 的应用。BIM 在三维建筑模型和可视化的基础上还可以叠加其他参数和信息，比如叠加时间轴形成 4D 模型以反映模型随时间的演进，叠加成本信息构筑 5D 模型对建筑进行财务核算和考量。这些参数可以贯穿建筑全生命周期的策划、规划、设计、制图、施工、运营维护、拆除或有机改造等所有环节。

数字孪生建筑作为建筑产业转型升级的引擎，其对建筑业的影响将必然推动全产业链的渗透与融合、产业变革与创新发展。数字孪生建筑可以让项目全生命周期的每个阶段都在项目管理者的掌控之中。数字孪生支撑新设计、新建造、新运营，如图 5－9 所示。

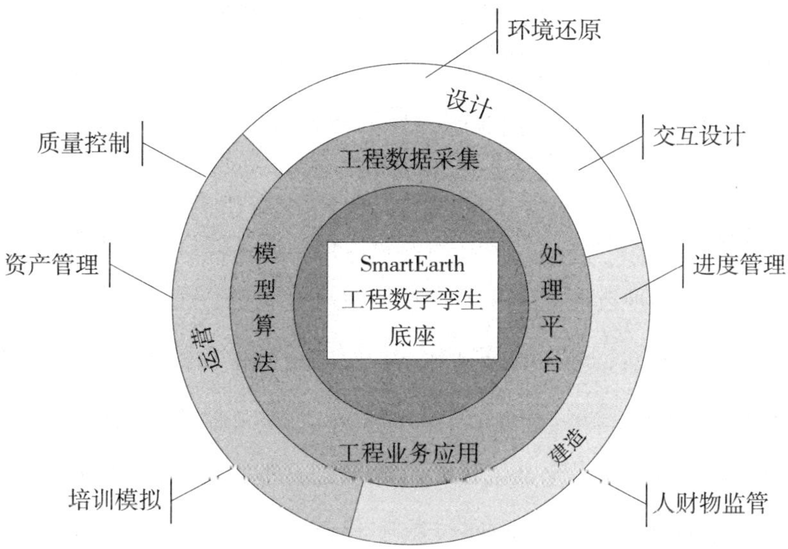


**图 5－9 数字孪生支撑新设计、新建造、新运营**

数字孪生在数字建筑领域可以支撑新设计、新建造、新运维。[6]

新设计即全数字化样品阶段，这与前面所讲的工业设计有一定的相似性。传统的建筑设计是在建筑物建造之前，设计者按照建设任务，把设计蓝图，以及施工过程和使用过程中存在的或可能发生的问题，事先做好全盘考虑，拟定好解决这些问题的办法、方案，用图纸和文件表达出来，作为物料、施工和各工种在制作、建造工作中互相配合协作的共同依据。在建筑物建造完成之后，才能完整地对设计进行检验，对预先所考虑的问题也只能在这个阶段进行测试和验证。一旦设计上存在疏漏，或者是发生了一些不可预见的事件，都会造成严重的损失及后果。

而全数字化样品，是在实体项目建设开工之前，集成各参与方与生产要素，通过全数字化打样，消除各种工程风险，实现设计方案、施工组织方案和运维方案的优化以及全生命周期的成本优化，保障大规模定制生产和施工建造的可实施性。数字孪生及 VR 技术应用后，其前所未有的人机交互性、真实建筑空间感、大面积三维地形仿真等特性，都是传统方式所无法比拟的。在建筑漫游应用中，用户能够在一个虚拟的三维环境中，用动态交互的方式对所设计的建筑进行身临其境的全方位的审视。用户可以从任意角度、距离精细观察场景并可以自由切换多种运动模式，如行走、驾驶、飞翔等，可以自由控制游览的路线。在漫游过程中，用户还可以在多种设计方案和多种环境效果之间进行实时切换比较。这能够给用户带来强烈、逼真的感官冲击，使之获得身临其境的体验。除了建筑空间模拟之外，技术还可以实现对材质、防火、防水、节能、抗震等其他要求的仿真和模拟，全方位验证和测试设计的可行性及完备性。

新建造即工业化建造。通过数字建筑实现现场工业化和工厂工业化，以及工序工法标准化。这一方面与工业制造也有很大的相似之处，这一技术可以对建筑的建造、装配全过程进行数字化的模拟、规划、监控、评估及优化，并协调建材、设备、管道、线路等的供应和安装，实现全流程的信息化和标准化管理，节省人力、财力，提高效率，缩短工期，实现安全生产及管理。通过构建智慧建造平台，建设者不仅可以通过三维的 BIM 了解建筑结构，还可以随时随地远程察看现场和工厂情况。施工过程的进度、质量、安全、技术、商务工程资料、人员管理都可以在智慧平台上被了解。

新运维即智慧化运维。通过数字建筑把建筑升级为可感知、可分析、自动控制，乃至自适应的智慧化系统和生命体。对一栋建筑可以综合监控及分析其空间、环境、资产、设备、管线、能耗、人员，评估其安全、应急、消防、节能等管理及措施，及时发现问题及隐患。建筑的智慧运维可以自行发现问题和异常并进行检测诊断，当建筑各机电子系统、通风空调系统等设备发生问题或运转超出常规逻辑时，短时间内能够侦测并发现问题，然后智能分析问题产生的原因，务必快速而精确地判定产生的位置、因素及后果的严重性，让运维工作人员及早干预并多方位配合，将损害降到最低。同时，系统在运转过程中应具备预防性的措施，即尽量提早判定出可能产生的问题，以减少问题发生率或帮助运维工作人员快速排除故障。

## 第五节 能源管理

"我是如何击败你的?"

"How did I beat you?"

——《黑客帝国》51:44

当前全球的能源行业都在进行数字化转型，我国的能源体系，包括油、电、气、煤等也在深入推进改革，向着智慧能源及能源互联网的产业方向发展。国家制定的智慧能源战略，目的是建设互联互通、透明开放、互惠共享的能源共享平台，以期解决能源行业普遍存在的壁垒问题，以及从更广义的方面来讲，解决未来可能被封锁和被击垮的问题，数字孪生技术在能源行业的应用可以给我们提供所需的演练环境和落地实验。

数字孪生技术能够应用在整个智慧能源生态链的构建，能源设备及管网的管理监控，能源互联网的规划、建设、运维、监控、安全、交互等各个方面，对能源行业进行全生命周期的管理发挥重要作用。

## 一、智慧能源系统的生态构建

智慧能源生态包含能源的生产、存储、传输、分配、消费、交易等环节，如图 5 - 10 所示。面向智慧能源生态的数字孪生系统将贯穿所有这些环节，打破能源行业的时间和空间限制，促进各业务种类的全方位整合与统一调度管理。通过构建“云—边—端”一体的数字孪生协同服务平台，还能够实现能源从生产到消费的高效转换，提高能源的使用与流转效率。下面就各个环节来说明数字孪生的应用及作用。

### 1. 能源生产

通过建立能源生产机组的数字孪生虚拟映射模型，能够实时对能源生产机组的运行环境及状态等进行监控和模拟仿真运行，及时制定各能源生产机组的最优运行策略；同时应用运行数据中提取的特征来优化设备生产设计方案，包括数字孪生风机、多物理场光伏模型和数字化电厂等。此外，数字孪生技术的应用还能对生产环境及设备的故障及风险进行实时感知及预测，进行预防性的维护及实施安全应急处理。

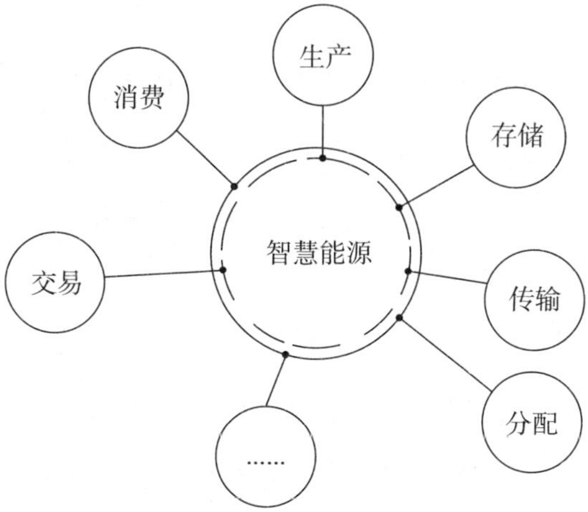


图 5-10　智慧能源生态

2. 能源存储

对储能设备（如电池、超级电容等）进行多物理场、多尺度的数字孪生建模，将这些模型应用于监控和预测储能设备的运行情况，从而实现优化配置。

3. 能源传输

由于能源空间分布失衡，我国部分区域能源匮乏，需要依赖能源传输以保障能源安全。数字孪生技术可以提升能源传输过程中的控制和优化能力。针对用于电能传输的电缆等设备，应用数字孪生相关技术进行虚实映射的数字化建模，可指导输电设备的全生命周期设计，以提高设备的运行性能，并延长设备的使用寿命。数字孪生电网在虚拟实体中可以实现多物理场和多尺度的仿真，使管理人员更真实地了解输电设备的运行状况和各节点的负荷状况，通过大数据和智能算法可以实时监控电网并及时对电网可能出现的问题进行预警。

4. 能源分配

运用数字孪生技术对能源路由器建立虚拟模型并进行大数据模拟分

析，可以指导设备的生产设计，大大缩短设备的研发周期。针对能源分配环节存在的大量变电设备，采用数字孪生技术将变电站设备实例化，在智能机器人与智能安全监测设备的辅助下，实现海量数据与物理设备的关联映射，在可视化平台进行实时展现，形成数字孪生变电站，提升能源分配的经济性和安全性。

#### 5. 能源消费

在消费场景中，数字孪生技术可以应用在智能建筑中的智慧能源管理之中，对空调系统、智慧家电家具等建立多物理场和多尺度的仿真模型，采集建筑的温度、湿度、人员数量和位置等信息，基于物联网技术及可视化交互技术实现对智能楼宇各子系统的智能化控制，运用 AI 算法实现运行趋势预测和最优运行策略制定。

#### 6. 能源市场

能源产业的迅猛发展产生了多元化的新型交易市场服务需求，利用数字孪生可以掌握供需双方的信息及要求，进行精准的匹配，促进能源实现最佳分配及利用。同时还可以建立安全风险评估准入机制，供需双方联手将能源交易信息的安全风险降到最低。

### 二、设备及管网的监控管理

我国的能源管网及设备规模庞大，分布众多，对它们的有效监控管理是保障能源命脉的基础，基于此才能优化能源系统并对设备进行运行维护。

通过系统地建立能源园区、场站、设备、管网、线路的数字孪生体系，能够形成对应实体的数字化映射，包括地图、模型、状态、数据，以及检修、维保过程及记录，实现对设备的全生命周期管理。同时也能根据能源设备的负荷情况进行实时控制，实现智能增效，提高设备利用率和系统稳定性；此外还支持对设备及线路的寿命健康预测、故障预测和诊断、安全及应急处理等操作。比如数字孪生电网，先是对电力网络中的智能设备进行全方位的数据采集，随后建立电网的数字孪生模型，利用这一模型实现对电网运行状态的实时感知，进而对电网的健康状态进行评估和预测（如异常检测、薄弱环节分析、灾害预警等）。

智慧换流站是一个典型的应用场景。作为国家电网推动智慧能源基础设施建设、助力新基建的重要举措，智慧换流站建设是国家电网公司发展新型基础设施建设的重点项目之一，它以智慧电网和能源物联网为基础，以物联网、大数据、人工智能等新技术为支撑，对换流站进行智能化、数字化转型升级，建立数字化模型仿真预测算法，实现全面感知和智能控制。基于能源物联网架构，智慧换流站结合先进的设备、主设备监视系统及辅助设备监控系统，能够实现对设备运行状态全面感知，设备异常主动预警，主辅设备智能联动，全部巡视数字人替代，对人员进行智能管控等。

## 三、能源互联网生命周期管理

能源互联网是综合运用先进的电力电子技术、信息技术和智能管理技术，将大量由分布式能量采集装置，分布式能量储存装置和各种类型负载构成的新型电力网络、石油网络、天然气网络等能源节点互联起来，以实现能量双向流动的能量对等交换与共享网络。能源互联网是促进可再生能源消纳、提高能源使用效率的重要途径，但因为构成网络众多，特性差异大，互联互通困难，因此能源互联网的规划、建设、运行和控制都面临巨大的挑战。

数字孪生可在物理世界和数字世界之间建立精准的映射及连接，支持多角度、多方式对能源互联网进行感知、建模、监控、仿真、控制和优化，有助于解决能源互联网发展所面临的众多难题。

能源互联网的数字孪生可以定义为一个多物理、多时空尺度、多概率的模拟过程。通过将能源互联网映射到虚拟空间，来反映和管理能源互联网的整个生命周期过程。充分利用能源互联网的物理模型、在线测量数据和历史运行数据，整合电、流、热、计算机、通信、气候和经济等多学科知识，实现对能源互联网的规划、建设、运行、监控、运维、安全保障的全生命周期管理[7]。

**1. 规划**

建设一个能源互联网系统，在策划阶段搭建未来系统的数字孪生体（规划阶段）模型，对模型进行模拟仿真，检验方案的可行性、计算运行成本、资源需求量、碳排放量等指标，评估方案的运行效果，并将结果反馈给决策方以指导规划决策。能源互联网规划中存在的可再生能源发电、电动汽车充电功率等问题，也可以借助数字孪生的不确定性建模、场景生成等技术对不同规划方案进行复杂随机场景的仿真模拟，最后从中选取最优方案。

比如在一个城市布局新能源电动汽车充电桩。项目团队经过调研、策划，可以基于数字孪生城市模型对预设数量的充电桩进行模拟定位，模拟在符合市政规划的要求情况下，能否满足电动车用户的充电需求，实现充电桩的最优分布。在充电桩建成后，该模型还可以通过物联数据对充电桩的运营和状况进行实时监控，帮助运维团队指导和调度电动汽车，及时处理故障。

2. 建设

数字孪生既可以在物理的场站建设方面发挥作用，比如在现场施工、进度管控、安全监测、运维管理等各方面进行监督指导，给各施工方、监理方以及业主方提供智能的全套解决方案。也可以在线上互联互通平台，“云—边—端”协同体系的建设方案提供数字化的模拟及仿真，发现其中的潜在问题，进行协调调度优化等。

3. 监控

基于能源物联网平台，通过各智能设备中预埋或新增加的传感器，收集系统运行的多维异构数据，融合海量数据，并支持跨接口、跨协议、跨平台的交互，实现能源系统中各子系统的互联互通。

4. 运行

智慧能源系统由机械、电气和信息等多系统组成，需要从多物理场和多尺度进行全面、综合、真实地建模和仿真。构建智慧能源系统运行及仿真模型采用“模型驱动 + 数据驱动”的混合驱动方式，结合运行及监控的数据，利用大数据及人工智能技术对系统模型进行迭代更新和优化，以实现真实运行状态的虚拟映射。这一模型对智能设备的选型、设计和生产制造都有指导价值，而不仅限于根据数据变化来决定能源设备是否需要检修或更换。

5. 运维

依托全面的感知监控数据，建立“虚实同步”的智慧能源运维服务平台，可以实现对管网、设备、环境、状态实现实时的掌控，有助于及时发现问题、解决问题。此外，该平台还可以实现自动化巡检、远程巡检等多种运维新模式。

6. 安全

智慧能源系统由信息网络互联，本身对网络高度依赖，任何设备和网络的安全问题都可能引发系统数据泄露，影响系统的正常运行。

7. 交互

智慧能源系统的数字孪生模型采用三维建模、VR、AR、MR技术，将现实与虚拟的信息融为一体，除了可视化程度高之外，还可以通过语音、手势、视觉追踪等交互方式，操作与控制数字孪生体的虚拟设备，并通过虚拟设备实现对物理设备的操作与控制，极大地提升了用户的感官体验，增强了用户在虚拟世界中的参与感，实现了更为直观、高效的互动。

在“互联网+能源”转型的大背景下，能源互联网数字孪生能够打破各能源行业的技术和市场壁垒，贯通各能源系统的物理及数字连接和交互，建立多种能源优化协调的智慧能源系统，实现服务的持续创新、需求的即时响应和产业的优化，具体如图5-11所示。

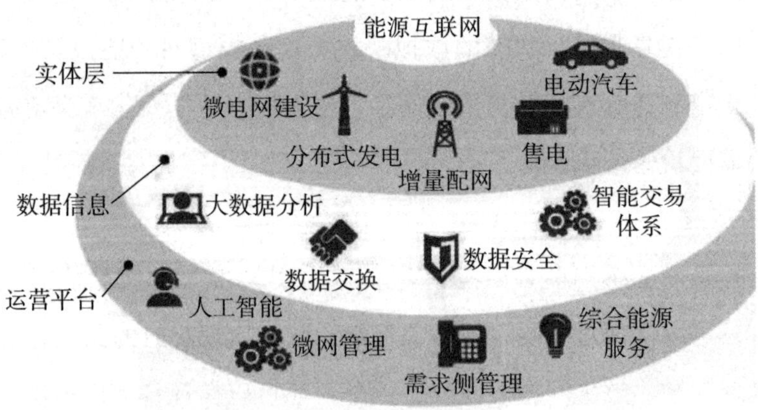


图5-11　能源互联网数字孪生

## 第六节
# 文化创意

"否认自己的本能，就是否认自己的人性。"

"To deny our own impulses is to deny the very thing that makes us human."

——《黑客帝国》1:06:46

数字孪生与数字文创的结合也是自然而然的。文化创意与数字化技术结合，就是用数字化、虚拟化的方法进行设计或创新，模拟或构造现实或者是想象的形象、内容、空间、物体等。数字创意产业是高度体现创新、展示、体验的领域，而数字孪生技术能够给予这些领域数字化的呈现及互动，让人们以更直观、更生动的方式创新，形成科技和文化的有机融合，探索无尽的可能。

## 一、数字文创产业园

数字孪生在设计和构建现代文创产业园及产业基地的时候，能够将历史、文化、建筑、园林，以及场景和主题有效地用计算机图形、VR、物联网以及人工智能的方式全面地呈现出来。传统的方法需要用实景来构建，这不仅费时费力，而且构建的范围和呈现的效果也是非常局限的，更难以做出大的调整。比如三星堆的考古发掘，出土了令世人震惊的发现，如纵目人、黄金面具、青铜尊、丝绸样品、象牙等。如果想重现三星堆的文明，可以利用数字孪生技术对古蜀文明展开设想、模拟，呈现一些古代的祭祀、生产、狩猎的场景。数字孪生技术可以实现重构、探索和验证。同样，如果打造以火星文明为主题的产业园，利用数字孪生技术可以完整地模拟大气、环境、重力、土壤等各种因素，扩展人们在其中探索的可能性。

## 二、数字文创平台

数字文创所涉及的产业非常广泛，比如新媒体、新零售、消费电子、影视、娱乐、旅游、教育、体育、工艺品等。基于数字孪生技术能够形成各个领域甚至是跨多领域的实时创作、运营、交易、消费平台。平台能够让数字创意的建模、渲染、互动体验、宣发、销售形成全链条、全周期的闭环，有助于集合人才、技术、资源、资金，极大地加速数字文创产业的效率和产值，促进产业的协同。

在平台上，可以提供某一个领域的基础的模型、组件、材质、渲染，以及仿真模型及算法。定制化的模型及算法则可以由行业共建共享，最终形成非常全面的行业模型及组件库，使构建新的创意及作品变得简单、快捷。在当前全球数字化浪潮的大趋势下，这样的平台会变得越来越普遍。

## 三、数字文创产品

数字孪生技术能够形成各类文创产品的数字化映射。这种数字文创产品具备稀缺性、唯一性及比较大的收藏及交易价值。随着区块链及数字 ID 技术的不断发展，现在产业界也形成了 NFT（Non-Fungible Token）非同质化通证的热潮，其本质是专有的数字化资产，主要应用于文化艺术领域。著名加密艺术家 Beeple 的 NFT 作品《Everydays：The First 5000 Days》就曾在佳士得以 6934 万美元的拍卖价成交，如图 5－12 所示。一幅世界名画，经过数字化的映射，形成唯一的有版权的数字艺术品，或者是一个艺术家创作的数字作品，经过版权的认证，被记录在区块链上，那么就可以在相应的 NFT 平台上进行拍卖交易，其所有权可以被转让。这就打通了实体文化艺术品与数字世界的桥梁。数字孪生不是单纯的数字化，是在数字化基础上的深化，可以形成相关文化艺术品全维度的映射和模拟，比如作者的创作背景，画作的材质、颜料，所隐含的故事等。

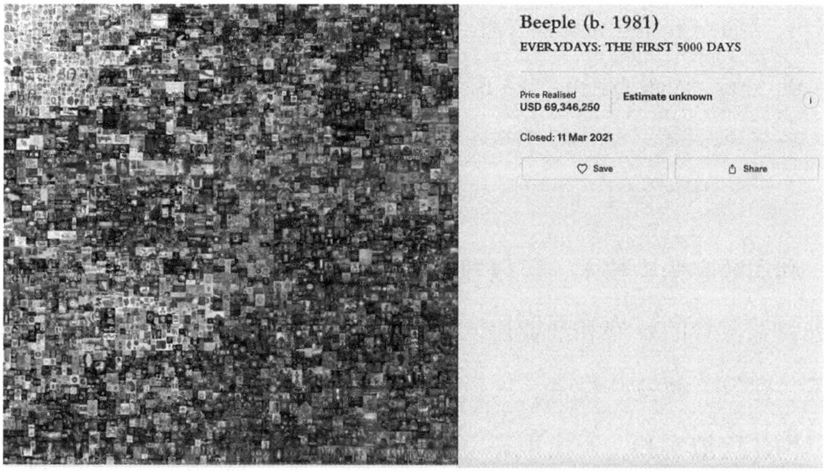


图 5－12　Beeple 的天价 NFT 作品

数字孪生技术同样可以帮助传统以及数字的文创作品的设计、加工、建模等环节，实现作品的呈现和互动，基于数字孪生引擎可以让很多行业和领域的文创作品的构建变得更加便捷。比如在工艺设计领域，如果要制作一个景泰蓝的花瓶，利用数字孪生技术，可以对整个设计、制作，包括在窑炉里烧制的过程都做到精确的模拟，提高成品率，减少失误，还能探索新的制作方法及样式。而这些工艺品经过数字化映射，又有了更大、更广的呈现和交易的舞台，给传统艺术品带来新的活力和生机。

## 第七节 智慧教育

“我想解放你的意识，尼奥。但我只能将你领到门口。你要自己走进去。”

“I'm trying to free your mind, Neo. But I can only show you the door. You are the one that has to walk through it.”

——《黑客帝国》53:25

利用数字孪生技术，可以建立整个智慧教育生态的产业数字孪生，促进智慧教育的发展和产业协同；可以构建智慧校园，综合管理校园的环境、建筑、教室、设备、人员，促进校园的智慧规划、管理及运行；可以构建虚拟实验室及实训环境，提升学生实操能力。此外，还可以针对学生及学员，根据他们的成绩、知识、行为、素质、能力等方面，构建全方位的数字孪生，实现个性化教育，激发学生的内在潜力，实现全方位发展。

### 一、智慧教育生态系统

数字孪生可以构建整个智慧教育生态体系全产业链的数字化映射，

形成区域性的教育资源分布、教育质量水平、教学软硬件设施、教育课程体系、学生综合素质及能力等的完整画像，形成教育管理机构、教辅机构、学校、老师、学生的良性生态互动，促进产业的紧密协同，达到优化教育资源配置，实践教育体系及教材改革，整体提升教育和教学质量，综合发展学生素质的目的。教育资源的配置与城市生态规划、人口分布也是紧密相关的，基于城市生态及教育生态体系对学校进行规划及选址，可以方便社区居民，促进教育普惠化。

## 二、数字校园

数字校园是利用数字技术，如 VR 技术、网络技术、通信技术等，结合科学规范的管理对校园内的环境、建筑、教学、科研、管理和生活服务有关的所有资源进行整合和集成，形成全面的数字化，从而实现教育信息化、决策科学化和管理规范化。

数字校园系统结合三维可视化技术与 VR 技术，可以再现校园的实际地理环境及建筑的真实情况。该系统具有动态性和实时交互性的特点，可以指导校园的规划建设，对校园进行虚拟漫游及实时监控。系统再结合智慧建筑的功能，可以对建筑内的教室、教学设备设施等进行统一的管理、监控及维护，保障校园的安全有序运行。

对学校的办公、教学、教务、后勤保障等各项管理实现全面系统信息化、数字化，可以促进管理的高效运行。另外，系统可以针对教师、学生、行政管理及办公人员形成数字化画像，进行综合的管理评测。基于这些综合解决方案，该系统可以支持远程教学、协同学习、家校互动等更多的互动式教与学模式。

## 三、虚拟仿真实训教学

各专业可建立数字孪生实训教学场景。比如工业制造领域，数字孪生相关技术可以完整地模拟整个生产制造过程，操作虚拟设备；在航空航天领域，可以模拟飞行器、空间站等；在英语实训方面，可以模拟旅游出行、外交翻译、学术会议等各种场景，还可以将各种生物、医学、物理、化学的实验场景做成虚拟化的实验室及数字场景，在安全可控的环境下，进行各项实验操作，而且可以完整地跟踪、记录及分析整个训练场景的互动，评估学生的学习及掌握能力。这样有机地将教学、学习、实训相融合，促进学生对专业知识、专业场景及专业设备设施的具象化理解，提升学生的实际动手能力。

数字孪生技术可以应用于模拟实训中存在的具有高危险性、无法企及、实操成本过高，或难以捕捉的场景，学生可以在上述场景中进行实时交互，达到教学培训和演练效果。此外，与实训场景相比，模拟环境还可以减少物理建设投入，节约建设及运营成本。在《黑客帝国》中，尼奥进入墨菲斯构建的虚拟场景，与墨菲斯学习和切磋武功，很快就能够快速地出拳，这一剧情生动地展示了虚拟仿真教学的场景和优势。

## 四、个性化教育

通过对学生及学员的综合信息采集及画像，全方位构建基于他们的成绩、知识、行为、品德、素质、能力等各方面信息的数字孪生系统，实现因材施教、个性化教学，促进学生及学员的全方位发展。个性化教育体系如图 5－13 所示。比如可以收集学生的课堂表现、平时作业、测验、考试等各项学习及考试指标，依托人工智能，全面分析学生的解题思路及习惯，了解他们对基础知识点的掌握，发现他们的弱点及易错点，再结合综合的知识体系建设，对学生进行精准的辅导及强化练习，从而让他们快速克服短板，提升成绩和能力，同时还能减轻他们的学习负担，使之能够有更多的时间花在自己感兴趣的领域上，提升综合素质及能力。

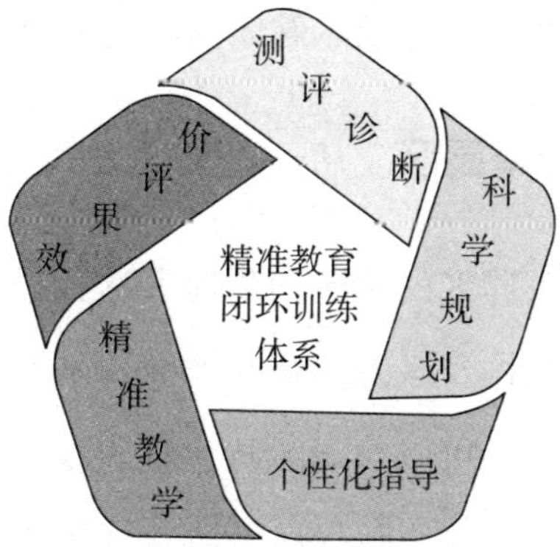


图 5－13　个性化教育体系

## 第八节
## 智慧医疗

“那你是来这拯救世界了。”

“So you’re here to save the world.”

——《黑客帝国》1:03:03

2018 年，国务院办公厅印发了《关于促进“互联网 + 医疗健康”发展的意见》，2019 年，国务院又印发了《国务院关于实施健康中国行动的意见》，国家层面成立健康中国行动推进委员会，全民的医疗健康成为国家重点关注的战略领域。随着近年来全球疫情的暴发和抗疫的进行，人们对医疗健康的关注更是上升到了前所未有的高度。

数字孪生在智慧医疗领域的应用非常广泛，凡是与医疗健康相关的行业及方向都可以应用数字孪生技术，包括数字医疗健康园区、数字医院、数字手术室、数字化医疗设备及其在线监测和在线培训、数字孪生人体、精准医疗、智慧医疗保健、健康监测与管理等。

## 一、数字医疗健康园区

全国的医疗健康及养老的园区和基地多达数千家，园区一般涵盖基础的康养设施、医疗机构及医院、医疗器械、研发及制药、医疗信息服务等多项内容。数字孪生可以对园区及建筑的规划、设计、建设及运营进行指导并提供帮助，实现智慧导航及游览、优化园区的设施及交通布局，进行科学的规划及管理，并且能够对园区的设施、设备、机构、人员、数据进行综合管理及调度，实现智慧化的高效协同，促进产业提升和良性发展。

## 二、数字医院

数字医院是把医院的建筑、医疗设备、医疗信息系统、临床作业系统，以及医疗和健康数据等全面数字化，建立数字孪生体，实现虚实结合的智能化管理和运行。在医院建立及运行之前，利用数字孪生技术就能规划和模拟医院的建设和运行，预估运行的体量、能够容纳的病人总量及床位数目、需要的专业医护人员的水平及数量等，并且对信息化系统进行统一建设和连接，保障数据的高效无缝流转（见图 5 – 14）。

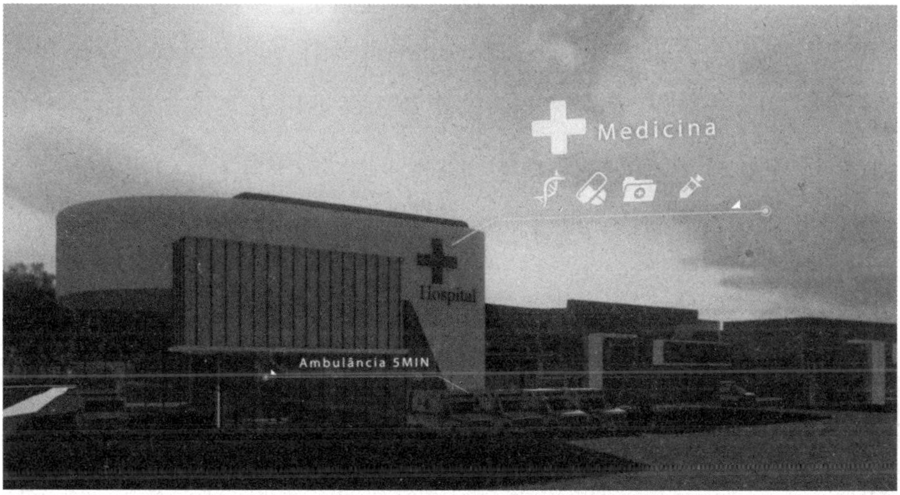


图5－14　数字医院

在数字医院里，医疗设备及设施、检测、化验、诊断、治疗、配药都是数字化的，检测及化验结果可以实时获取，就医及治疗过程全程可视、可追溯，甚至还可以利用机器人来进行手术。基于数据驱动的运行和管理，可以极大地提高运行效率，降低人为的失误，及早侦测异常、预判风险、总结经验教训，提升医疗服务水平及用户满意度。

## 三、数字化医疗设备

现代的医疗设备及设施越来越精密和复杂，很多医院及医疗机构并不缺这些高端的医疗设备，他们缺乏与之配套的专业操作人员。而要学习和掌握这些高端医疗设备是非常费时费力的。医疗设备的数字孪生体，可以建立完全映射的数字化虚拟模型，一方面可以实现对医疗设备的在线实时的监测和控制；另一方面基于更加直观的人机互动界面，培训专业人员，能在很短的时间就熟悉和掌握复杂的操作。VR、AR 技术的使用，使学习者可以在数字化设备上叠加操作步骤及过程，以更加生动的方式引导操作人员完成复杂的操作，而不用去阅读枯燥的帮助文档。而且利于数字化的模型学习，即使操作过程中有失误，也不会造成昂贵的物理设备的损伤。此外，这也非常适合在线培训及远程培训场景（见图 5－15）。

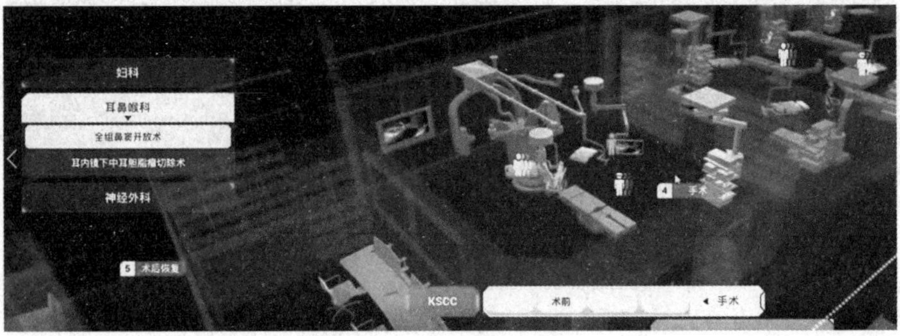


图 5－15　数字化医疗设备

## 四、数字手术室

数字手术室是在物理手术室的基础上，应用现代化信息技术，构建数字化的手术室环境。它既可以是构建完全模拟的非真实手术室环境，用来进行虚拟手术，也可以是基于物理手术室的完全映射，形成 1∶1 的数字化手术室，能够实现物理手术室和数字模型的交互。基于数字化医疗设备，对手术室的所有设备及设施、医疗器械，灯光、包括手术过程都可以进行精确地模拟和映射。数字手术室支持净化工程与数字信息化的完美融合，能够系统地集成患者的数据，使手术医生、麻醉医生、手术护士获得全面的信息、更生动的影像支持、更精确的手术导航以及与外界通畅的信息交流，为统一管理、信息集成、设备监测与控制、手术示教与观摩、远程教学及远程会诊提供了可靠的通道，从而创造手术室的高成功率、高效率和高安全性（见图 5－16）。

图 5－16　数字手术室

手术示教与观摩能够通过高清网络实现，用户可以实时观看手术视频，甚至是 3D 手术室场景，从不同角度观摩及回放。其他如术野、腔镜等医疗设备、手术患者病历信息、患者生命体征信息等都可以同时进行传送，从而创造一个立体、生动、真实的示范及教学环境和场景。

虚拟手术室还能够支持远程手术指导及会诊，手术室具有远程连接的能力，能够实时地传送手术过程信息、病人生命体征变化信息和电子病历、影像信息，使异地的专家及手术医生能够进行远程会诊。此外，远程的手术医生还能够对手术室云台进行实时控制，实现远程协同手术。

## 五、数字孪生人体

基于数字孪生，还可以构建人体的数字孪生。将来，每个人都可以拥有自己的医疗健康数字映射及模型。数字孪生人体的构建可以基于以下机制。

基于采集的多尺度、多时空、多维数据，通过建模完美地复制出的虚拟人体。其中，几何模型体现的是人体的外形和内部器官的形状和尺寸；物理模型体现的是神经、血管、肌肉、骨骼等的物理特征；生理模型体现的是脉搏、心率等生理数据和特征。生化模型是最复杂的，要在组织、细胞和分子的多空间尺度，甚至毫秒、微秒数量级的多时间尺度展现人体生化指标。

在虚拟人体之上叠加的数据有来自生物人体的数据，包括生物波、基因、CT（电子计算机断层扫描）、核磁、心电图、彩超等医疗检测和扫描仪器检测的数据，血常规、尿检、生物酶等生化数据，还有健康预测数据、手术仿真数据、虚拟药物试验数据等虚拟仿真数据。此外，还可以结合历史数据、统计数据和医疗记录等。这些数据结合数字医疗设备可以监控用户健康状态、提供诊断结果和治疗方案。

基于虚实结合的人体数字孪生，可以提供各类医疗健康服务，包括精准医疗、精准健康监测与管理、远程医疗、手术验证与优化等。数字孪生将会成为健康管理、健康医疗服务的新平台和新实验手段。

通过以上的多维度数字医疗手段，结合互联网、云计算、大数据、人工智能等先进的数字技术，智慧医疗数字孪生可以整体提升国家、城市及社会的医疗健康水平及覆盖面，提升医疗健康效率和服务质量，促进医疗资源的优化供给和配置。通过发展智慧社区及智慧家庭的智能健康监护及康养保健，可以大幅提升居民的健康水平，降低城市公众医疗负担，缓解城市医疗资源紧缺的压力。

## 第九节
## 智能金融

> "你必须放手，尼奥。"
>
> "You have to let it all go, Neo."
>
> ——《黑客帝国》53:48

产业的发展离不开金融的支撑，当前"金融＋科技"是推动各实体产业进步及转型的双引擎，在科技的驱动下，金融以前所未有的速度和形态在演进。数字孪生与金融体系的结合重点体现在立体征信体系的建立、供应链金融、金融数字化服务体系以及个性化金融等方面。

### 一、立体征信体系

征信是金融信贷、金融服务的基础。立体征信体系需要汇聚政府、企业、市民的全方位数据，形成数字化的、立体的全方位信用体系，以此为基础为用户提供金融服务，立体征信平台如图5－17所示。构建立体征信体系应从以下几个方面入手。

首先，完善现有城市信用平台，构建信用特征库，推进城市信用信息系统建设和使用，建立守信联合激励和失信联合惩戒等制度，加大信用信息归集、共享和应用力度；构建统一的企业及个人信用中心库，综合分析政府、法院、税务等履约数据，建立信用标准体系、信用状况评价体系、信用风险防范体系、信用信息披露体系、信用监督管理体系、信用指数体系，制定和完善相应的法律法规，为提升城市整体信用水平创造有利条件。

其次，依托科学、合理、有效的企业综合监测平台，构建企业信用的数字孪生。打通工商、税务、社保等企业相关数据，采集企业财务效益状况、资产营运状况、偿债能力状况和发展能力状况等数据，形成企业综合监测基础数据体系；构建企业评价指标体系，以数字化形式直观反映企业盈利能力、发展能力、偿债能力、营运能力等指标，对外提供企业综合指数的数据服务，促进企业合法经营、履行社会责任；同时，有效地打通企业融资贷款、扩大再生产、产业协作的通道，打造绿色繁荣的企业生态。对内支撑政府经济运行监测预警分析和规划决策，对外促进营销宣传、招商、融资、合作。

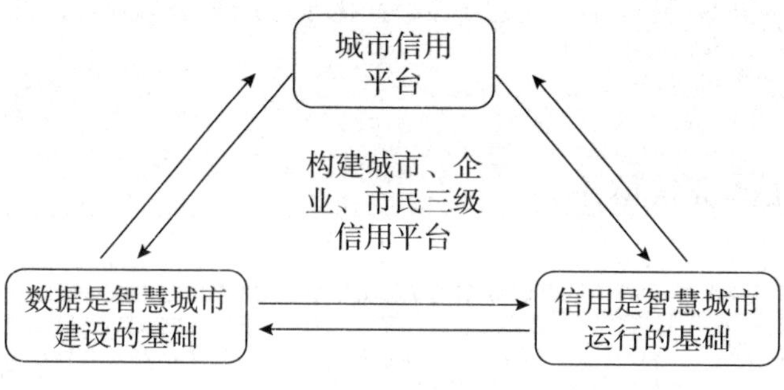


**图5－17　立体征信平台**

最后，依托市民的数字身份，建立数据共享交换平台，打通与交通、社保、医疗、教育、公积金、银行、支付以及其他城市数据通道，逐步建立市民个人身份数据仓库，管理市民个人信用和统一支付业务，让优秀、诚实、守信的市民可以（甚至是免费）享受到各种惠民便民的公共福利、公共服务，如“一码通城”。而违法失信分子面对的则是各种限制和惩罚。

## 二、供应链金融

采集供应链全链条的物流、数据流及资金流，形成供应链的完整数字孪生映射，构建供应链中核心企业与上下游企业一体化的金融供给体系和风险评估体系，提供系统性的金融解决方案，以快速响应产业链上企业的结算、融资、财务管理等综合需求，降低企业成本，提升产业链各方价值。

数字孪生需要建立供应链的上下游及各参与方，其中包括核心企业、上下游中小企业、银行等资金提供方、物流服务商等，还有供应链中的生产制造商、供应商、经销商、购买方的完整画像，实时掌握供应链中企业经营情况、信用状况以及资金的需求情况，从而促进资金及金融服务在各环节的流通，有效控制融资贷款的风险，促进企业的经营发展。

## 三、金融数字化服务体系

银行及金融机构建立数字化经营和服务体系，一方面是指数字技术在金融基础设施方面的全方位变革和应用，另一方面是指组织形态和基础支撑能力的数字化转型和升级。通过构建机构管理、组织形态、服务网点、设备设施、信息系统、客户等全流程、全产业的数字孪生，形成数据的全程贯通及业务流程全数字化驱动，建立起产品及服务全生命周期管理，形成一套金融数字化服务体系。这一数字化服务体系可以在投融资信贷决策、资源优化配置与再生、产品定制、客户服务、安全及风控等各方面优化效率，降低社会交易成本，提高资源优化配置效率，提升产品、企业、产业人的附加值，提升客户满意度，推动社会生产力快速发展。

## 四、个性化金融

个性化金融的核心是从用户角度出发，围绕不同客群的需求，提供个性化、定制化产品及服务。这需要建立金融服务体系的数字孪生，根据用户的精准画像，形成数字孪生经济体，通过数字模型的精准匹配和映射，定制数字化产品及服务，以达到敏捷、高效、体贴的服务效果。需要围绕客户需求、客户行为及动机开展全触点、全流程的体验设计。体验设计的完整流程包括用户研究、旅程分析、竞品分析、视觉及交互设计、设计评审、规范验证、体验测试、运营评价等多个环节。数字孪生可以在各个环节获取数据，据此进行模拟仿真及分析预测，从而进行动态地调整及优化，最终形成用户满意的产品，优化用户体验。

利用数字孪生还可以细分客群，并基于此细分用户价值和运营策略，为客户提供差异化、个性化服务，开展精准营销。同时，还可以针对不同生命周期阶段的用户群体，搭建不同的用户增长模型，开展用户全生命周期的价值运营，进而实现用户增长的核心目标。

# 第十节 轨道交通

“你要知道这些规矩和计算机系统的规则没有什么不同。有些可以变通，有些可以打破。”

“What you must learn is that these rules are no different than the rules of a computer system. Some of them can be bent. Others can be broken.”

——《黑客帝国》49:22

我国的轨道交通在近十年来取得了举世瞩目的成就，很多外国人到中国首先羡慕的就是高速快捷的高铁体系，乘坐高铁去许多城市旅游都很方便。当前，传统铁路、高铁、动车、城市地铁、轻轨形成了城际之间以及城市之中的纵横交错、四通八达的现代交通网络。几个小时之内的出行，高铁成了替代航班的首选。在长三角、粤港澳之间的城际列车形成了区域性的通勤经济圈，使人们可以工作和生活在不同的城市。城市轨道交通还是缓解城市拥堵的良方，是世界公认的低能耗、少污染的“绿色交通”，可以提高市民出行的效率、节省时间、改善生活质量，对于实现城市的现代化建设和可持续发展起着非常重要的作用。

轨道交通也是“新基建”重点发展的七大领域之一。“新基建”与新型城镇化相关，聚焦点在于扩大城市圈的经济辐射能力，提升城市治理水平。因而，城际高速铁路和城际轨道交通就成了重要的基础设施。但“新基建”强调的是“新”，因此轨道交通的科技化、智能化也就成了建设重点。数字孪生技术应用下的轨道交通将使轨道交通的规划、设计、建设、运营、监控以及与之息息相关的城市科技及经济发展、居民交通出行及生活质量都全面步入科技时代。与新一代数字技术全面结合，有助于促进城市规划与交通产业的战略升级。

## 一、城际与城市交通规划

交通规划是区域与城市规划中非常重要的组成部分。交通规划需要结合很多方面的因素，具体包括历史和现状的交通供需状况，地区的人口、经济和土地利用之间的相互关系，还需要基于地区未来不同的人口、土地利用和经济的发展情形，对交通运输发展需求进行分析和预测，以确定未来交通运输设施发展建设的规模、结构、布局等方案。此外，还应对不同方案进行评价比选，确定推荐方案，同时提出建设实施方案（包括建设项目时序、投资估算、配套措施等）。完善的交通规划对于获得交通运输的最佳效率，缓解交通拥堵，充分发挥交通基础设施的作用，实现交通管理科学化起着关键的作用，还对区域和城市的经济发展、生活质量提升有着重要的意义。

运用数字孪生技术有助于进行全面的数据收集，形成地区轨道交通的数字化孪生模型。基于模型对未来的规划、建设、运营进行预测和模拟，并在数字化模型中进行试验和验证，能够找到最优方案，以此指导实际的规划和建设。运用数字孪生技术还可以根据环境、地形、地质、人口分布、建设成本等精准地指导具体线路走向的规划，从而大大节省建设成本，促进科学管理及决策。

## 二、TOD（以公共交通为导向的开发）模式

TOD 是一种国际上具有代表性的城市社区开发模式，在最大化使用公共交通的前提下，对一个居民区或者商业区进行规划设计。TOD 以火车站、地铁站、轻轨站、机场及巴士等公交站点为中心，以 5 ~ 10 分钟步行路程为半径，建立中心广场或城市中心，集工作、商业、文化、教育、居住等用途于一体。TOD 模式是通过土地使用和交通政策来协调城市发展过程中产生的交通拥堵和用地不足的矛盾。数字孪生能够建立社区及公交枢纽的完整数字化模型，结合生态环境、人口出行规律及人流量，以及他们的工作、生活、居住的具体需求，形成社区的综合交通及发展模型，精准地模拟社区运行及发展的态势，从而形成最优化的规划设计及运营方案，促进城市社区的合理有效开发及健康发展。

## 三、轨道交通的运行监控

轨道交通的运行监控对于维护城市的交通及经济命脉，保障居民的交通出行及生命安全承担着重大的责任。利用数字孪生技术，能够全面掌握轨道交通的运行状态，提前感知和预测风险，保障运行的安全性、可靠性，降低运营维护成本。构建轨道交通的运行监控数字孪生体，需要融合设计及建造阶段的所有数据，结合环境、空间、传感器、设备运行状态等全方位数据，形成交通管理网络、场站、轨道、机车、设备、能源、电力等的全面映射，才能实现对轨道交通进行全方位的实时运行监测。

比如要想在地铁站建立运行监控数字孪生体，需要从以下几个方面入手。首先，需要将车站的物理实体做一一映射，包括建筑结构如墙、地面、楼板、风机、管道等构件。其次，对站厅里的所有设施设备如直

梯、扶梯、安检、闸机、地铁屏蔽门、电气设施、灯光照明、消防栓、火灾报警器等，全面进行建模及监控。最后，针对地铁里的人流及事件进行实时的监控与分析。基于以上这些模型与数据，再结合轨道、机车以及进出站人流的数据，就形成了一个地铁车站的数字孪生模型。基于VR技术，可以形成地铁车站的真实场景的虚拟呈现，其既可以对实际运行场景进行复现和实时监测，也可以基于模型和数据的仿真和演练，比如模拟车站失火情况、列车制动故障等情况下的应急管理及人群疏散。这些都可以有效地帮助地铁站相关工作人员提升管理水平和安全意识，以及及时、妥善地应对突发事件。

### 四、资产设备的管理维护

数字孪生相关技术的应用对轨道交通相关的设备、设施、资产的管理及维护有着重要作用，基于此可以实时地掌握相关设备的位置、状态，掌握采购及供应的完整链条以及使用的过程及周期，并能够根据其使用及磨损状态进行预防检修、替换及维保，将故障发生率降低到最低，保障整体轨道交通系统的安全高效运营。

## 第十一节 数字娱乐

现如今，数字化技术已经成为影视、游戏、动漫等数字娱乐的标配，而且应用程度越来越深入。电影《阿凡达》的重映让人们重新体验了导演卡梅隆打造的潘多拉星球的视觉盛宴。《阿凡达》讲述的就是男主人公杰克的“孪生”的冒险故事。通过特殊设备及网络的连接，下肢残障的杰克得以借助他的“阿凡达”——一个娜美族人的躯壳，带领族人反抗现代军队的侵略。虽说“阿凡达”不是全数字化的，但娜美族人是由卡梅隆导演借助数字化技术，将真人演员的容貌、表情、动作进行映射，再由电脑生成的。影片中潘多拉星球里各种独具异域风情的地貌及植物，也是基于现实生活中的采景，再经过数字化技术生成的。尤其是片中虚构的神鸟——高山斑溪兽，杰克骑着它从悬崖峭壁俯冲下去的画面令人血脉偾张，那种非常逼近真实的模拟，也正是数字孪生技术应用在电影中带给观众的极致体验。其他如《侏罗纪公园》《金刚》《猩球崛起》等影片中的恐龙、猩猩，无一不是计算机特效所打造的数字孪生体。只不过这些电影里的数字映射，在物理世界中，要么已经灭绝，要么能力相差很多。数字孪生技术赋予上述主角在现实物理实体中无法具备的超能力，这也是通过多维度、多模态仿真的数字孪生技术所带来的额外优势。

数字孪生能够在数字娱乐中完整地模拟各种地形地貌、环境、场景、器具、动植物、人物，以及行为、动作，构建感觉非常真实的超现实体验。而结合 VR、MR 技术，这种体验能与我们的感官更加紧密地结合，为我们带来更为生动具体的互动和体验。电影《头号玩家》就完美地诠释了数字孪生技术与数字世界、物理世界的融合。随着动作捕捉、眼球跟踪、体感互动，尤其是先进的“脑机结合”等技术的不断发展，未来人们可以用意念与虚拟世界、数字世界中所映射和创造的数字实体进行互动，那将带来更加震撼的数字化体验。就像《黑客帝国》中的尼奥一旦接入网络，他的数字孪生体就能够在 Matrix（《黑客帝国》中的“母体”，既是一个虚拟程序，也是一个实际存在的地方）中上天入地，纵横驰骋，拯救世界。

## 第十二节 安全应急

安全应急是当前国家和社会关注的重点领域，涉及以下几个方面：一是城市安全、公共安全、生产安全、消防、应急管理与救援；二是危化品的存储、运输、排放、应急管理；三是生态与环境监测、治理、保护；四是灾害监测、防护等多领域、多环节的实时全程监控、管理、防护及应急手段和措施。由于波及范围广、事故场景复杂，影响及后果严重等原因，传统的安全应急方法往往面临覆盖面窄、时效性差、不能及时发现问题及隐患、预知能力弱、反应迟缓、缺乏有效的应对措施等问题，从而造成了很多不该发生的事故及损失，有时甚至形成了负面的社会影响。比如踩踏事件、爆炸事件、伤害事件、矿难事件等，这些令人痛心的事件层出不穷。这在很大程度上也反映了仅仅依靠人力手段、行政手段进行监测和治理是远远不够的，需要结合更加智能的科技手段。数字孪生为安全应急领域提供了更加科学高效的管理和治理手段。通过建立各个领域的全流程、全方位、全环节的数字映射，在数字领域进行实时的感知、监测、分析、预警、演练、应急救援，再反馈和应用于物理场景，就能有效地提升管理能力及应对效率，有助于解决各个安全应急领域面临的难题和困难，为社会和民众提供安全、有序、和谐的综合环境。

**1. 城市安全**

随着我国城市化进程的不断加快，城市人口、功能和规模不断扩大，发展方式、产业结构和区域布局发生了深刻变化，新材料、新能源、新工艺得到广泛的应用，新产业、新业态、新领域大量涌现，城市运行系统日益复杂，安全风险不断增大。在这种发展背景下，一些城市安全基础薄弱，安全管理水平低下，与城市现代化发展要求不适应、不协调的问题日益显现。城市安全发展是城市现代文明的重要标志，因此需要落实完善城市运行管理及相关方面的安全生产责任制，健全公共安全体系，打造共建、共治、共享的城市安全社会治理格局，促进建立以安全生产为基础的综合性、全方位、系统化的城市安全发展体系，全面提高城市安全保障水平，有效防范和坚决遏制重特大安全事故发生，为人民群众营造安居乐业、幸福安康的生产生活环境。

城市安全的重点领域和方向包含以下几个方面。

（1）加强基础设施安全管理。

有序推进城市地下综合管网的规划和建设。加强城市交通、供水、排水防涝、供热、供气和污水、污泥、垃圾处理等基础设施建设、运营过程中的安全监督管理，严格落实安全防范措施。强化与市政设施配套的安全设施建设，及时进行更换和升级改造。在这个方面，需要建立智能化的地下综合管廊及管网数字孪生体系，对基础设施进行科学规划、全面感知和监测，预防和检测渗漏、老化、污染，及时发现问题，进行预防性维护和安全防范，并且对事故的排查和处理进行模拟和演练，从而保障基础设施的安全运行。

（2）健全公共安全体系。

加强城市规划、设计、建设、运行等各个环节的安全管理，建设安全风险管控、隐患排查治理体系和机制，通过数字化信息技术手段落实安全防范制度措施，避免重大事故的发生。这与前文中提到的数字城市有一定的相似之处，需要结合CIM，建立人、时间、地点、事件的多维关联模型，对城市安全风险进行全面辨识评估，实时侦测异常及风险，实现对城市的智能化监测、运行及治理。如果有这样的机制及系统，通过交通及安防摄像头，以及移动运营商的基站数据的关联分析，就能及时感知到人流在某处的聚集超出了正常限度，马上就可以采取交通限流、人群疏散、通知预警等手段避免踩踏事故的发生。

（3）加强安全生产综合治理。

结合前述的智能生产制造数字孪生模型，对生产、运维的各个环节及流程进行实时的监测、分析、预测、仿真，就可以有效地发现和排查隐患，预防事故的发生。对重点产业需要进行安全改造升级，强化数字孪生建设，建立更加完善的感知、传输、监测网络及分析预警系统。比如现在各地都在加强智慧矿山的建设，实现5G技术下井，在作业面实现全方位的有毒有害气体、压力、温湿度、地质状况等情况的感知及监测，做好通风、防火、防水，实时感知作业工人的位置及活动，对异常情况进行实时预警，同时结合AGV（自动导引运输车）等智能设备，实现人流、煤流、数据流的有机协同，打造安全、智慧、生态和高效的矿山体系。

（4）提升应急管理和救援能力。

健全城市应急救援管理体系，加快推进建立城市应急救援信息共享机制，健全多部门协同预警发布和响应处置机制。依托数字孪生相关技术可以建立数据和信息共享体系，有效地协调各部门的资源和人力，依据数据进行智能化的应急和救援的指挥和调度，从而提升防灾、减灾、救灾能力，提升城市安全生产和事故处置水平。比如在火灾的应急处理和救援场景下，依托数字孪生技术，可以全方面掌握火灾所发生的建筑、厂房及人员情况，协调和调度周边的消防队伍、设施、医疗救护人员，进行交通指挥及疏散等，实现高效、有序的应急管理及救援。同时，依托数字孪生技术，还可以进行日常的消防应急模拟和演练，一旦事故发生也会降低造成慌乱和踩踏的概率，有关部门及相关工作人员能够在最短的时间内进行响应和处置。

## 2. 危化品管理

危化品指的是危险化学品，是指具有毒害、腐蚀、爆炸、燃烧、助燃等性质，对人体、设施、环境具有危害的剧毒化学品和其他化学品。一旦发生危化品事故，后果是非常严重的。像化学品爆炸、隧道内油罐车爆炸、电梯内电动车电池起火等事件，会造成非常严重的后果，付出沉重的代价。危化品的管理，涉及对其全流程、全生命周期的管理，包括生产、加工、存储、运输、装卸、使用、报废等，每个环节都不能有差池，而且在任何时间、任何地点都需要对其状态有全面的掌控，需要7×24小时的监控，才能最大限度地防止事故的发生。从这些角度和要求来看，传统的管理方式肯定是不能胜任的。基于数字孪生相关技术的应用，系统能够形成对危化品自身、环境、工厂、库房、工具、车辆、道路、桥梁、隧道、人员等完全的数字映射，并对其进行实时的采集、监控、分析、预警，能够感知和预防事故及风险的发生，做到全链条的监控及防护，并在紧急情况下，进行评估、应对及处理，减少灾害及损失。

基于数字孪生相关技术对危化品进行管理，可以从以下几个环节入手。

先从全生命周期的角度对危化品进行监测和管理，预防和控制危化品泄漏，防止事故发生，避免或减少对环境及人体的危害。

在生产及加工阶段，明确危化品的性质、危害，全面掌握正确的处置方法，保障生产和加工安全。对有可能引起安全事故的所有因素和风险点进行监控和排查，有效防止生产事故的发生。

在储存阶段，做好通风、防潮、防晒、防泄漏、防爆、防火、防雷、静电导除、防盗、报警、灭火等安全措施，对所有相关设备、设施、储存手段进行监测、模拟，对相关参数进行全面感知和采集，对异常状态进行预防和预警，对有可能发生的风险和事故做好防备应对。应用数字孪生技术可以在数字领域对各种异常情况进行模拟和仿真，如对相关人员做好培训，对相关环境加强防护，使相关工作人员不需要在危险的真实场景下进行演练。

在运输、装卸环节，按照危化品的物理化学特性，采取相应的安全防护措施。对运输的槽罐、容器的密闭性、封口、内部压力及外部压力、温度、湿度、颠簸程度、倾斜程度等各种状态进行实时感知及监测，对交通状况、行驶速度、路桥、驾驶员的状态等外部环境也需要实时掌握，形成对运输及装卸过程的动态的感知及分析，预防任何可能的风险，如泄漏、爆炸、冲撞等情形的发生。

在使用环节，要确保遵守和符合各项安全制度及作业指导，穿戴好劳动防护用品及器具，掌握正确使用方法及事故应急措施。对使用方法、过程进行实时的监控，有效防止和纠正不正确的操作方法。同时还可以提前进行操作及使用培训，为发生泄漏、抛洒、沾染皮肤及器官等各种意外情况预设好处置应对方式，并提前做好演练和防护。

在存储、运输、处置过程中，配备必要的保护装置及报警系统，定期做好维护检查，防止丢失、被盗。过程中产生的废水、废气、废渣、粉尘的排放都需要符合标准及规定。数字孪生可以对装置、设备、排放物进行监测及分析，保障对应的措施都实施到位，准确无误。

在应急处理方面，应对所有环节可能发生的紧急情况都需要有应急处理措施及方式，最大限度地降低危害和损失。数字孪生可以建立各个流程的应急措施，指导过程的实施。同时还可以组织相关人员进行应急演练，做好预防和心理准备，在事故发生时能够沉着应对。

**3. 生态监测**

生态监测是指利用物理、化学、生化、生态学等技术手段，对生态环境中的各个要素、生物与环境之间的相互关系进行监测和管理。其范围包括城市生态监测、农村生态监测、森林生态监测、草原生态监测、荒漠生态监测等，并且涉及农、林、牧、副、渔、工、交通、环保、水务等各个领域，监测手段则涉及生物、地理、环境、气象、生态、水文、物理、化学、计算机等诸多学科，是多学科交叉的综合性监测技术。监测的角度则包括地下、地面、航空、卫星监测等。生态监测全面响应了习近平总书记的指示，建设美丽中国，发展生态文明和生态经济，打造"绿水青山"，对于我国的生态发展、环境保护都具备重要意义。

卫星监测及遥感技术能提供有关总体生态、大气、降水、土地分布及覆盖、土地利用情况变化、植被情况、灾害情况，以及一些地表特征（如温度、化学组成）等综合性信息。

航空及无人机监测则可以提供更进一层的监测手段，形成"天地空一体化"的立体监测体系。可以应用于基础测绘、国土监察、土地及资源开发、农村及城镇建设、森林监测及防火、农业生产种植、旅游规划、电力水利监测、反恐维稳、灾害应急及处理等诸多方面。

地表及地下的监测则涉及具体的地质、土壤、田地、水文、农林作物等各方面的监测。

在环境保护及生态发展领域，主要是进行环境质量、生态质量、污染源监测与评价，以及“山水林田湖草沙”系统性和综合性的治理，着眼于“提气降碳强生态、增水固土防风险”，形成天地一体化生态质量监测能力，完善生态质量指标体系和评价办法，全面支撑生态保护和监管。在“减污降碳”领域，则可以建立碳监测评估体系，结合常规监测网络，实现精准、科学、依法治污，在地下水、水生态监测预警、新污染物监测、挥发性有机物等各方面建立监测及示范点。

数字孪生可以建立“天—空—地—地下”四位一体的立体全方位监测网络，实现对各个监测领域的全面感知，打通各行业各领域的数据，建立跨行业、跨组织的调度协同体系。依托数字化的模型及仿真，可以模拟各种生态治理及环境保护场景，指导各个领域的规划、建设、监测，提升管理效率，加强资源及土地的综合利用，减少碳排放及生态污染，防止灾害的发生。

数字孪生同时还能弥补很多领域只能做事后处理的短板，做到预先规划、预先防护。比如在森林监测及防火方面，现有的做法都是在林区部署一些传感器及摄像头，感知和侦测到烟雾、火苗后实时告警。然而这种手段一是成本高昂，需要在整个区域覆盖传感器，管理和维护成本也很昂贵，二是起到的作用有限，火灾已经开始发生后才能告警。依托数字孪生，则可以综合日照、山坡、植被、水分、土壤等数据，建立不同的林区区域模型，对其干枯、起火的风险进行不同程度及等级的划分，对重点区域进行密集部署和检测，在其状态发展到临界点之前就进行预警，并采取必要的措施，防止火灾的发生。这种模式有更大的现实意义。

**4. 自然灾害防护及应急**

自然灾害是指给人类生存带来危害或损害人类生活环境的自然现象，包括地震、海啸、火山喷发、滑坡、泥石流、台风、龙卷风、干旱、洪涝、寒潮、山洪、冰雹、霜冻、暴雨、暴雪、大雾、大风、结冰、雾霾、浮尘、扬沙、沙尘暴、雷电、雷暴、球状闪电等。历史上像唐山大地震、汶川大地震造成了惨重的损失，其后果甚至会影响几代人。一次严重的暴风雨也有可能会造成很多人、财、物的伤亡及损失。尽管现在的地震预警、气象预报等技术越来越先进，然而对灾害的监测和防护还有进步的空间。构建基于数字孪生的自然灾害防护应急体系需要更加完整的感知、监测、模拟、仿真、评估、协同、调度体系，使之能够在日常条件下对灾害可能发生的环境及条件进行密切的监测，预测灾害发生的概率及可能造成的破坏和影响，起到预防和预警的作用。即使在灾害不可避免发生的情况下，也能迅速全面地掌握灾害已经造成的破坏，对后续还会引发的次生灾害作出预测及评估，同时有效地协同及调度应急救援人员及物资，尽量减小损失，尽快重建。

比如针对地震的应急救援，在数字孪生建设完备的前提下，可以迅速获取灾害现场及周边造成的地质、道路交通、通信设施、电力设施的损坏，以及人员的伤亡及损失情况，并且全面掌握周边的医疗、消防、工程、通信等各方面的人员及设施的状况，能够快速形成应急救援方案，对交通实施自动管控，并且协同调度各行业的人员及设施有序地前往救援，对后勤补给进行有效的调度配置，从而起到智能、快速的补救及恢复。

当然，由于自然灾害的因素的不确定性及复杂性，数字孪生也很难做到非常全面及完整的监控和预测，对这些多维、复杂、不确定的因素进行建模及算法仿真也是非常具有挑战性的，很难做到精确地模拟，对于灾害造成的后果及破坏的预测也会有很多局限性，但是我们可以逐步建立和完善这样的数字孪生体系，也能在跟自然灾害打交道、做斗争的过程中获取难得的经验和教训，有助于将来少走弯路，更加精准地预防和预测，尽可能地减少伤亡和损失。

## 参考文献

[1] 李浩，陶飞，王昊琪，等．基于数字孪生的复杂产品设计制造一体化开发框架与关键技术［J］．计算机集成制造系统，2019，25（6）：1320－1336.

[2] 京东物流，中国物流与采购联合会物流装备专业委员会．“新基建”引领创新突破系列专题 数字孪生供应链白皮书［EB/OL］．（2020－08）［2021－05－31］．https：//www. vzkoo. com/doc/18656. html.

[3] 成都市人民政府办公厅．成都市人民政府办公厅关于印发成都市新型基础设施建设行动方案（2020—2022 年）的通知［EB/OL］．（2020－07－16）［2021－05－31］．http：// gk. chengdu. gov. cn/govInfo/detail. action？id＝119725&tn＝6.

[4] 中华人民共和国住房和城乡建设部．住房和城乡建设部办公厅关于印发《城市信息模型（CIM）基础平台技术导则》的通知［EB/OL］．（2020－09－21）［2021－05－31］．http：//www. mohurd. gov. cn/wjfb/202009/t20200924_247321. html.

[5] 刘刚．刘刚：数字孪生城市——基于 CIM 的规建管一体化城市发展新范式［EB/OL］．http：//xjz. glodon. com/f/view－11－57a6dab691bb4287b57baf79dfacf1c6. html，2019－06－20.

[6] 刘刚．数字化时代，如何玩转“数字建筑”？［J］．中国勘察设计，2017，12.

[7] 唐文虎，陈星宇，钱瞳，等．面向智慧能源系统的数字孪生技术及其应用［J］．中国工程科学，2020：1－160.

# 第六章 / 数字孪生体系架构及关键技术

"你有没有静静地观察过它？"

"Have you ever stood and stared at it?"

——《黑客帝国》1:31:40

# 第一节 数字孪生体系架构

数字孪生体系由基础硬件层、基础网络层、基础数据层、建模及计算层、功能模块层、应用硬件层、行业应用层构成，如图6－1所示。每一层都需要考虑相应的安全问题，如设备安全、数据安全和网络安全等。整个体系中涉及多种核心技术，包括但不限于建模、渲染、仿真计算、物联网、大数据、区块链、人工智能、云计算、边缘计算、人工智能、系统工程、5G通信等。

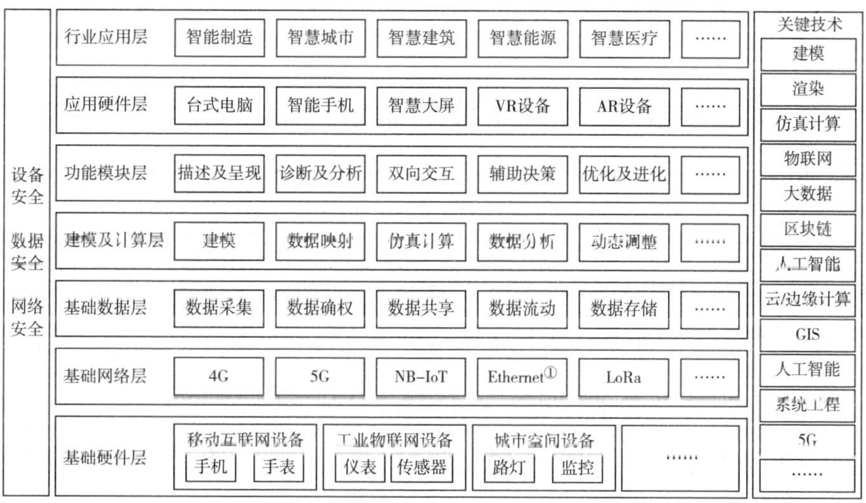


图6－1 数字孪生体系

① 以太网。

## 一、基础硬件层

基础硬件层主要包括各类智能设备、传感器和物联网的终端等，比如移动互联网设备（智能手机、智能手表）、工业物联网设备（电子仪表、传感器）、城市空间智能设备（智慧路灯、视频监控、空气监测设备、噪声监测设备等）等。其核心是物联网芯片和传感器等硬件，用于数字孪生不同场景下海量多源异构数据的采集以及向网络端的发送。

物联网芯片与传统芯片相比有一定区别，尤其是在商业化方面。传统的芯片一般用在特定的需要有计算处理的地方，而物联网芯片更加灵活，对技术的要求更高，也更注重应用场景的针对性。物联网芯片作为驱动传统终端升级为物联网终端的核心元器件之一，得到业界高度重视。从低复杂度到高性能计算控制芯片，从短距离通信到长距离通信芯片，各类芯片供应商参与的格局已经形成，传统芯片巨头也将物联网芯片作为未来重要发力领域之一。

市场调研公司 ABI Research 曾在 2013 年做出预测，在 2020 年通过物联网进行无线联网的设备总数将达到 300 亿台。不少芯片巨头将物联网芯片作为下一个竞争的领域。目前主要的物联网芯片提供商包括高通、英特尔、英国 ARM 公司、AMD（美国超威半导体公司）、三星、英伟达等。谷歌、华为与阿里等科技巨头也已进入该领域，如谷歌深度学习芯片 TPU（高速定制机器学习芯片）、华为海思和阿里巴巴主攻芯片的平头哥半导体有限公司。数据显示，2019 年，中国集成电路产业销售额为 7562.3 亿元，同比增长 15.80%。2020 年全年中国芯片产业销售额达 8911 亿元，增长 17.8%。2020 年以来，中美关系持续紧张，华为受美国制裁事件持续发酵，在一定程度上推动了国产自主芯片业的发展。

传感器是一种检测并响应来自物理环境的某种类型输入信息的设备。输入信息可以是来自光、热、运动、湿气、压力或许多其他环境现象中的任何一种，而输出的通常是被转换为人类可读的显示在传感器上或通过传输至特定显示端进行显示的数据。传感器是物联网终端市场的重要组成部分，目前主要由美国、日本、德国的少数几家公司主导，如博世、意法半导体集团、德州仪器、霍尼韦尔国际、飞思卡尔半导体、英飞凌科技公司、飞利浦等。国内代表性的企业有河南汉威电子股份有限公司、华工科技产业股份有限公司等，但市场份额相对较小。

传感器主要包括温度传感器、接近传感器、压力传感器、水质传感器、气体传感器、烟雾感应器和红外线传感器等。

温度传感器最早常用于冰箱和空调设备控制，现在其应用已经扩展到各个行业。温度传感器的主要类型有热电偶传感器（Thermocouple Sensor）、电阻式温度检测器（Resistance temperature Detector）、热敏电阻式温度传感器（Thermistor Temperature Sensor）、半导体传感器（Semiconductor Sensor）和红外线传感器（Infrared Sensor）等。

接近传感器是一种具有感知物体接近能力的设备，可以感知被检测对象的移动和存在信息并将其转化为电信号。接近传感器可用于检查停车场的停车位、检测附近产品所在位置等诸多场景。接近传感器的主要类型包括电感传感器、电容传感器、光电传感器和超声传感器。

压力传感器（Pressure Transducer）是能感受压力信号，并按照一定的规律将压力信号转换成可用的输出的电信号的器件或装置，通常由压力敏感元件和信号处理单元组成。按不同的测试压力类型，压力传感器可分为表压传感器、差压传感器和绝压传感器。

水质传感器主要用在水质检测和离子监测等场景，普遍应用于各个行业，比如广泛用于公共环境监测、工业环境监测等。

气体传感器是一种将某种气体体积分数转化成对应电信号的转换器，包括半导体气体传感器、电化学气体传感器、催化燃烧式气体传感器、热导式气体传感器、红外线气体传感器、固体电解质气体传感器等[1]。

烟雾感应器通常用于检测其周围是否存在过量的烟雾、气体和火焰，具体包括光学方法或物理方法两种检测方式。烟雾传感器的常见类型有光学烟雾传感器和电离烟雾传感器。

红外线传感器是一种能够感应目标辐射的红外线，利用红外线的物理性质来进行测量的传感器。按探测机理，红外线传感器可分为光子探测器（基于光电效应）和热探测器（基于热效应）。红外线传感技术已经在现代科技、国防和工农业等领域获得了广泛的应用[2]。

## 二、基础网络层

本层主要包括各类网络通信技术，包括但不限于4G、5G、NB－IoT，Ethernet、LoRa等。本层的主要作用在于为基础硬件层各个设备采集得到的数据提供有效的传输通道。

4G通信技术是在3G通信技术的基础上不断优化升级和创新发展而得到的，其融合了3G通信技术的优势，并拓展出一系列自身固有的特征，并以WLAN（无线局域网）技术为发展重点。与3G通信技术相比，4G通信技术的创新使其在现代应用场景中具有更大的竞争优势：①数据传输质量高，4G通信在图片、视频等媒体文件传输上能够实现原图、原视频的高清传输；②传输速度快，利用4G通信技术下载软件、文件、图片、音视频等，速度最高可达到每秒几十兆，这种快捷的下载模式能够带来更佳的通信体验[3]，同时推动了移动互联网时代的快速演进。

5G网络是数字蜂窝网络。在这种网络中，供应商覆盖的服务区域被划分为许多被称为蜂窝的小地理区域。这表示声音和图像的模拟信号在手机中被数字化，由模数转换器转换并作为比特流传输。蜂窝中的所有5G无线设备通过无线电波与蜂窝中的本地天线阵和低功率自动收发器（发射机和接收机）进行通信。收发器从公共频率池分配频道，这些频道在地理上分离的蜂窝中可以重复使用。本地天线通过高带宽光纤或无线回程连接与电话网络和互联网连接。与现有的手机一样，当用户从一个“蜂窝”穿越到另一个“蜂窝”时，他们的移动设备将自动“切换”到新“蜂窝”中的天线[4]。

5G网络的主要优势在于，数据传输速率远远高于以前的蜂窝网络，最高可达10Gb/s，比当前的有线互联网要快，比先前的4G LTE（一种通信标准）蜂窝网络快100倍。此外，5G网络延迟较低（响应时间更短），低于1毫秒，而4G网络延迟为30~70毫秒。由于数据传输更快，5G网络将不仅为手机提供服务，还将成为一般性的家庭和办公网络的提供商，与有线网络提供商竞争。以前的蜂窝网络提供了适用手机的低数据率互联网接入，但是一个手机发射塔不能经济地提供足够的带宽作为家用计算机的一般互联网供应商[4]。

NB-IoT为了和现在的移动网络兼容，主要是基于LTE技术。现在中国的三大运营商都在加紧部署NB-IoT网络。

## 三、基础数据层

基础数据层主要包括数据采集、数据确权、数据共享、数据流动、数据存储等方面。其主要作用在于处理由基础硬件层产生并且由基础网络层传输的多源异构数据。

数据采集又称数据获取，是指从基础硬件层各设备和传感器等模拟和数字被测单元中自动采集信息的过程。

数据确权的目的在于为数据共享、数据交易、数据资产估值做准备。数字孪生体之间由数据搭建沟通，因为数据具有电子化、易复制性及隐蔽性的特点，其相对物权、知识产权的保护而言是更加复杂的，所以数据确权在数字孪生未来发展中将扮演重要角色。

基于数据的采集和确权，可进一步考虑实现数据共享，使更多的数字孪生体更加充分地使用已有数字孪生数据资源，减少数据采集和确权等重复工作。由于不同数字孪生体的数据极有可能来自不同的数据源，其数据内容、数据格式和数据质量千差万别，给数据共享带来了很大困难，有时甚至会遇到数据格式不能转换或数据转换格式后信息丢失的棘手问题，严重地阻碍了数据共享和数据流动。所以数字孪生数据标准的制定是非常关键的环节。

## 四、建模及计算层

建模及计算层主要包括建模、数据映射、仿真计算、数据分析、动态调整等方面。这一层主要关注数字孪生体虚拟模型的建立。同时将基础数据层的可信数据接入虚拟模型，进行数据关联和可视化处理，以便进一步对数据进行融合和初步的计算分析。

## 五、功能模块层

功能模块层主要包括描述及呈现、诊断及分析、双向交互、辅助决策、优化及进化等模块化功能。该层是数字孪生业务能力的核心支撑，针对不同的行业和应用场景，数字孪生侧重功能也不同。

## 六、应用硬件层

应用硬件层主要是指用户使用数字孪生体时可能用到的各类设备，目前主要包括台式电脑、智能手机、智慧大屏、VR 设备、AR 设备、MR 设备等。根据数字孪生的使用场景及用户的不同，采用的硬件也不尽相同。目前主要硬件载体是台式电脑、智慧大屏以及智能手机。同时 AR 设备、VR 设备、MR 设备的应用也逐渐增加，由于其理论可操作性、体验感、真实感等方面与数字孪生想达到的最优状态一致，所以极有可能成为未来数字孪生应用的首选硬件。

## 七、行业应用层

行业应用层是指数字孪生可应用的行业，主要包括智能制造、智慧城市、智慧建筑、智慧能源、智慧医疗等。在制造业领域，数字孪生相关技术主要应用于产品开发、设计定制、车间绩效改进、预测性维护、航空航天、汽车自动驾驶等方面；在健康领域，数字孪生相关技术主要应用于提高医疗运营的效率、改善个性化护理等方面；在供应链领域，数字孪生相关技术主要应用于包装材料性能预测、加强装运保护、优化仓库设计和运营绩效、构建物流网络等方面；在城市空间领域，数字孪生相关技术主要应用于智慧城市设计、智慧城市管理、智慧城市服务等方面。

# 第二节
# 数字孪生关键技术

"我没说过这很容易接受，尼奥。"

"I didn't say it would be easy, Neo."

——《黑客帝国》43:48

## 一、建模

数字化建模技术起源于20世纪50年代，其目的是将人们对物理世界或问题的理解进行简化和模型化表达。而数字孪生的目的是通过数字化和模型化，用信息交换能量，以更少的能量消除各种物理实体，特别是复杂系统的不确定性。所以建立物理实体的数字化模型或信息建模技术是创建数字孪生体、实现数字孪生的源头和核心技术，也是数字化阶段的核心和智慧化的基础。

以数字孪生城市为例，三维建模可以通过三维实景建模或正向建模的方式实现。三维实景建模是一种运用数码相机或激光扫描仪对现有场景进行多角度环视拍摄后利用三维实景建模软件（如Context Capture）进行处理，从而生成实景三维模型的虚拟展示技术。实景三维倾斜建模是指采用倾斜摄影技术制作的实景三维模型。一般来说，摄影都是正向摄影。而倾斜摄影，顾名思义就是拍摄时，相机与拍摄物体有个倾斜角度。利用倾斜摄影技术进行三维实景建模是近年来国际摄影测量领域逐渐发展起来的一项高新技术，相对于传统航测采集的垂直摄影数据，该技术通过新增多个不同角度镜头，从一个垂直、四个倾斜、五个不同的视角同步采集影像，获取到丰富的建筑物顶面及侧视的高分辨率纹理数据，可同时获得同一位置多个不同角度的、具有高分辨率的三维影像。从三维实景模型的建立过程和优点来看，通过有效刻画空间几何模型、拓扑图和语义等特征，有利于实现精细化的三维几何表达，真正实现对基础设施性能的语义描述，与物联网进行拓展关联，进而实现复杂地形地理环境的层次描述。三维实景模型的一大特点在于在高低细节层次的有效转化过程中，城市实景信息更加精细和丰富。“影像 + 模型”的方式实现了对目标的实景可视化查询，对数字孪牛城市进行智能化规划和管理发挥了重要作用[5]。

BIM 是一种设计和交付项目的方法，该模型使项目中的不同参与方能够更好地协作。虽然 BIM 涉及使用先进的三维建模软件来创建结构的虚拟模型，但其重点是使用模型来管理设计和施工过程，以便更高效地交付项目，并创建准确的竣工信息。BIM 具有高透明度，可以确保项目团队每个人都在使用最新的信息。在理想情况下，该模型不仅可以用于建筑设计，甚至可以用于制造业。

三维正向建模是指使用三维建模软件，比如 Autodesk（欧特克）公司推出的 BIM 建模软件——Revit，在计算机中直接构造模型，不依赖物理世界已存在的实体，直接生成具有三维尺度数据的数字化模型。用户可以对三维模型进行放大、缩小、移动、旋转、解构、多角度或第一视角游览等操作。同时，用户可以查看三维模型中的物体的实际参数（包括长、宽、高、面积、体积、材料信息等）。高精度三维模型是数字孪生体系非常重要的组成部分。

三维模型相当于人的骨架，想要让人有血有肉需要通过渲染为骨架添加肌理、皮肤等元素，令其更贴近我们对立体事物的认知。因此，三维模型创建完成后，还需要进行三维建模渲染工作。利用三维建模渲染软件对该模型进行材质贴图、灯光布置，并在必要时将多个三维模型进行贴合和融合，让人对光影、色彩等视觉产生错觉，让三维模型在二维平面空间中突出立体感，从而实现逼真的三维可视化。某城市街区三维建模及渲染效果如图 6－2 所示。

图 6－2　某城市街区三维建模及渲染效果（俯视）

## 二、仿真

从技术角度看，建模和仿真是一对伴生体。如果说建模是将人们对物理世界或问题的理解进行模型化处理，那么仿真就是基于模型验证和确认这种理解的正确性和有效性。所以，数字化模型的仿真技术是创建和运行数字孪生体、保证数字孪生体与对应物理实体实现有效映射的核心技术[5]。

仿真是以将包含了确定性规律和完整机理的数字模型转化成软件的

方式来模拟物理世界的一种技术。只要模型正确，并拥有完整且准确的输入信息和环境数据，就可以通过仿真技术来基本正确地反映物理世界的特性和参数。

仿真兴起于工业领域。作为必不可少的重要技术，已经被世界上众多企业广泛应用到工业各个领域中，是推动工业技术快速发展的核心技术，也是工业3.0时代极其重要的技术之一，在产品优化和创新活动中扮演不可或缺的角色。近年来，工业4.0、智能制造等新一轮工业革命兴起，新技术与传统制造的结合催生了大量新型应用，工程仿真软件也与这些先进技术结合，在研发设计、生产制造、试验运维等各环节发挥更重要的作用。

随着仿真技术的发展，这一技术被越来越多的领域所采纳，逐渐发展出更多类型的仿真技术应用和软件。照这样发展下去，物理世界可能像电影《黑客帝国》那样，被事无巨细地仿真和模拟。

制造、产业、城市和军事这四个场景与数字孪生紧密相关，其中所涉及的仿真技术如下。

在制造场景下，涉及产品仿真、制造仿真和生产仿真等技术。具体来看，产品仿真主要包括系统仿真、多体仿真、物理场仿真、虚拟试验等；制造仿真主要包括工艺仿真、装配仿真、数控加工仿真等；生产仿真主要包括离散制造工厂仿真、流程制造仿真等。在产业场景下，可能涉及仓储仿真、物流仿真、组织仿真、业务流程仿真等。在城市场景下，可能涉及城市仿真、交通仿真、人群仿真、爆破仿真、气体扩散仿真等。在军事场景下，可能涉及体系仿真、战场仿真、爆炸仿真、毁伤仿真等[5]。

数字孪生体是仿真应用登上新应用巅峰的载体。在数字孪生体的全生命周期应用的各个阶段，仿真都是不可或缺的技术元素。而数字孪生体的应用也因为其构成部分仿真技术的成熟和广泛应用而快速地被市场理解和接受，成为数字化和智能化的核心。

## 三、基于模型的系统工程

基于模型的系统工程（Model Based System Engineering，MBSE）是相对于传统的基于文档的系统设计而进行定义的。在传统设计方式中，系统方案设计阶段多数通过撰写方案设计文档对系统进行定义。在MBSE中，使用数字化建模代替写文档的方式来进行系统方案的设计，把设计文档中描述系统结构、功能、性能、规格需求的名词、动词、形容词、参数等全部转化为数字化模型表达[6,7]（见图6－3）。

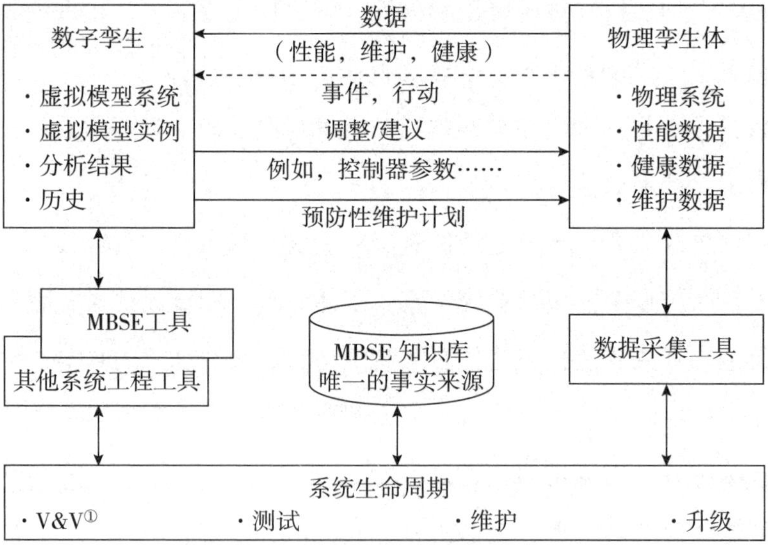


图6－3　MBSE

MBSE是一种形式化的建模方法学，是为了解决基于文档的传统系

① 设计方案对涉众需求的验证确认。

统工程工作模式在复杂产品和复杂系统研发时所面临的挑战而出现的。MBSE 以逻辑连贯一致的多视角通用系统模型为桥梁和框架，实现跨领域模型的可追踪、可验证和全生命周期内的动态关联，进而驱动贯穿于从概念方案、工程研制、使用维护到报废更新的人工系统全生命周期内的系统工程过程和活动。这些过程和活动包括技术过程、技术管理过程、协议过程和组织项目使能过程等，广泛存在于体系、系统及系统组件各个层级之中 ①。

MBSE 可以作为顶层框架指导数字孪生体的构建和运行。MBSE 是创建数字孪生体的框架，数字孪生体可以通过数字线程集成到 MBSE 工具套件中，进而成为 MBSE 框架下的核心元素。从系统生存周期的角度，MBSE 可以作为数字线程的起点，使用从物联网收集的数据，运行系统仿真来探索故障模式，从而随着时间的推移逐步改进系统设计[5]。例如，制造商可以将数字孪生体与其服务历史、制造过程、设计历史、实时物联网数据等配置规范和仿真模型相连接，通过使用基于 MBSE 工具设计的失效模式和影响分析功能，将模拟输出与实际结果进行比较。这一能力可以提供有关物理孪生体的有价值的见解。使用适当的 MBSE 工具，工程师可以生成事件驱动或基于代理的模拟，探索数字孪生体的行为和相互作用。数字孪生技术可以与三维数据和模拟相结合，基于特点和使用方法，构建模型，如响应面模型。为了衡量客户体验和创新对体验的影响，可以利用数字孪生模型在适当的抽象层次上模拟工厂、产品或服务[8,9]。

## 四、地理信息系统

地理信息系统（Geographic Information System，GIS），是近些年迅

① 资料来源：国际系统工程协会（INCOSE）于 2006 年发起 2007 年发布的《SE 愿景 2020》。

速发展起来的一门空间信息分析技术，在资源与环境应用领域发挥着技术先导的作用。GIS 技术不仅可以有效地管理具有空间属性的各种资源环境信息，对资源环境管理和实践模式进行快速和重复的分析测试，便于制定决策、进行科学和政策的标准评价，还可以有效地对多时期的资源环境状况及生产活动变化进行动态监测和分析比较，也可将数据收集、空间分析和决策过程综合为一个共同的信息流，明显地提高工作效率和提升经济效益，为解决资源环境问题及保障可持续发展提供技术支持[10]（见图 6－4）。

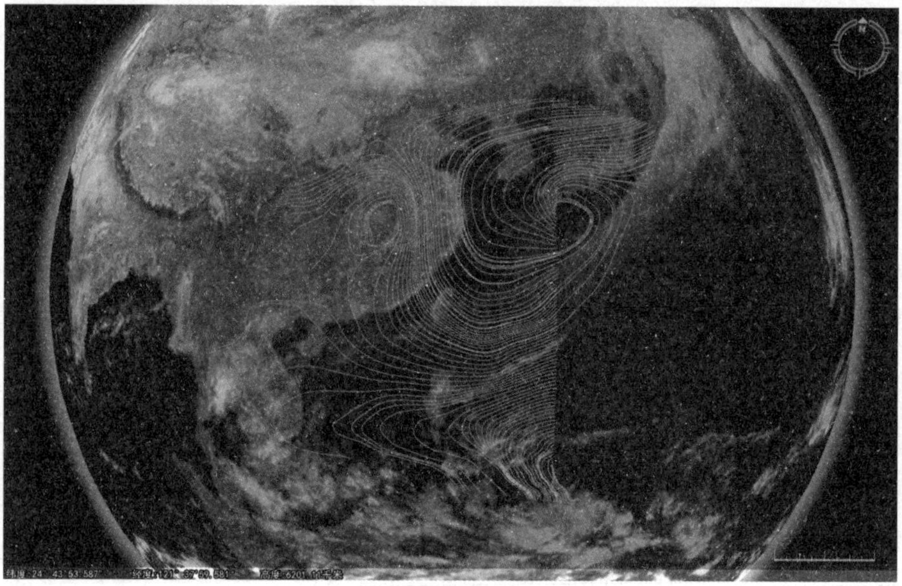

图 6－4　GIS 地理信息系统

曼恩认为，位置智能一定会成为智慧城市规划和设计的核心，GIS 作为位置智能的实现平台，提供了人人可用，并能在此平台进行信息交流的可信任框架。GIS 的优势特性还包括以下几点[11]。

（1）通过制图和可视化，可以更好地理解与位置有关的事物和信息，对于决策的制定，特别是以空间化数据为驱动的决策，起到参考作用。

（2）其数据管理工具，可以基于资产、资源、人员的位置信息，实现不同场景、不同业务细节方面的管理。

（3）能够连接物联网设备，监控实时产生的数据流，并对与之相关的资产和资源进行管理。

（4）相关的空间分析工具可用于对各类位置大数据的趋势和规律进行分析和预测，从而促进业务的发展。

（5）一些设计和计划类的工具，可以辅助开发一些可视化的平台或提供解决方案，空间化可视化平台给公众参与和数据众包、数据分享提供了可能性。

在曼恩看来，这些 GIS 的优势特性，可以帮助城市管理者利用空间可视化数据，描绘更精确的业务画像，让事情依托于数据和合理的判断朝着正确的方向发展，从而避免盲目决策所产生的各种失误。

如果数字孪生的目标是表示历史准确性、查看性能或预测未来状态，那么固定资产或物理世界系统的任何数字孪生体都可以直接受益于包含有关资产的 GIS 数据。GIS 可以用来创建自然环境和建筑环境的数字孪生体，也可以用来集成许多不同的真实环境的数字孪生体。对于固定物理资产或自然系统，如有关土壤、资产材料、天气、交通、维护和公用设施的数据都将存储在不同的数据模型中，具有不同的数据质量、分辨率和所有权。GIS 有唯一的钥匙——“位置”信息，因此能够对如此多样化的数据模型和数据集进行复杂地分析。GIS 数据还支持许多真实世界的动态和行为模拟。对于简单的分析，例如，调查规划结构的阴影影响，3D GIS 在网页浏览器中提供了动态、易于使用的体验；对于复杂的模拟，可以使用高级地理处理工作流来模拟大型公用设施网络中的变化，然后在简单的仪表面板中查看这些变化。

## 五、物联网

物联网是指通过信息传感器、射频识别技术、全球定位系统、红外线感应器、激光扫描器等各种装置与技术，实时采集任何需要监控、连接、互动的物体或过程，采集其声、光、热、电、力学、化学、生物、位置等各种信息，通过各类可能的网络接入，实现物与物、物与人的泛在连接，实现对物品和过程的智能化感知、识别和管理。物联网是一个基于互联网、传统电信网等的信息承载体，它让所有能够被独立寻址的普通物理对象形成互联互通的网络[12]。

物联网是数字经济时代核心技术的重要组成部分。物联网是在互联网基础上延伸和扩展的网络，其核心和基础仍然是互联网。但是物联网的用户端延伸到了物的层面，实现了物与物之间的信息交换和通信。传统互联网的标准无法直接适用于 IoT。物联网感知层的数据具备多源异构的属性，不同的物联网设备有不同的硬件接口、不同的技术标准和不同的协议。同样的问题存在于网络层和应用层。由于网络类型不同或者行业的应用方向不同，网络协议和体系结构也存在差异，短时间内极难建立起统一的物联网体系架构和统一的技术标准。

从通信对象和过程的角度考虑，可以确定物与物、人与物之间的信息交互是物联网的核心。物联网的基本特征可概括为三大部分：整体感知、可靠传输和智能处理[13]。

整体感知是指利用多种感知设备（如射频识别、二维码、智能传感器等）来有效获取物或相关人的各类信息。

可靠传输是指通过与互联网、无线网络的融合，将物或相关人的信息实时、准确地传送到物联网中一个或多个物或相关人，以实现信息交流和分享。

智能处理是指使用各种智能技术（如人工智能算法或模型），对感知和接收到的数据、信息进行有效的分析处理，实现对物的监测与智能化控制。

物联网提供了物理世界中物的智能连接和访问，并融入数字孪生体系。物联网融合到数字孪生中的应用，正在改变数字世界和物理世界交互的方式。数字孪生体要想真正实现多维、多源异构、全过程数据的全部价值和潜力，物联网是不可或缺的关键技术之一。德勤估计，到2023年，数字孪生的全球市场将以38%的复合年增长率增长，达到160亿美元。分析师一致认为，物联网技术将是这一增长的基石。IDC（互联网数据中心）预计，全球2000家被调研公司中的30%将使用基于物联网的数字孪生数据。

## 六、区块链可信数据管理

数字孪生建立在海量多源异构数据的基础之上，这些数据的可信程度直接决定了数字孪生体以及其应用和服务的可信程度。区块链技术的融合应用，可为数字孪生提供极其重要的可信数据基础[14]。将区块链技术融合应用于数字孪生，将从数据确权、数据共享、数据存储、数据访问、数据协同管理、数据防篡改、数据可追溯等方面，对数字孪生的海量多源异构数据进行高效和安全管理。

区块链是分布式数据存储、点对点传输、共识机制、加密算法等计算机技术在互联网时代的创新应用模式。区块链技术被认为是继大型机、个人电脑、互联网之后计算模式的颠覆式创新，很可能在全球范围引起一场新的技术革新和产业变革。联合国、国际货币基金组织等机构，以及美国、英国、日本等国家对区块链的发展给予高度关注，积极探索推动区块链的应用。目前，区块链的应用已延伸到物联网、智能制造、供应链管理、数字资产交易等多个领域[15]。区块链技术是一系列已有技术的组合体，这些技术已经经历了十几年甚至几十年的发展演变过程。区块链技术自诞生以来，在已有技术组合体的基础上不断融入和创造新技术，同时积极考虑业务创新，经历了区块链 1.0、区块链 2.0 及区块链 3.0 三个阶段。

区块链 1.0 阶段的主要应用场景是数字货币，这一阶段的典型代表技术是 Bitcoin（比特币）网络。区块链 2.0 阶段的主要应用场景是 DApp 分布式应用（去中心化应用），金融应用居多，这一阶段的典型代表技术是 Ethereum 网络。区块链 3.0 阶段的应用场景将超越金融领域，进入各个领域，包括城市治理、知识产权管理类公证、智能化产业领域等。目前真正意义上的区块链 3.0 的代表技术还不明确，全球多个技术团队和项目都在向这个阶段前进。

数字人民币具有可追溯性、不可篡改性这些与区块链技术相同的特征，但数字人民币仅是借鉴了区块链技术。作为法定货币，数字人民币的主要特征之一为中心化的管理模式，而区块链的核心特征之一是去中心化。

区块链技术对很多应用场景具有巨大的价值和意义，具有以下主要特点。

**1. 去中心化网络**

区块链技术的底层网络是去中心化的对等网络。所有节点都被视为对等节点。节点已根据应用程序的决定分配权限和角色。去中心化消除了中心化认证机构（服务器）的必要性。去中心化网络消除了集中式系统的单点故障瓶颈。

2. 分布式共享账本

账本是所有相关交易的记录。分布式共享账本是一种复制账本，由参与节点作为交易记录进行维护。在这种情况下，区块链是分布式共享账本的数据结构。共享账本允许授权参与者访问、监视和分析事务在其生命周期中的状态。

3. 共识机制

一件事务要从一个状态更改为另一个状态，需要成员的协商一致。“共识”是一种验证，是成员就正在进行的交易达成一致意见的机制。只有获得共识的区块才能被添加到主链中；如果没有达成共识，那么该事务将作为孤立区块远离主链。这个过程，不但消除了中心化权力机构，而且将交易的信任部分转移给了其成员。遵循的共识协议取决于区块链应用程序架构。权益证明（PoS）、工作量证明（PoW）、委托权益证明、实用拜占庭（PBFT）等是少数流行的共识算法。

4. 不可改变

一旦数据被加密到区块中并添加到区块链中，它就不能被更改或篡改。这是不变的属性。只有在获得参与者的一致意见后，才可编写该区块。因此，上链的区块是最终的。

5. 安全

使用 SHA－256 加密算法进行哈希运算，黑客很难破解。此外，不可改变性是增加信息安全程度的另一个因素。因此，区块链系统本质上提供了数据安全性。

伴随区块链技术在安全、性能上的提高以及监管等功能的日益完善，通过与人工智能、物联网等新技术的深度融合，区块链技术将不断拓展出更多创新应用场景。

总体而言，从区块链的技术特点来看，区块链赋能的应用场景主要集中在以下几个方面。

（1）多个合作方之间信任基础较弱，但合作的推进对信任度要求较高的场景。

（2）对数据安全、共享、确权、可信等有需求的领域。

（3）对大体量数据分享、协同管理和计算有较大需求的领域。

数字孪生的应用场景与上述内容相契合。针对数字孪生，需要建立专门的区块链网络，允许数字孪生体之间进行数据安全共享、数据协同管理，建立数字孪生可信数据基础。区块链上的数字孪生体将有助于保护品牌和知识产权。在区块链上创建一个产品的数字孪生体，不仅交易记录会被保存，产地和以前的所有者的信息也会被保存。除此之外，将区块链与数字孪生体相结合的公司将能够在全球范围内极其精确地跟踪其产品，这将极大提升公司的运营和服务能力。

区块链技术与数字孪生融合应用后具有以下优势[16]。

**1. 数字孪生数据交易去中心化和不可篡改**

数字孪生平台和数据的安全至关重要。区块链通过加密散列算法和在分布式账本上存储数字孪生数据来加强安全性，这些账本既不能轻易更改，也不能由中心化机构控制。不变性是区块链的一个显著特征，它保证了区块链不可擦除，保持了数据传输的不变历史。此功能不仅带来了前所未有的信任级别，保证了数字孪生数据的完整性，还将数字孪生审核过程转换为一个高效且经济的过程。

### 2. 数字孪生身份及合法性

基于区块链的数字孪生体具有独特区块链身份。此外，交易记录、产地等信息会被保存，这样买家就可以知道产品是在哪里生产的，了解所有权历史等。这就建立一个数字孪生体的不可变身份证明，有助于为数字孪生体的合法性提供保障。假设在某个场景中，DTS（数据传输服务）的多个假副本以及可以证明其真实性的假文档是可用的。这类问题可以通过数字证书轻松解决。通过区块链存储和颁发数字证书可确保这些证书不会被复制、修改和损坏。每个物理产品都可以有一个可转让和可更新的数字证书。除了确保其身份和合法性之外，区块链技术还可以作为一种防盗机制，因为未经验证的 DTS 不能在任何地方使用。

### 3. 接入权限及可信数据协同

传统的访问控制机制大多容易受到网络安全攻击。然而，区块链消除了未经授权的访问风险，这些访问通常会导致数据被篡改。基于区块链的访问控制以分布式方式管理所有数字孪生信息，即所有策略和规则处于分布状态，所有数字孪生体自主地进行操作，并最终与区块链网络达成共识。此外，基于区块链的访问控制通过位于每个数字孪生体上的安全 Socket（套接字）层证书来增强安全性，其中证书数据在区块链上管理。数据传输通常通过基于物联网的技术与物理对象进行协调、通信。这种协调、通信数据容易受到安全威胁，应用区块链技术可以对其提供保护。

### 4. 数字孪生数据透明度和责任制

区块链通过加密和控制机制（如智能合约和链码）加强透明度和问责制。每个区块链用户被分配一个完全开放的公共地址，因此任何授权用户都可以查看这些持有和交易。毫无疑问，这使数字孪生体的透明性达到了前所未有的水平。此外，区块链技术基于用户定义的控制机制，有助于强化问责制。

## 七、云计算、边缘计算、雾计算

数字孪生的成功应用离不开融合物联网和区块链技术的数据有效采集，也离不开海量异构数据的存储和计算。云计算、边缘计算和雾计算等先进技术的重要性显而易见。

云计算（Cloud Computing）是指远程操作、配置和访问硬件和软件资源。云计算提供在线数据存储、基础设施和应用程序。其中，“云”这个术语指的是某个网络或整个因特网。换句话说，“云”是某种东西，位于遥远的地方。云可以通过公共和私有网络（广域网、局域网或 VPN）提供服务。

云计算有许多优点。一是人们可以通过互联网访问应用程序；二是用户可以随时在线操作和配置应用程序；三是用户不需要安装软件来访问或操作云应用程序；四是云计算提供在线开发和部署工具，通过 PaaS（平台即服务）模型编程运行时的环境；五是云资源在网络上是可用的，它为任何类型的客户端提供独立于平台的访问；六是云计算提供按需自助服务，可以在不与云服务提供商交互的情况下使用资源；七是云计算具有很高的成本效益，因为只需要与互联网连接就可以实现高运行效率和高利用率；八是云计算提供负载平衡，使其更可靠。

边缘计算（Edge Computing）是一种分布式 IT 架构，它将计算资源从“云”和数据中心移动到尽可能靠近数据源的位置。边缘计算的主要目标是在有效处理数据和节省网络成本的同时减少延迟。边缘可以是路由器、ISP（互联网服务提供商）、路由交换机、集成接入设备、多路复用器等。对网络边缘最重要的一点是，它应该在地理位置上靠近设备。

边缘计算已经成为解决与移动大量数据相关网络问题的有效方案之一。边缘计算具有以下好处。

**1. 消除延迟**

延迟是指在网络上两点之间传输数据所需的时间。如果这两点之间的物理距离过大，再加上网络拥塞，就会导致延迟。当边缘计算使这些点彼此更接近时，延迟问题实际上是不存在的。

**2. 节约带宽**

带宽是指在网络上传输数据的速率。由于网络的带宽是有限的，因此可以传输的数据量和可以处理这些数据的设备数量也是有限的。通过在数据生成点部署数据服务器，边缘计算允许许多设备更高效地运行。

**3. 减少拥塞**

尽管互联网已经发展了很多年，但是每天在数十亿台设备上不断产生的大量数据可能会造成高度拥塞。在边缘计算中，有一个本地存储，本地服务器可以在网络中断时执行基本的边缘检测分析。

实现边缘计算的方法之一是智能家庭设备。在智能家居中，许多物联网设备从房子周围收集数据，然后将数据发送到远程服务器，在那里存储和处理数据。在网络中断的情况下，这种体系结构可能会导致许多问题。边缘计算可以使数据存储和处理中心靠近智能家庭，减少回程成本和延迟。边缘计算的另一个例子是云游戏行业。许多云游戏公司尽可能地靠近游戏玩家部署服务器。这将减少滞后，并给玩家提供一个完全沉浸式的游戏体验。

雾计算（Fog Computing）是一种分散的计算基础设施，其中数据、计算、存储和应用程序位于数据源和“云”之间。雾来源于气象术语，指靠近地面的云，就像雾集中在网络的边缘一样。与边缘计算一样，雾计算使“云”的优势和能力更接近于数据的创建和作用。许多人将雾计算和边缘计算这两个术语同义使用，因为这两个术语都涉及将智能和处理更接近创建数据的位置。这样做通常是为了提高效率，但二者仍存在细微的差别。

2015 年，思科（Cisco）、微软、戴尔、英特尔、Arm 公司和普林斯顿大学合作成立了 OpenFog Consortium（开放雾联盟）。包括 GE、富士康和日立在内的其他组织也为这个联盟作出了贡献。该联盟的主要目标是促进雾计算和标准化雾计算。该联盟于 2019 年与工业互联网联盟（IIC）合并。

根据该联盟的理解，边缘计算和雾计算的关键区别在于智能算法和计算力的位置不同。在严格的雾计算环境中，智能算法是在局域网（LAN）中进行的，数据从端点传输到雾计算网关，然后传输到信源进行处理后再返回传输。而在边缘计算中，智能算法和计算力可以在端点或网关中。边缘计算的支持者称赞它减少了故障点，因为每台设备都独立运行，并决定在本地存储哪些数据，以及将哪些数据发送到网关或云以供进一步分析。雾计算的支持者说，它更具可扩展性，而且当多个数据点向网络中输入数据时，它能提供更好的网络全局视图。

与其他技术一样，雾计算也有其优缺点。雾计算的一些优点包括：①节省网络带宽，雾计算减少了发送到云端的数据量，从而减少了带宽消耗和相关的开销；②更短的响应时间，因为初始数据处理发生在数据附近，所以延迟减少，总体响应性提高，其目标是提供毫秒级的响应能力，使数据能够以近乎实时的方式进行处理。

当然，雾计算也有它的缺点：①从物理位置上说，因为雾计算与物理位置相关，它缺失了云计算所具有的“随时、随地”的优势；②存在潜在安全问题，在一些情况下，雾计算可能会存在安全问题，例如Internet 协议（IP）地址欺骗或中间人攻击（Man-in-the-Middle Attack，MITM）；③启动成本高，雾计算是一个利用边缘和云资源的解决方案，这意味着硬件成本较高。

## 八、人工智能

数字孪生的第一个好处是能够产生模拟数据。一个虚拟环境可以经历无数次重复。生成的模拟数据可以用来训练人工智能模型。通过这种方式，人工智能系统可以学习并领会潜在的现实世界的条件。第二个好处是能够规划和测试新特性。数字孪生代表现实，但可以产生对未来的看法。您在考虑投资建一条新的生产线吗？您在考虑用机器学习来增强你的数据操作吗？利用数字孪生相关技术，用户可以虚拟未来的世界并测试应用场景。这些测试可以不断调整或是做很多次，直至找到最佳的解决方案。第三个好处是将机器学习添加到任何工业过程中，可以获得更准确的数据和预测以及对可视化和非结构化数据的理解，使过程更智能。将机器学习添加到工作流程中，不仅可以发现数据中以前看不见的模式，还可以创建一个可以管理复杂数据的单一学习系统。

人工智能技术是研究、开发用于模拟、扩展人的智能的一门新的技术科学，由人工智能理论、方法、技术及应用系统等几部分组成，是在计算机、控制论、信息论、数学、心理学等多种学科相互融合的基础上发展起来的一门交叉学科。互联网的发展和计算机性能的不断提升，让人工智能在强化学习、深度学习、机器学习等方向取得了巨大进步，形成了智能机器人、语言识别、模式识别、图像识别、专家系统、自然语言处理等诸多研究方向，使人工智能呈现了多元化的发展态势。人工智能是人类社会发展到一定程度的科学技术产物，也是自动化发展的必然趋势，智能化将成为继机械化、自动化之后的又一个新技术领域。

人工智能最早源于1936年，英国数学家A. M. Turing提出理想计算机模型——图灵机，然后于1950年提出机器能否思考的图灵实验。之后，计算机的发明和信息论的出现为人工智能发展奠定了良好的基础。1956年在达特茅斯会议上，Marvin Minskey、John McCarthy等科学家围绕“机器模仿人类并在其他方面变得智能”展开讨论，明确提出了“人工智能”一词。

人工智能的发展经历了两次发展热潮。第一次是1956—1966年。1956年，Newell和Simon在定理证明工作中首先取得突破，开启了以计算机程序来模拟人类思维的道路；1960年，McCarthy建立了人工智能程序设计语言LISP（计算机程序设计语言）。上述成功使人工智能科学家们认为可以研究和总结人类思维的普遍规律，并利用计算机模拟它，科学家乐观地认为可以创造一个万能的逻辑推理体系。第二次是20世纪70年代中期至80年代末。在1977年第五届国际人工智能联合会议上，Fei genbaum教授在特约文章《人工智能的艺术：知识工程课题及实例研究》中系统地阐述了专家系统的思想并提出“知识工程”的概念。至此，人工智能的研究又有了新的转折点，即从基于能力的策略变成了基于知识的方法研究。此后，人工智能的发展进入平稳期。

近些年，大数据时代的到来和深度学习的发展象征着人工智能的发展迎来了第三次发展热潮。1997年，IBM的深蓝（Deep Blue）机器人在国际象棋比赛中战胜世界冠军卡斯帕罗夫，引发了人类对于人工智能的思考。2016年，英国公司Deep Mind（深度思考）研发的围棋机器人

AlphaGo 通过无监督学习战胜了围棋世界冠军柯洁。人类对人工智能的期待提升到了前所未有的高度。在该事件的带动下，人工智能迎来了很好的发展时代。2019 年，上海举办了世界人工智能大会，会议集聚了全球人工智能领域最具影响力的科学家和企业家以及部分国家领导人，围绕人工智能领域的技术前沿、产业趋势和热点问题发表演讲并进行高端对话，开启了人类对于人工智能发展的新一轮探索。

人工智能的发展形成了庞杂的知识体系，技术发展较为成熟的几个领域分别是计算机视觉、自然语言处理、模式识别。

**1. 计算机视觉**

计算机视觉是运用计算机及相关设备对生物视觉的一种模拟，主要是对采集的图像或视频进行处理以获得图像或视频中的信息。计算机视觉属于综合性十分强的一个领域，涉及计算机科学、信号处理、应用数学、统计学和神经生理学等学科。以图像识别和人脸识别为代表的感知技术已经发展成熟并走向了应用市场，对交通、医疗、金融、商业等领域产生了巨大影响。发展计算机视觉技术的主要目的是使计算机同人类一样观察世界，理解世界，并拥有自主适应环境的能力。在此之前，计算机视觉技术现阶段的发展目标是建立一种能够利用视觉技术灵敏反馈的智能信息系统。

卷积神经网络等深度学习算法的兴起，让计算机视觉技术取得了瞩目的成绩。基于深度学习的卷积神经网络模型在图像分类、物体检测、姿态估计、图像分割和人脸识别等多领域表现良好。人脸识别是计算机视觉发展最好、应用最广泛的领域之一。人脸识别是将人脸图像或者相关视频输入系统，然后分析每张脸的大小、特征以及面部各器官的位置信息。人脸识别主要包括人脸检测、人脸特征提取和人脸识别三个过程。

### 2. 自然语言处理

让计算机理解人类的口语和书面语言一直是一些学科的研究目标。自然语言处理是融合计算机科学、人工智能、语言学三者的综合性技术。自然语言处理技术涉及的研究范围主要包括文本朗读、语音合成、语音识别、自动分词、词性标注、句法分析、自然语言合成、问答系统和信息抽取。

虽然自然语言处理近期发展较快，但词义的模糊性及多义性依旧是亟待解决的难题。消除歧义不是一件简单的事情，首先，需要大量专业语言学知识作为基础；其次，需要不断地推理、学习；最后，是词义的搜索、整理。随着社会发展，语义不断变化，新词层出不穷，导致这项工作任务复杂且繁重。

语义识别是指解决语句歧义的技术。语义识别是指通过分析语序和语法结构理解语句的真正意义。国内对中文语义识别问题进行了十几年的研究，随着互联网的流行、发展，语义识别再次成为研究热门，该领域有以百度、搜狗为代表的“搜索引擎领域＋语义识别技术领先企业”的模式，以中国科学院、哈尔滨工业大学为代表的“互联网通用领域＋科研机构”的模式，以北大方正集团、盛大创新院为代表的“互联网通用领域＋商业机构”的模式，等等。

另外，自然语言处理是语音识别技术典型的技术应用领域，它使人机对话的设想成为现实。语音识别经过十几年的发展，取得了瞩目的成绩。语音识别技术的应用不再局限于通信行业，已经普及医疗、工业、交通等各大行业。同样，语言识别的发展也面临很多要解决的难题。

### 3. 模式识别

模式识别是人工智能的基础技术，是通过计算机用数学技术方法对物理量及其变化过程进行描述与分类的一门技术，通常用来对图像、文字、照片以及声音等信息进行识别、处理和分类。模式识别的基本方法分为统计模式识别和句法模式识别。统计模式识别是将被识别对象数字化，转换为适合计算机处理的数字信息。句法模式识别则是用符号描述图像特征。将统计模式识别或句法模式识别与机器学习中的神经网络、支持向量机等技术相结合，或与人工智能中的专家系统、不确定性推理方法相结合，衍生出了一系列当前应用广泛的热门技术，如声纹识别技术、指纹识别技术、数字水印技术等。

声纹识别是通过语音中蕴含的特征信息，对说话人身份进行识别的一门技术。与语音识别提取语音中的信息不同，声纹识别是根据特征信息，对说话人的身份进行识别。声纹识别的过程是先提取说话人的声学特征，然后根据说话人的声学特征训练对应的模型，将所有人的模型集合在一起组成系统的说话人模型库，然后当有人说话时，系统将提取的说话人特征与模型库进行对比，并根据对比结果判别说话人身份。声纹识别在金融安全、军事安全等方面应用广泛。

指纹识别是模式识别领域中使用最早，也是最为成熟的生物鉴定技术。指纹识别是通过采集指纹图像（手指表面脊和谷的映像组合），并对图像进行处理以提取不同的特征来识别独一无二的指纹的技术。根据提取的特征不同，可以将指纹识别方法分为图像统计法、纹理匹配法、细节特征法和汗孔特征法，其中主流方法是细节特征法。细节特征包括指纹的脊终点和分叉点信息。细节特征法匹配准确度高，匹配难度适中，在信息安全、金融机构、医疗机构应用广泛并且发展前景广阔。

目前大多数机器学习都是有监督学习，即模型从标记的例子中学习。还有其他形式的学习，可以在数据中发现不可预见的模式。其中，强化学习是指模型在给定的（模拟的）环境中采取行动时，以无监督的方式从奖励中学习。然而，在大多数广为人知的强化学习案例中，这种情况在现实世界中是不可能实现的。即使是最先进的强化学习模式也需要大量的经验才能取得好的效果。举个例子，OpenAI FIVE 神经网络每天都会花相当于 180 年的有效游戏时间来训练，但仍然输给了游戏的专业玩家。到目前为止，许多尖端的强化学习只在游戏中起作用，因为在现实生活中，想达到这么高的重复次数是不可能的。在数字孪生环境中，你可以重复地在一个场景做同一个测试，而不会多次破坏系统，这样强化学习代理就可以找到获得奖励的新方法。在实践中，这可能意味着找到优化移动网络的新方法。

## 九、大数据

毫无疑问，大数据正变得越来越重要。但是，大数据的定义，目前还没有达成明确一致的描述。一般来说，大数据是指由数据源产生的大量结构化、半结构化和非结构化数据，需要花费大量的时间和金钱进行存储和分析，才能挖掘出巨大的价值。因此，对于数据本身来说，大数据是指常规数据工具在可容忍的时间内无法收集、存储、管理、共享、分析和计算的海量数据[17]。对于数据用户来说，他们更关注数据的价值，而不是庞大的数据量[18]。因此，大数据也被解释为从各种各样的、大量的数据中快速获取隐藏的价值和信息的能力。它超越了用户的一般处理能力。此外，大数据还可以通过以下特征来定义，即体积、变化、速度和价值，即 4Vs[19]。至于容量，它指数据规模非常大，从几 PB（1000 TB）到 ZB（10 亿 TB）。就多样性而言，这意味着数据的大小、内容、格式和应用都是多样化的。例如数据包括结构化数据（如数字、符号和表格）、半结构化数据（如树、图形和 XML 文档）和非结构化数据（如日志、音频、视频、文档和图像）[18]。速度意味着数据生成速度快，对数据处理的及时性要求高。面对海量数据，速度是企业的生命。对于价值而言，大数据的意义不在于量大，而在于价值巨大。如何通过强大的算法从海量数据中提取价值，是提高竞争力的关键。

在概念上，大数据的内容相对简单，强调数据中隐藏的规模和价值。为了从海量数据中提取价值，大数据使用了不同于传统数据的先进工具和算法[19]。然而，数字孪生有三个组成部分，其中数据是不可或缺的一部分。数字孪生更关心的是虚实的双重映射。从概念上看，虽然两者都涉及数据，但大数据在数据上比数字孪生更专业、更高效。因此，大数据可以为数字孪生服务。从应用的角度来看，大数据从设计到 MRO① 等产品生命周期的各个阶段都有应用，但与数字孪生相比，大数据在制造业的应用上，同全生命周期的各个不同阶段之间存在着障碍。由于设计、制造、维修人员等不一定来自同一家公司，某一阶段的数据有时只能在该阶段使用。考虑到利益和数据共享的安全性，它并不能完全实现产品全生命周期中数据的连续流动。与之相反，数字孪生可以收集、记录、积累和综合处理从产品设计到退役的所有数据。它不仅有利于产品的设计、制造、使用和 MRO，而且有助于下一代产品的开发。因此，数字孪生可以弥补大数据的不足，打破产品壁

① 是英文 Maintenance，Repair & Operations 的缩写，即维护、维修、运行。

垒。大数据和数字孪生共享一些关键技术，比如物联网。然而，大数据更关注数据相关技术，如云计算、数据清洗、数据挖掘和机器学习，数字孪生则更关注网络物理集成技术，如仿真、VR、AR 和 CPS（信息物理系统）。二者关键技术的结合将更有效地应用于产品全生命周期中。大数据和数字孪生都涉及大量的数据，但是侧重点不同，都有各自的优势。它们的优势是互补的，可以弥补彼此的不足。因此，它们具有相互合作的结合点[20]。

随着制造过程越来越复杂，传统的方法很难快速识别出制造过程中出现的问题。这些在智能制造中看得见或看不见的问题，都可以通过数据反映出来。大数据使制造业效率更高、洞察力更敏锐并且更加智能化。此外，数字孪生有助于实现制造计划与实施之间的关联和动态调整，促进故障预测、诊断和维修的数字化。虽然数字孪生和大数据有很多不同之处，但它们在未来的发展中起着互补的作用。大数据可以被视为数字孪生的重要组成部分。如果没有大数据，数码孪生的大部分功能将是空中楼阁；如果没有数字孪生，大数据分析和实际制造过程将无法并行。数字孪生和大数据的融合可以打破产品生命周期不同阶段之间的壁垒，缩短产品开发和验证周期。此外，以服务为导向的智能制造（Service-oriented Smart Manufacturing）和制造即服务（Manufacturing-as-a-Service，MaaS）的理念受到广泛关注。服务作为一种有效的手段，使得众多大型制造企业能够进行协作。因此，数字孪生、大数据和服务可以联合起来推动智能制造[20]。

大数据技术与数字孪生融合应用将有效推动数字孪生的进一步应用以及数字经济的发展。

## 十、VR、AR 及 MR

VR、AR 及 MR 等技术近几年发展迅速，作为数字孪生体呈现和交互的最佳方式，其在数字孪生应用中具有重要应用价值。

VR 是利用现实生活中的数据，通过计算机技术产生的电子信号，将其与各种输出设备结合使其转化为能够让人们感受到的现象，这些现象可以是现实中真真切切的物体，也可以是我们肉眼所看不到的物质，通过三维模型表现出来。这些现象不是直接就能看到的，而是通过计算机技术模拟出来的。

虚拟现实技术是 20 世纪末逐渐兴起的一项综合性信息技术，融合了数字图像处理、计算机图形学、人工智能、多媒体、传感器、网络以及并行处理等多个信息技术分支的最新发展成果。VR 技术的演变发展历程大体上可以分为以下几个阶段。1963 年以前，为蕴含 VR 技术的第一阶段；1963—1972 年，为虚拟现实技术的萌芽阶段；1973—1989 年，为虚拟现实技术概念和理论产生的初步阶段；1990—2004 年，为虚拟现实技术理论的完善和应用阶段。2013 年至今，互联网普及、计算能力、3D 建模等领域的进步大幅提升了 VR 体验，虚拟现实商业化有望得以实现。相比于 20 世纪八九十年代，显示器分辨率提升、显卡渲染效果和 3D 实时建模能力等原有技术的快速提升带来了 VR 设备的轻量化、便捷化和精细化，从而大幅提升了 VR 设备的体验。

虚拟现实技术利用计算机生成逼真的三维视、听、嗅觉，参与者通过适当装置，自然地对虚拟世界进行体验和交互作用。使用者进行位置移动时，计算机可以立即进行复杂运算，将精确的 3D 世界影像传回，从而使用户产生临场感。

用户可以在 VR 世界体验到极真实的感受，其模拟环境的真实性与现实世界难辨真假，让人有种身临其境的感觉。超强的仿真系统，真正地实现了人机交互，使用户在操作过程中，可以随意操作并且得到极真实的反馈。正是虚拟现实技术的存在性、多感知性、交互性等特征使它受到了许多人的喜爱[21]。

AR 是一种真实世界环境的交互式体验，真实世界中的对象因通过计算机生成的可感知信息而增强，有时跨越多种感官模式，包括视觉、听觉、触觉，体感和嗅觉。增强现实可以定义为一个包含三个基本特征的系统：真实世界和虚拟世界的结合、实时交互，以及虚拟和真实物体的精确关联。叠加的感官信息可以是构造性的（添加到自然环境中），或者说是破坏性的（遮蔽自然环境）。这种体验与物理世界无缝地交织在一起，因此被视为真实环境的一个沉浸式状态。AR 技术改变了人们对真实世界环境的持续感知。

MR 技术是 VR 技术的进一步延伸发展，该技术通过在虚拟环境中引入现实场景信息，在虚拟世界、现实世界和用户之间搭起个交互反馈的信息回路，以增强用户体验的真实感。混合现实是一组技术组合，不仅提供新的观看方法，还提供新的输入方法，而且所有方法相互结合，从而推动创新。

无论是虚拟现实、增强现实还是混合现实，在数字孪生体的各个场景中都有巨大的应用潜力。人类通过屏幕与数字世界交互，不仅不直观、不真实，而且交互程度受到巨大限制。这三种技术提供的深度沉浸的交互方式让人类与数字世界的交互方式与物理世界的交互方式相近，使数字化的世界在感官和操作体验上更加接近物理世界，让“孪生”

一词变得更为精妙。但在数字世界中，人类又具有“超人”般的特异功能，可以无限驾驭数字世界，例如穿墙而过、隔空取物、时空穿越、变换大小等，将数字孪生技术的应用推向极致[5]。

## 参考文献

[1] 潘小青，刘庆成．气体传感器及其发展［J］．东华理工学院学报，2004，(1)：89 -93.

[2] A. R. 杰哈．红外技术应用：光电、光子器件及传感器［M］．张孝霖，等译．北京：化学工业出版社，2004.

[3] 向丽．4G 通信工程技术要点分析［J］．电子世界，2014（12)：165.

[4] NORDRUM A，CLARK K. Everything you need to know about 5G［EB/OL］．(2017 - 01 - 27)［2021 - 05 - 31］．https：//spectrum. ieee. org/video/telecom/wireless/everything - you - need - to - know - about - 5g.

[5] 安世亚太．《数字孪生体技术白皮书（2019)》重磅发布［EB/OL］．(2019 -12 -30)［2021 -05 -31］．http：//peraglobal. com/content/details_155_20653. html.

[6] 数字化从业笔记．了解 MBSE，这一篇文章就够了［EB/OL］．(2019 - 09 -11)［2021 -05 -31］．http：//www. uml. org. cn/modeler/20190911. asp.

[7] 中国电子信息产业发展研究院．智能制造术语解读［M］．北京：电子工业出版社，2018.

[8] SCHULUSE M，ATORF L，ROSSMANN J. Experimentable digital twins for model-based systems engineering and simulation-based development［C］//2017 Annual IEEE International Systems Conference (SysCon).

IEEE，2017.

[9] MADNI A ，MADNI C ，LUCERO S . Leveraging digital twin technology in model-based systems engineering [J]. Systems，2019，7 (1).

[10] 高国栋，蒋栋. GIS 技术研究及其发展趋势 [J]. 信息系统工程，2010，000 (004)：58 – 59.

[11] 臻图信息. GIS 基于智慧城市建设的作用 [EB/OL]. (2020 – 04 – 10) [2021 – 05 – 31]. http：//www. ztmapinfo. com/blog/index. php/article/96. html.

[12] 刘陈，景兴红，董钢. 浅谈物联网的技术特点及其广泛应用 [J]. 科学咨询（科技·管理），2011 (9)：86 – 86.

[13] 孙其博，刘杰，黎羴，等. 物联网：概念、架构与关键技术研究综述 [J]. 北京邮电大学学报，2010，33 (3)：1 – 9.

[14] SCHLUSE M，ROSSMAN J. From simulation to experimentable digital twins：simulation-based developmentand operation of complex technical systems [C] // IEEE International Symposium on Systems Engineering (ISSE)，2016.

[15] 中国区块链技术和产业发展论坛. 中国区块链技术和应用发展白皮书 [EB/OL]. (2016 – 10 – 18) [2021 – 05 – 31]. https：//wenku. baidu. com/view/7d7ab73fo9a1284ac850ad02de80d4d8d05a01f4. html.

[16] HUANG S，WANG G，YAN Y，et al. Blockchain-based data management for digital twin of product [J]. Journal of manufacturing systems，2020，54：361 – 371.

[17] YAQOOB I，SALAH K，UDDIN M，et al. Blockchain for digital twins：recent advances and future research challenges [J]. IEEE network，2020.

[18] MANYIKA J, CHUI M, BROWN B, et al. Big data: the next frontier for innovation competition and productivity [EB/OL]. (2011 - 05 -01) [2021 - 05 -31]. https://www.mckinsey.com/business - functions/digital - mckinsey/our - insights/big - data - the - next - frontier - for - innovation.

[19] GANDOMI A, HAIDER M. Beyond the hype: big data concepts methods and analytics [J]. International journal of information management, 2015, 35 (2): 137 -144.

[20] BABICEANU R F, SEKER R, Big data and virtualization for manufacturing cyber - physical systems: A survey of the current status and future outlook [J]. Computers in Industry, 2016, 81: 128 -137.

[21] 石宇航. 浅谈虚拟现实的发展现状及应用 [J]. 中文信息, 2019, 000 (001): 20.

# 第七章／数字孪生产业协同体系

“她只是向导，尼奥。”

“She is a guide, Neo.”

——《黑客帝国》1:10:07

## 第一节
## 概　述

数字孪生是跨学科、跨领域、跨技术的集大成的创新技术，其应用范围几乎涵盖了现有的各行各业，包括工业制造、航空航天、国防、材料、冶金、机械、建筑、能源、医疗、交通、教育、文旅、经济等。因而，跨学科、跨领域的紧密交流、合作和协同是必不可少的。即使是在同一个产业领域，比如在工业制造领域，产业链上中下游的企业及机构，其合作和协同也是必不可少的，因为数字孪生涉及产品和生产的全生命周期管理和全流程管理，需要各方的参与，任何环节的缺失，都会导致数据不完整，影响物理实体与其对应的数字孪生体的完全映射和精确描述，进而影响对应的分析、预测、决策及行动。因此，需要构建系统、高效的数字孪生产业协同体系，促进整个产业的生态构建和协同发展。

然而，理想很丰满，现实却很骨感。全世界由农耕文明进入工业文明的进程，一共才几百年，而由工业文明过渡到科技文明才短短几十年。在航空航天及国防领域，一个国家可以聚全国之力，集合顶级的行业资源、专家及技术，打破行业壁垒，进行科技攻关及研发应用。这也是为什么美国能率先在航天领域探索出航天飞机的数字孪生体，中国能够登月和探索火星。然而在其他领域，比如工业制造领域，很多企业还停留在最传统的生产阶段，产、供、销脱节，供应链管理缺失，行业各自为政，壁垒森严，一些行业协会沦为人脉圈层，并没有起到行业协同的作用。

工业界和学术界的脱节也是一个比较严重的问题。企业注重的是生产管理和企业效益，很难在基础研发和核心技术研发方面做出重大投入，也很难建立相应的科研人才体系，像华为这样在研发方面做出重大投入的企业屈指可数。而学术界擅长的是学科理论、基础和创新技术的研究，但很难花大力气将研究或原型技术产品化和市场化。企业对市场非常敏感，面临的是一线实际生产运营中的挑战和难题，而学术界注重的则是相对长期和远期的一些研究课题。因此，企业的生产实践需求和高校、科研机构的研究在一定程度上是脱节的，即使有与生产实践需求相对匹配的原型技术，也不能立刻应用到生产实践中，企业还需要在结合市场需求后，再花精力将其转化为能应用的技术或产品。产学研结合一直是国家在推动的创新协同方式，行业也有迫切的需求，尤其是在数字孪生领域，学科和基础理论亟待建设，产业对新兴技术的依赖和需求非常强烈，核心技术研发必不可少，人才缺口、人才培养更是行业发展的瓶颈。然而仅仅依赖产业界和学术界建立某种形式的连接，或是达成一定程度的合作是不够的。在数字孪生领域，需要新形式的、紧密的产学研用协作和协同模式，基础研发和产业应用需要相辅相成、循环驱动，才有助于实现快速迭代，持续创新。此外，还需要政策、市场及资本的赋能和驱动，政府、企业、高校、科研机构、金融及投资机构都需要参与其中，形成联合运营体，才能形成短期突破、长期发展的产业格局和生态。

为实现数字孪生领域的产业协同，需要建立完整的学科体系和基础研究体系。对行业的理念、术语、专业方向、系统架构、产业应用、标准实践等进行系统、完整的定义，统一对数字孪生领域的理解与认知。值得一提的是，数据和模型是数字孪生最重要的构成部分和核心资产。在一个行业中，要想实现产业协同，需要对相关数据、模型、连接与集成、服务等建立参考和标准，才能实现模型间、数据间，以及模型与数据之间的集成，打通“数据孤岛”，实现协同一致，如图 7－1 所示。

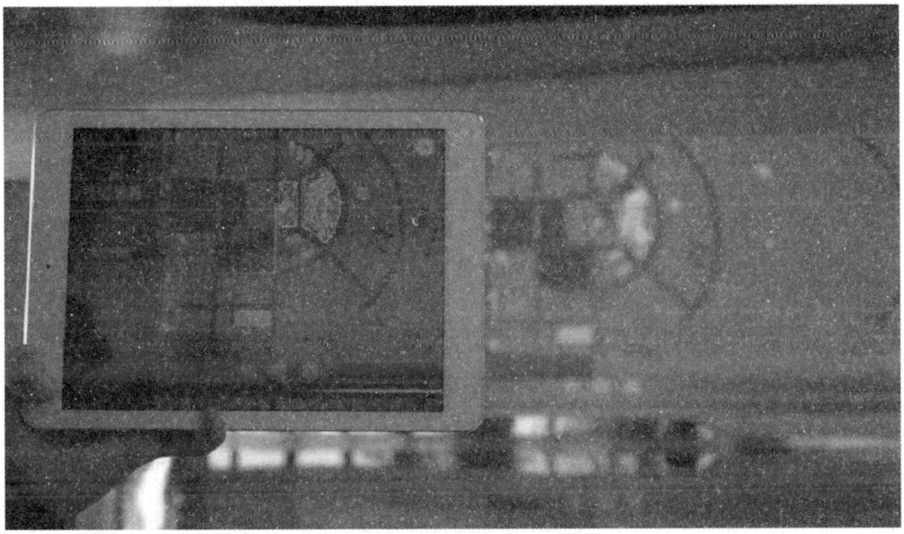

图 7－1　打破数据及模型孤岛

数字孪生与大数据、云计算、5G 等新兴技术不同，甚至与人工智能和物联网这两个第四次工业革命的通用目的技术也不同，其他技术在 ISO、IEC 或 ITU 都有专门的（联合）工作组负责相关技术的标准化工作，而数字孪生却吸引了包括以上组织的多个国际组织的联合技术委员会、技术委员会和分委会的关注，他们分别从各自领域、各个层面出发，成立了多个数字孪生体相关的工作组。北京航空航天大学联合电子四院等国内十二家单位联合发表《数字孪生标准体系探究》，提出数字孪生标准体系框架和结构。该标准体系主要由数字孪生基础共性标准，关键技术标准，工具、平台标准，测评标准，安全标准，行业应用标准六部分构成，为数字孪生标准研究与制定提供了很好的基础和参考。

为实现数字孪生在一个行业领域的共享和协同，还需要搭建通用的设计和开发平台，如图 7 - 2 所示。这样才能集中全行业的力量，共同建设模型、数据、系统及平台，降低行业的综合成本，实现行业的快速创新和迭代。国际知名企业如 GE、波音、西门子、ANSYS、Unity（游戏引擎）等公司经过多年的实践经验和教训积累，逐步构建了全球的设计、研发、供应链、仿真、数字创意等开放共享的协同平台，将标准、产品设计、研发及制造过程、建模及仿真工具等以在线服务和社区共建的方式开放出来，形成全行业的协同。随着数字孪生各项新兴技术的迅猛发展，以及对社会各行业、各领域的迅速渗透，数字孪生需要更大范围、更大规模、更加开放的跨领域协同创新的平台和模式，才能整体提高效率，节省成本，支撑行业突破创新，实现融合发展。

通过总结数字孪生的产业协同需求，借鉴行业及国际巨头的实践经验，我们提出一种新形式的产业协同创新模式，即结合国家和地方宏观政策及产业政策支持，构建既开放又闭合的新型架构体系和运营方式，将基础科研人员、行业一线专家、数字孪生各领域的企业这三类关键基因角色在同一个架构内组织起来，建立同步的认知，形成一个完整的产业生态团队，同时在行业层面建立广泛地合作和共享，共同攻关关键核心技术，实现行业成果的有效转化，产业应用的实践和示范，以及市场的教育和拓展，真正将政、产、学、研、用有机结合起来。

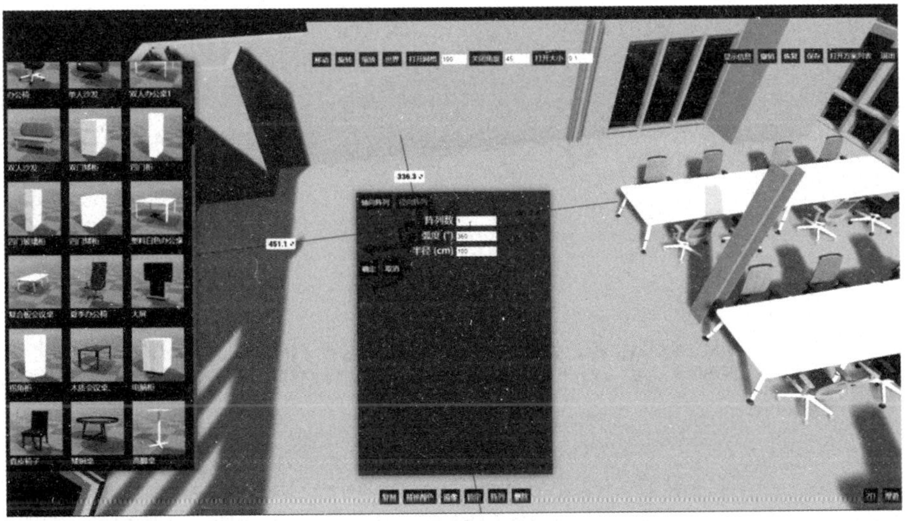

图7－2　通用设计及开发平台

这种新型架构体系和运营方式，具备以下几个方面的优势。

（1）集研究、创新、孵化、成果转化于一体，形成循环相生的产业格局。

（2）助力国家及地方政府掌握自主可控的数字孪生核心技术，制定具备针对性的专项产业政策和扶持政策。

（3）将基础科学融入数字孪生产业，形成跨学科、跨领域、跨行业技术的攻关合力，输出研究成果至产业第一线，解决行业实际痛点和问题，形成实际的产值和效益。

（4）科研机构及院校、新兴科技公司、传统行业企业三位一体，建立合作共赢机制，共建可持续的商业生态，共享新科技带来的红利。

（5）赋能院校及科研机构，为好的科研机构及科研成果找到适合的行业应用价值及方向。

（6）发挥研发机构的核心科研能力，支撑不具备基础科学科研能力的新兴科技创业公司，赋能传统行业头部企事业单位，加速完成数字化转型。

（7）整体为中国的数字经济、数字政府、数字城市建设进程提速。

## 第二节
## 数字孪生产业协同双循环[①]体系

“你相信命运吗，尼奥?”

“不信。”

“为什么不信?”

“因为我不喜欢对自己的生活失去控制。”

“Do you believe in fate, Neo?”

“No.”

“Why not?”

“Because I don’t like the idea that I’m not in control of my life.”

——《黑客帝国》26:49

这里的双循环体系是指构建集核心基础研发、科技创新，以及行业知识产权和成果转化应用三位一体的内循环模式同外部协同科技创新及

① 2020年5月14日，中共中央政治局常委会会议首次提出“深化供给侧改革，充分发挥我国超大规模市场优势和内需潜力，构建国内国际双循环相促进的新发展格局”。此处的双循环与新发展格局的国内循环、国外循环不同，特指数字孪生领域。

产业成果转化的外循环模式有机结合、互为驱动的新型协同创新模式。数字孪生产业协同双循环体系如图 7 – 3 所示。

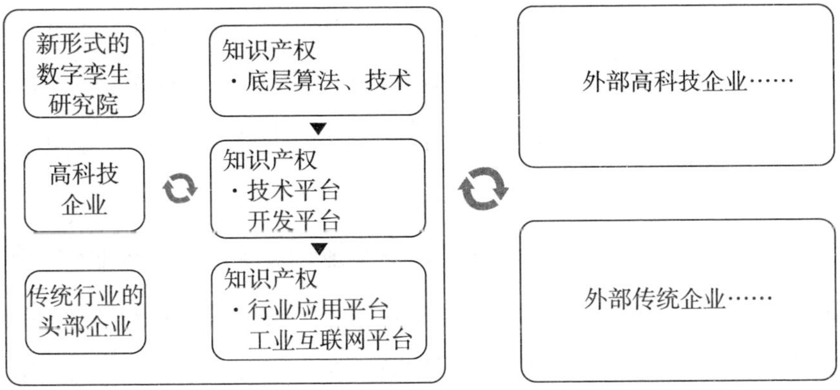


**图 7 –3　数字孪生产业协同双循环体系**

## 一、内循环

以新形式的数字孪生研究院（以下简称研究院）为主体，结合高科技企业，以及传统行业的头部企业，形成三位一体、紧密结合的科研攻关及产业转化内循环模式。以“发展数字经济、建设数字中国”战略为导向，在数字孪生领域促进多种技术有机融合，攻克创新应用的难关，形成国产自主的核心知识成果、技术和产品，打造服务数字孪生领域的基础技术以及工程应用技术研发的一体化开放创新平台，聚集和培养行业优秀人才和资源，引领国内外数字孪生领域的技术、产品及应用创新，支撑中国数字经济的创新发展，加速数字中国的建设进程。

研究院的主要职能是学科建设、研发创新、人才培养、产业孵化和成果输出。在学科建设方面，数字孪生研究院应与高校、科研机构，尤其是与其中的院士、专家、教授形成紧密合作，依托他们的专业能力，将数字孪生构建和打造为一门系统性的学科，并围绕学科的各个方向做基础的研发和创新，形成标准、专利、成果及开放平台。依托科技企业及传统企业紧密合作的内循环及外循环模式，以市场化的运行管理机制对成果进行转化，融合核心技术突破和创新应用攻关，带动产业创新价值，形成数字孪生在全国乃至全球范围内的研发和应用示范，促进工业和产业创新发展，推动中国的数字化建设进程。

研究院还是融合创新型人才的培养基地，传统高校及企业的培养体系，主要是培养单学科的科研及应用人才，学生或员工很难将所学内容应用于各个行业及领域，难以融会贯通，在实际应用场景的驱动方面也比较薄弱。研究院则是需求驱动、创新驱动、产业驱动、学科交叉、理论结合实践的培养模式，还可以与高校共建硕士、博士点，通过科研、培训、技术交流、项目实践等方式让每个学员都能学到新知识、新技能、新经验，并带来技术上、素质上、品德上的提高，成为国家数字建设和“新基建”的核心攻关力量。

研究院还可设立创新中心和孵化中心，结合核心技术的研发以及创新型人才的培养，在数字孪生基础技术、模型、算法、仿真、服务平台以及产业应用方面形成创新性、探索性的原型或成果。创新中心一定要具备一定的前瞻性和突破性，敢于打破常规，敢于想象，甚至是异想天开。创新性的想法可能非常不成熟，不被众人所认同，甚至不少人觉得是荒谬可笑的。但要敢于去尝试，允许自己去尝试。数字孪生技术的未来是一片广阔的天地，一定有创新发挥的空间。

一旦形成了基础的创新设想和原型，就需要与产业、行业和资本相结合，对其进行孵化，让创新的幼苗茁壮成长。我们需要有优秀的平台和机制来进行创新、孵化及成果推广转化，形成巨大的产业价值。

在内循环模式中，与研究院紧密合作的高科技企业负责高新技术的攻关及突破，包括新一代信息技术如物联网、移动互联网、云计算、大数据、区块链、人工智能、VR、AR、3D打印、数字化建模、仿真等，为研究院提供强有力的技术支撑。同时，研究院所形成的知识成果及基础技术也可以输出给中小科技创新企业，为其提供技术及产品创新需求及动能。这种合作可以解决传统的基础研究与产品研究、市场化的脱节状况，形成基础研究与产品转化的有效循环。

内循环中的头部企业，可以为研究院的基础研究，以及科技企业的产品开发提供一线的需求和反馈，为企业解决实际的瓶颈和困难，帮助企业实现数字化转型。这样可以做到有的放矢，使研究和开发更加精准，目的更加明确，不会将研究封闭在象牙塔里，使之难以发挥作用。这样做，还可以给企业带来实际的效益和产值，解决企业在核心研发投入方面的困境和难题。相应地，研究院和科技企业所形成的成果、技术和产品，因为其通用性、基础性及明确的需求导向性，更加适应市场，成熟度更高，可以直接应用于这些传统企业的生产、制造和经营中，完成成果转化，实现经济效益。这同样助力了研究院和科技企业快速发展和成长，最终形成共生共长、互相促进的内循环模式。

## 二、外循环

内循环模式中的科技企业及传统头部企业，与数字孪生研究院形成的是自成一体的紧密合作模式，在很多情况下会成立联合中心、联合实体实现利益绑定，互惠互利，其成果转化也会形成很好的示范和引领作用，在行业内可以形成突破性的、小规模的创新应用。这些联合的知识产权和成果，同样可以开放给外部的广大科技企业及传统企业，也可以吸引政府和社会进行投融资运作，这样就形成了更加开放的、更大规模的外循环模式。数字孪生研究院甚至可以设立市场推广中心及产业应用中心，来推动对应的产业合作。

外循环模式在很多情形下与内循环模式的运作是非常相近的，包括需求、研发、成果转化、人才培养等，只是合作的模式更加开放和多样，合作的形式相对松散一些。外部的合作企业，在条件具备的情况下，也可以进入内循环，形成更深层次、更加定向的合作。但数字孪生研究院面向外循环所输出的成果、技术和产品，需要具有标准化、通用化的特点，更加稳定成熟，这样才能满足行业广泛的需求和大规模的应用，这个过程可以在内循环中得到验证和发展。同样，在构建产业协同平台时，需要更加开放，面向更全面、更完整的产业链，整合更多的行业资源，才能形成行业影响力，发挥行业价值。

依托数字孪生研究院建设和产业协同双循环体系，可以有效聚合行业资源和科技资源，推动数字孪生行业技术变革提升，加强行业基础技术和应用研发能力，形成具有自主知识产权的核心技术、产品及平台，直接或间接创造千百亿体量的经济效益。通过产学研用一体化形式，培养和聚集大量融合型、跨学科人才，使之成为数字孪生行业发展的骨干力量。通过集成创新、成果转化、标准制定、示范应用、规模推广等方式，带动数字孪生整个产业链的发展和进步。

# 第三节
# 核心研发

"你的能力不受时空的限制。"

"You are looking at the world without time."

——《黑客帝国2：重装上阵》45:20

数字孪生产业协同体系的基础是核心技术的研发。依托数字孪生研究院需要形成国产自主可控的核心基础技术、平台技术以及重点产业应用示范。

数字孪生涉及的技术领域非常广泛，在前面的技术章节已经做过详细介绍。就基础技术而言，需要在工业设计、制造、控制及管理的硬件及软件、物联网芯片、GPU图形处理器、人工智能芯片、操作系统、存储、数据库、云计算、大数据、区块链、人工智能、5G及通信、VR、AR、数字设计、建模、仿真、交互、可视化、安全等领域形成全技术栈的国产自主创新，以及跨科学、跨领域的融合技术创新。

结合数字孪生跨领域的特点，还有一些重点的融合技术创新方向值得关注。

（1）跟异构数据信息相关的传感、采集、传输、融合、存储等相关技术，以及结合端侧、边缘侧以及云端实时协同执行数据分析和数据挖掘的技术。

（2）基于区块链的可信数据采集、溯源、协同、运营技术，可以实现区块链与物联网及产业链的有机结合。

（3）空间物理实体的外形、内部结构、约束和控制算法等全数字化的建模及仿真相关算法。

（4）新一代数字孪生人机交互技术，包括 AR、VR、MR、沉浸式体验、体感互动、可穿戴设备、智能机器人等。

（5）以 BIM、GIS、IoT 等技术为研究基础，有效构建三维数字空间的城市信息有机综合体的 CIM。

在平台技术方面，可以构建开放的在线展示、交互、设计、研发、制造、监控、运营维护、培训、分析挖掘、仿真等各类协作平台，充分发挥产业协作优势。具体如下。

（1）提供设备、资产管理，数据收集，存储，处理和集成的开放式 IoT 平台。

（2）对人员、空间和设备之间的关系和交互进行实时建模的平台。

（3）集成产品特点、行为的展现、建模、模拟和可视化平台。

（4）实现从概念设计、生产制造直至交付使用、废弃回收的产品全生命周期的数字化创新平台。

（5）各领域的建模、仿真、可视化、数据管理、供应链管理一体化平台。

（6）工业物联网与智能数字仿真模型有机结合的平台，能够帮助企业进行日常维护，实现优化运营。

（7）仪器、设备在线可视化、交互培训平台。

（8）结合“GIS + BIM”的在线可视化监控运营平台。

在工业、能源、建筑、文创、交通、医疗、数字城市等重点产业领域构建一体化的数字孪生示范体系，再基于示范形成行业深化和推广。

在核心技术研发方面，需要有效地协调好基础研发、科技攻关以及产业驱动三者的关系，建立先进的研发管理体系和流程，充分利用已有的基础和资源，制订清晰可行的战略规划和发展计划，做好可行性研究、技术论证、市场调查、市场预测，深入结合产业实践，攻克关键技术及行业难点，形成国际先进、国内领先的成果、标准、技术及产品。在此基础上，再利用外部更为广阔的资源，进行产业整合和协调，并形成规模化的实践和应用。

## 第四节 成果转化

“因为我们都知道，如果没有了目的，我们就不会存在。是目的造就了我们；目的联系着我们；目的牵引着我们；指引着我们；推动着我们。目的确认我们的存在，目的约束着我们。”

“Because as we both know, without purpose, we would not exist. —It is purpose that created us. Purpose that connects us. Purpose that pulls us. That guides us. That drives us. It is purpose that defines. Purpose that binds us.”

——《黑客帝国 2：重装上阵》49:26

成果转化是体系中非常重要的一环。核心技术的研发，必须形成有效的成果转化，生成市场化的产品，产生市场化的效益，最好是产生规模化的上市企业，才能实现学术与产业、研发与应用的良性循环，使研究院实现自我造血功能，得到长期、持续地发展。

基于研究院体系的成果转化，其实具备其原生的优势。传统的转化模式中所有方、转化方和应用方各自为政，很难达成协同，往往需要依赖一个第三方中介机构进行成果的搜寻和聚合，因而供需双方的匹配度是比较低的。而此体系的架构，本身就是为了促进产业协同的。因此，很多成果的研发都是基于企业的需求驱动而立项，具备很好的精准性和适配度，可以直接产生转化效益。在数字孪生领域已有的或是新研发的成果，在整个产业生态链中，也比较容易找到适用的企业及场景，只要进行一定的定制和适配，就能马上付诸应用。在体系中，所研发的科技成果，还能够直接赋能中小科技创业公司，作为其技术及产品原型，或者是关键突破性技术，以形成产业化、市场化的产品，使自身具备比较强的竞争力。

数字孪生研究院的成果转化方法和模式，可以通过与相关的行业和企业，通过技术合作、技术入股等方式，单独或联合成立产业化公司。这种方式，可以通过团队提成、奖励、团队期权或持股等方式充分激励团队成员，调动其积极性，避免人才流失和恶性竞争。还可以与行业企业成立联合实验室，进行定向的技术攻关和产业实践，再进行市场化的推广与拓展。对一些小型或者短期的技术攻关项目，也可以采取咨询或者项目合作的形式，进行浅层次的合作。在此过程中，还可以借助政府政策和资本的力量，形成更为有效的转化方式。国家和地方政府可以根据数字孪生产业的发展侧重，对相关产业进行重点立项，来有计划地扶持和资助对应领域的成果研发和转化。而数字孪生研究院配套的产业基金，或是行业的合作资本，可以对特定领域的成果转化和应用进行投资和资本注入，最终实现“政策+产业+资本”的联动，打通“研发+转化+应用”的闭环，快速促进相关成果的落地和应用，实现价值转换。

## 第五节 产业协同

“事情就是这样，只要不出事，没人会去管它。”

“That's how it is with people. Nobody cares how it works as long as it works.”

——《黑客帝国2：重装上阵》33:18

产业协同，一方面体现在前述的模式及成果转化过程中“政、产、学、研、用”的有效联动，另一方面体现在产业上中下游全链条的产业协同、供应链协同，以及产品全生命周期的协同，具体表现在产业的协同平台构建上。

构建软硬一体，集成数字孪生全产业链的基础支撑和开放协同平台，并在各个领域形成技术突破和创新应用示范，依托全社会的力量进行深化和推广，最终在广大的应用领域内提高生产及制造效率，节约设计、制造、运行维护及人力成本，提升全产业的数字化、自动化和智能化水平，加速国家的数字经济建设，并培养一大批跨学科的新兴产业人才。

在产业协同方面，过去几十年间，一些工业巨头已经针对自身的产业链、产品以及服务对象搭建了全球性的协作平台。波音搭建了全球协同环境（GCE），实施强有力的顶层规划和数据协同控制，避免可能出现的数据一致性问题，成功实践了全球协同制造模式。波音的“梦幻飞机”B787正是从头开始全面实践基于全球供应链的复杂协同研制模式的型号，实现了80%设计、制造工作向扩展企业的转移。正是这一协同制造模式的巨大变革，使原来集中式产品研制团队，逐渐演变为基于网络的分布式研制团队，即产品设计协同团队不用再集中在一地，而是分布在世界各地，实现全数字化网络协同设计制造，从而大大提升效率，节省成本[1]。

德国西门子公司建立了全球协同研发体系WTS（全球技术标准平台），配合其国际化运作，以适应在世界各地建立大批生产基地、研发中心的需要。通过整合全球的研发资源，优化研发流程，其产品在世界各地始终保持纯正的德国品质，这是西门子在世界各地得以保持产品竞争力的关键[2]。

美的集团旗下的美云智数的MIoT. VC（工业仿真软件）提供了基于数字孪生的虚拟调试解决方案。其组件库包括1400多个机器人组件，内置KUKA（库卡公司）、ABB（全球电力和自动化技术领域的领导企业）、安川、川崎等各主流机器人协议。MIoT. VC具有以下优势：一是可以通过图形示教，快速进行机器人姿态设计、运动路径干涉检查和姿态合理性分析；二是支持机器人姿态和轨迹的离线编程与虚拟调试，与现场设备的实时联机；三是支持喷涂、焊接等机器人动作示教、离线编程及虚拟调试[3]。

因为数字孪生的跨学科、跨领域、跨行业特性，加上产品的设计、生产、制造、监控、维保所涉及的环节众多，技术涵盖面更是无所不包，因此仅仅依赖单一的国家、企业、组织或是行业共同体，来应对整个产业的挑战，实现关键性突破，推动产业的横向及纵深发展是不现实的。即使是这些工业巨头花费巨资打造的产业协同平台，其应用范围和支持的功能也是有限的。因此，数字孪生的产业协同会朝着更加开放、广阔的协作，更为纵深的领域以及更加细致的服务方向发展。当然，在这一过程中，也必将面临更大的挑战。

## 第六节 开放共享体系

> “我只对一件事情感兴趣，尼奥，那就是未来。”
>
> “I'm interested in one thing, Neo: the future.”
>
> ——《黑客帝国 2：重装上阵》43:02

数字孪生最早应用在航空航天、国防技术等领域，后来才逐步应用到工业领域及其他领域。早期只有发达国家和大型企业才能承担其高昂的研发费用，整个开发周期也相当耗时耗力。时至今日，一些大型仪器、设备的数字化模型，以及高精度的行业仿真模型和算法，所需投入的成本依旧不是普通企业所能承担的。构建前文所述的大型产业协同软件及平台，还是行业巨头的“专利”。然而现今几乎所有的企业，都希望建设数字孪生模型，对设备和资产进行实时地跟踪和监控，实现智能化的生产管理，对产品和供应链进行全周期的管理。如果每家企业都单独投资建设数字孪生模型，势必会造成巨大的重复投资和浪费，也会给企业带来不必要的负担。

数字孪生可以通过共享模式，实现平台、服务、数据、模型、算法、行业实践及经验的共享。在移动通信领域，手机操作系统——安卓系统，依靠开源合作的体系，迅速在全球取得了成功，超越了 iOS 系统的市场占有量，把不少由以前的通信行业巨头所开发的操作系统斩于马下。在数字孪生领域，平台及服务的共享模式，随着互联网及移动互联网的迅速发展，在很多行业都得到了普及。而数据、模型及算法的开放和共享，还在探索过程中。

在设备、仪器的模型的共享方面，由于同类设备的数字孪生在很大程度上具有可复用性，因此可以在同类设备的使用群体内，为多个企业所共享，极大地降低投入成本及时间。当使用某一数字孪生模型的用户达到一定规模时，其开发成本就可以摊薄，使用者按使用效果付费，投资的回收周期短，开发者能够较快看见效益，这样模型设计和制作公司也就愿意进行总体的投入。数字孪生模型的共享在于用户不仅得到了数字化、智能化的产品呈现，更重要的是可以为制造商、经销商和终端客户等整个产业链上的用户提供他们密切关心的核心数据和价值。当前也有很多的协同平台，允许用户共建共享数字化模型，可以化整为零地共建一些大型复杂仪器的数字孪生体，有些相对简单的模型甚至是完全免费的，这也极大地促进了数字孪生技术在很多行业的普及应用。

但是，在很多行业中，比如智能建筑领域，我们需要将不同制造商、不同接口和协议的实体相结合，比如将环境传感器、空调控制、照明及节能、安全防护等设备构建成 BIM 模型时，问题就复杂了。如果要建设一个通用的数字孪生平台，将所有设备构建成整个建筑的数字化模型，其统一性难以得到保障，专门为每个设备定制也是不切实际的。

这个问题的解决可以依靠数字孪生行业联盟以及其他标准组织，就像ITU（国际电信联盟）和工信部为全球不同手机制造商制定移动入网许可标准一样，通过为不同公司生产的传感器及设备创建开源标准、协议及接口的体系，就能跨越不同的垂直领域，实现创建更大、更复杂的数字孪生应用。

某些模型及算法，还存在专利及知识产权保护的问题，常规的共享机制不一定适用，也不一定能面向所有的用户开放。但是在保障其权利的基础上，还是可以进行一定程度的共享的。数据和模型是数字化企业的核心资产，尤其是数据，涉及企业生产经营各个环节的关键，特别是敏感和隐私的信息，其开放和共享需要更加系统的技术加商业运营模式，使之既能够形成对企业核心数据资产的保护，又能够发挥数据的共享协同作用，发掘数据的无限潜力和价值。这里面首先需要解决数据的权属问题，确定了数据相应的权属，就能够对数据进行授权访问、交换及交易，同时应按市场化原则、商业化方式有偿共享，建立数据的评估、定价及分润机制，才能实现数据在产业链的价值流转和分配。

数字孪生的全产业协同，依赖于产业的标准、协议和接口的制定，以及产业的有价值信息的开放及共享。也只有基于开放和共享的基础，才能合众人之力，集众人之智，发挥各自所长，突破行业壁垒，实现跨行业、跨领域整合。只有协同创新，协同发展，才能实现产业的无缝协作，共建数字孪生的美好未来。

# 第七节
# 政策与金融支持

"什么是'控制'?"

"我们随时可以把这些机器关掉。"

"What is control?"

"If we wanted, we could shut these machines down."

——《黑客帝国2：重装上阵》33:09

## 一、政策支持

数字孪生起源于美国政府对航空航天科技的支持，也对推动智能制造、工业互联网的产业发展起到了巨大的作用。当前，数字孪生正以前所未有的速度渗透到社会的各行各业。行业的内生发展和驱动固然重要，然而政府的产业决策和政策支持同样对数字孪生的发展起着关键的作用。数字孪生还是一个很年轻的新兴技术，我国关于数字孪生领域的针对性的政策还比较少，但与其涵盖领域相关的政策却不在少数，包括"互联网+先进制造业"、工业互联网、"新基建"、集成电路与软件产业。自2020年起，数字孪生产业逐步得到国家的重视。2020年4月，国家发改委、中共中央网络安全和信息化委员会办公室印发《关于推进"上云用数赋智"行动，培育新经济发展实施方案》，将数字孪生提到了与大数据、人工智能、5G等并列的高度，专门开辟章节论及"开展数字孪生创新计划”，要求“引导各方参与提出数字孪生的解决方案”；9 月，国务院国有资产监督管理委员会下发《关于加快推进国有企业数字化转型工作的通知》，要求国有企业在数字化转型工作中，加快推进数字孪生、北斗通信等技术的应用。11 月，在商务部、科学技术部、工信部、国家发改委等部委和深圳市人民政府共同举办的中国国际高新技术成果交易会现场，发布了由工信部中国电子技术标准化研究院牵头编写的 2020 年《数字孪生白皮书》，标志着数字孪生产业的政策支持不断升温。

《河北雄安新区规划纲要》提出数字城市与现实城市同步规划、同步建设的发展模式，打造展现多维城市空间的数字平台。上海市发布的《关于进一步加快智慧城市建设的若干意见》也提出探索建设数字孪生城市，数字化模拟城市全要素生态资源，构建城市智能运行的数字底座。北京市海淀区提出将陆续实施城市大脑建设，结合城市规划、建设、运营搭建海淀区的数字孪生城市时空数据图。浙江省、贵阳市、重庆市等也都明确提出了数字孪生的建设需求，地方政策纷纷出台。

随着数字孪生产业学科的建设与发展，以及来自更多领域和行业的关注和深度应用，会有更多国家及地方的相关产业政策出台实施，一些省市也把工业互联网及数字孪生作为重点发展的产业，结合前述的模式和体系，可以形成更多针对性的专项政策和地方政策，支持和发展数字孪生产业的科研及产业落地。主要的支持方式及方法有：

（1）支持数字孪生相关的国家实验室、创新中心、研究院的设立，鼓励设立院士工作站及博士后流动站，设立专项的建设经费及运营经费支持；

（2）注重专家智库建设，聘请全国优秀的数字孪生技术及行业专家形成决策咨询机构，对数字城市及数字孪生行业发展战略、总体规划和行动计划的推进实施开展咨询评估，为推进数字孪生建设提供决策参考和依据；

（3）支持数字孪生的产业聚集区建设，鼓励数字孪生的研发及应用，形成产业链上下游的聚集效应，针对产业基地制定土地、税收、项目建设、人才引进等专项政策；

（4）支持数字孪生领域的国际标准、国家标准和行业标准制定，对于技术创新、应用创新、知识产权及标准、成果转化制定专项的扶持政策，给予资金奖励并优先采纳推广；

（5）鼓励高校、科研院所进行数字孪生的学科建设及专业建设，与企业共建人才实训基地，对专业人才进行培养及培训，设立学科建设、课程建设、教材编写及人才培养专项资金；

（6）鼓励企业进行数字化转型，采用数字孪生核心技术，对相关转型业务进行专项扶持；

（7）鼓励数字孪生领域的公共服务平台、创新孵化平台及载体的建设，给予建设及运营经费扶持；

（8）鼓励数字孪生领域的国际交流与合作，举办国际性的交流会议及论坛，给予经费补贴。

## 二、金融支持

数字孪生领域非常广阔，前景也非常广阔，数字孪生的建设和运营，离不开资金的强力支撑。数字孪生的基础研发及产业应用都需要大的资金投入，其建设也一个长期的工程。如何有效筹措和协调资金，保证资金能持续跟进，形成产业的良性循环，也关系到数字孪生建设的成败。

在资金保障方面，一方面，依托政府投资及建设，进行专项资金的预算和管理，保障数字孪生基础板块建设及重要行业应用的落地实施；另一方面，需要拓宽投融资渠道，根据不同行业创新和应用的具体特点，广开投融资渠道，创新投融资模式，充分发挥资本市场作用，逐步建立以政府投入为导向、企业投入为主体、社会投入为重要渠道的多元化投融资体系，以政府扶持资金带动更多的社会资金投入建设。具体来说，可以设立数字孪生产业基金，政府起引导作用，发动和募集社会资本参与，在数字孪生运营方面给予社会资本优先回报的方式，鼓励参与的积极性。

鼓励吸引社会资本及专业投资团队的参与也很重要。可以按照市场化模式，吸引投资实力强、技术先进、经验丰富、市场公认的专业化投资管理团队或运营商，定向支持数字孪生产业发展。可以设立数字孪生投融资人才及团队奖励政策，依据投融资额度及所创造的社会效益、经济效益，对团队及人才进行专项奖励。

从企业投资建设的角度来说，则更需要参照前述的模式，本着共享协同的精神，发挥企业自身的基础优势，找到关键的数字孪生切入点和突破点，做好可行性研究，依托专业的科研及技术团队进行核心技术攻关，由企业实施产业转化及运营，核算好投入产出，优先形成产业转化的闭环和良性效益，再加大投入，通过分步规划、分布实施的方式做好资金保障和成果转化。在示范及应用效果很好的情况下，寻求社会资本的助力，扩大规模及应用场景，做大做强。

“十四五”规划着重强调加快数字化发展，提出发展数字经济，推进数字产业化和产业数字化，推动数字经济和实体经济深度融合，打造具有国际竞争力的数字产业集群。数字技术的飞速发展，让人们能够在数字世界构建一个实体世界的数字孪生体，建立双向的全方位的连接和映射，实现实时互动、智能决策和系统自治。随着理论、技术、模式和方法的持续创新，物理世界与数字世界在向着“合而为一，阴阳相生”的终极目标不断演进，基于“物理实体 + 数字孪生”的资源优化调度和配置将成为数字经济建设的终极版图。构建创新的数字孪生全产业协同体系，将学科建设、标准制定、基础研究、技术攻关、成果转化、产业应用、行业服务等有机结合在一起，发挥科研、技术及行业的综合优势，才能形成全产业的合力，促进产业的循环向上发展。这也是加速数字经济、数字中国和数字社会建设的“必由之路”。

## 参考文献

[1] 知识自动化. 波音的梦想，空客的噩梦丨欧洲制造云平台（中）[EB/OL].（2017-06-22）[2021-05-31]. https://www.sohu.com/a/150998921_403191.

[2] 李西增. 全球协同研发体系（WTS 技术平台）[J]. 现代家电，2007，09（129）：15.

[3] 中国工业和信息化. 数字孪生在制造业的应用 [EB/OL].（2020-08-12）[2021-05-31]. http://www.clii.com.cn/lhrh/hyxx/202008/t20200812_3945834.html.

# 第八章／数字孪生的关键挑战

“我最讨厌告诉好人坏消息了。”

“And I hate giving good people bad news.”

——《黑客帝国》1:16:48

# 第一节
# 概　述

数字孪生是一种前所未有的技术集成创新，其应用的领域也从最早的航空航天，覆盖到了几乎全领域。除了各领域的专业技术之外，还包括各种信息技术。

数字孪生在工业领域，强调的是操作技术（OT）与信息技术的融合，设计与制造的协同。这与之前行业所定义的信息物理系统以及我国的工业化与信息化两化融合在概念上都是一致的。在产品方面，注重产品的全周期；在生产制造方面，注重生产制造的全过程。此外，还需要涵盖产品和设备的运输、仓储、物流、运营、维护等过程。在数字建筑、数字空间领域，则需要进行完整地设计和建模。在数字城市领域，除了城市级别的数字化和建模之外，还需要将各行各业的数据进行融合，提供仿真预测和智能决策功能，提高城市规划和运行的效率。

在所有环节中，都会应用到模拟、监控、诊断、预测和控制的过程。这个过程，是云计算、边缘计算、移动计算以及数据，算力、算法的协同。通过数字化模拟，或是传感器和物联网收集到的大量数据，形成物理实体的全方位的数据模型。数据模型会在云端存储，依托大规模的算力和算法，形成仿真、预测和决策的结果，反馈回相应的物理实体，再进行控制和执行。其目的是提高效率，节省成本和周期。

在工业设计和制造领域，借助数字孪生技术，可以集成复杂的制造工艺，实现产品设计、制造、运维及服务的闭环优化，其理想目标是实现“零成本试错”。也就是说，在模型和算法足够精确的前提下，将数字领域的模拟应用到物理实体后可以实现完全地映射和控制，一次到位，完全规避掉物理的试错成本和风险。从美国NASA最早的航天飞机数字孪生体，到SpaceX的可回收火箭和星际飞船，乃至我国的“天宫”“嫦娥”“天问”航天探测器，无一不是秉持着这一终极目标。“嫦娥五号”能够顺利采集月球的土壤样本并返航，每一个步骤都经历了几万次的仿真试验。但这一目标也面临着巨大挑战，就像虽然SpaceX拥有全球顶级的设备和技术及人员，其仿真系统也是业界最先进的，但星际飞船原型机的试飞却一再失利。

数字孪生领域，面临以下关键的挑战。

首先，整个行业缺乏系统的基础理论学科的研究。这一方面是因为数字孪生从诞生到发展的时间还很短，涉及的行业和技术非常广泛，尚未完全形成系统的学科；另一方面，正如前文所述，整个产业协同体系和人才体系尚未形成，基础理论学科方面还亟待建设和完善，与之相关的研究更是处于早期阶段，较为零散，需要用未来的理论和实践，来充实和丰富这一领域。

其次，缺乏系统地规划和建设。同样，只有行业的理论及研究体系逐步建立，相关的产业协同和人才体系也能跟上，才能形成良好的产业实践，那时我们才能做到系统的规划，建设先行。

再次，是数字孪生技术所需的具体的基础设施及软硬件相关的挑战，具体包括以下几个方面。

（1）数据的挑战：如何获取、融合、存储，以及高效地处理不同来源、不同结构的数据。

（2）模型的挑战：如何构建不同行业、不同领域的数字化模型。

（3）仿真的挑战：如何构建多领域、多尺度、多模态融合的仿真模拟，不管是在原理、算法，还是精度、实时性方面都逼近真实。

（4）安全及可信的挑战：如何保障数据、模型、算法、系统等的安全可信。

（5）性能的挑战：如何能够处理海量的数据和模型，并基于此进行实时地仿真、预测、决策以及响应。

最后，还需考虑商业运营模式的挑战，人才体系以及国际合作的挑战等。这些挑战只有得到实质性解决，数字孪生才能应用和落地，真正释放其巨大的价值，给行业带来深刻的变革和影响。

## 第二节
## 数据的挑战

“因为你不是来这儿做选择的。你早已做出了选择。你来这儿的目的是想了解你为什么要这样选择。”

“Because you didn't come here to make the choice. You've already made it. You're here to try to understand why you made it.”

——《黑客帝国 2：重装上阵》42:32

选择来源于数据，所有人都需要靠数据说话。

### 一、数据的采集

数字孪生涉及的数据维度非常广，包括产品、机器、设备、生产过程、物流、环境、空间、系统等，此外还包括性能、产能、能耗、质量、成本、效率等各项指标。那么最先面临的就是数据采集的问题。

为了形成对物理实体的全方位的数字化模拟，需要尽可能全面地采集跟物理实体相关的所有数据。对于数字化程度相对比较高的行业来说，这似乎并不是什么难题。一些机器和设备制造商在其设备中嵌入了传感器并提供了相应的数据读取接口，这样可以更好地监测设备并获取运行及状态反馈，比如智能电表、汽车、电器开关、空调等，这为数据采集提供了很大的方便。但是，很多情况下并没有这么简单。大多数传统机器及设备并不提供直接的数据接口，经常只有一些仪表提供读数，即使是有数据接口，不同厂家的机器和传感器通常接口并不一致，提供的数据格式也不同，而且通常也不会涵盖设备的所有状态。

如果只采集提供有数据接口的机器和设备的数据，那么很多信息就不全面，如何处理数据缺失的问题？一项关键指标的缺失，对于设备的模拟可能会造成重大影响。比如一个电机，如果只采集到转速，但是无法采集温度信息，那么可能就监控不到电机过热的问题，无法全面监控电机的运行状况，可能会造成电机烧毁。如果想补充这些缺失的数据，要么从仪表读数并将其转换为能被采集和利用的数据，要么在设备中增加传感器。但改造传统设备几乎是不可能的，需要评估设备改造和增加传感器的可行性以及高昂的成本。很多传统的工业生产线都不是按照智能工厂的标准建造的，因而要想实现对产品生产过程的监控，需要增加大量的传感器。而且在很多情况下，对工业企业的数据采集需要将工厂、机器、设备、各类工业软件如 MES（制造企业生产过程执行管理软件）、ERP（企业资源计划）、SCM（兼容性支持模块）以及企业软件的所有相关信息进行采集和关联，必要时还需整体更换更先进、更智能的生产线及软件，而不仅仅是增加传感器。这就需要衡量数字孪生建设对企业带来的战略价值和总体投入产出了。

除了数据采集接口的问题之外，还有采集频率的问题。以智能电表为例，原来每个企业的电表一天只采集一个读数，就是用电量。换成智能电表之后，需要至少每 15 分钟采集一次，一天至少需要采集 96 次，每次可以采集 200 多种数据，按这样的采集频率，数据量是原来的近 2 万倍。如果每分钟采集一次，那么就是近 30 万倍的数据增长。这样的采集频率对于一些实时性要求高，涉及安全及应急的场景来说并不高，在一些工业控制领域，甚至是要求每秒、每毫秒一次的采集频率。这样的频次对于后台数据的存储，以及数据的处理所带来的挑战是巨大的。

数据采集之后，需要传输到边缘计算设备或者云数据中心进行处理，数据的传输方式也是一个挑战。传统的数据传输，依赖物理线路连接来进行，很多设备采用的是有线传输的方式，比如井下煤矿的数据，需要通过有线线路传输到井上，再通过其他通信方式传输到控制中心。有线传输的优势是连接质量好，信号衰减小，受干扰程度低；缺点是铺设成本高。随着移动通信和移动互联网技术的发展，尤其是5G通信技术的发展，无线传输的方式也越来越普及，其安装和改造都非常方便，随时随地都可以连接通信，信号抗干扰能力也强，给物联网及传感器的普及带来了巨大的空间。

数字孪生的数据采集过程需要满足实时性、同步性和容错性这几个要求。数字孪生对于数据采集、传输和处理的时延有较高要求，因为后续的建模、分析和控制依赖采样数据。同时，因为数据往往来自不同的传感器及数据来源，它们之间的时间同步及协调也非常重要。在采集及传输过程中，也会有噪声、数据丢失等问题，因此，数据采集过程必须具有一定的容错性，才能保证数据的真实有效。

## 二、数据的融合

如前所述，数字孪生需要将不同来源、不同接口、不同种类及格式的数据进行融合，才能形成对物理实体的精确模拟。这些数据包括城市、空间、厂房、设备、产品其自身的属性及状态，还有生产过程的数据，供应链的数据，管理及运营的数据，交通物流的数据等，只有将这些数据全部汇总起来才能形成对目标对象的完整画像。在数字城市建设中，更是需要将一个城市的地理、道路、楼宇、管廊以及政府、企业和个人的数据进行全面融合，才能形成综合的状态监测，进行智慧化的规划、运营和管控，这些需要融合的数据就更加多维和广泛。

由于数字孪生数据具有多源、异构、多尺度、高噪声等特点，在融合过程中需要对数据进行清洗加工，通过机器学习、规则约束等方法对数据缺失、数据冗余、数据冲突和数据错误等问题进行处理。接着，需要对多源数据进行特征提取和信息融合，丰富模型的建模维度，形成实体对象的数字化模型。融合之后的数据会以特定的结构和方式进行存储，以供后续的分析、预测和决策过程使用。

整合不同格式的数据，处理数据中存在的问题，只是数据融合的基础工作，更具挑战性的是多源数据的协同。各个来源的数据必须是真实可信的，如果有虚假的、被篡改的或是被恶意植入的数据混在其中，那么依托这些数据所形成的决策和控制可能会带来灾难性的后果，比如一旦这些真假混杂的数据应用于自动驾驶行为、医疗手术等领域，后果不堪设想。如何在不同的机构、厂商、设备间建立数据共享协同体系，对数据建立完整的确权和溯源体系，在开放共享的前提下，又能明确各方的责、权、利，形成对数据的全生命周期管理和有效利用，最大限度发掘数据的价值，是非常值得关注的问题。

此外，由于所面对的是超大的数据量，如何高效、并行地对数据进行加工处理及融合，并满足很多实时应用的需求，也是面临的挑战之一。

## 三、数据的治理

数据和模型是数字孪生体系中最核心的资产。在数字孪生体系中，数据天然就具备多源异构的特性，如果不建立一套完善的数据治理体系，对数据进行全生命周期管理，那么即使有相应的技术采集和融合数据，数据始终还是一盘散沙，不能构成数据资产，也无法长期发挥价值。

数据治理指的是数据资产管理的权威性和控制性活动，包括规划、监视和强制执行，数据治理是对数据管理的高层计划与控制。数据治理体系的构建为数据管理工作提供强有力的系统支撑。建立一个完整的数据治理体系可以从组织架构、标准、质量、系统功能等方面增强对数据的宏观管控，在微观上实现精细化管理。数据治理模块主要包括数据标准管理、数据质量管理、元数据管理、主数据管理、数据生命周期管理、数据安全管理等，这些模块协同运营，有助于确保数据规范、一致、安全、有效。

**1. 数据标准管理**

即建立数据标准体系，并制定数据标准运维管控制度和流程。如果缺乏相应的标准，那么数据管理将无章可循，数据质量也将无从保证，数据的应用、交换和共享也会变得混乱无序。从数据标准化实践来说，企业需要梳理好核心的元数据、主数据，形成相应的规范化的数据框架和模型，然后做好执行、监控和维护工作。

**2. 数据质量管理**

即保证数据的准确性、完整性、一致性、及时性、合法性，提升用户使用体验。数据质量可以定义为数据的“适用性”，也就是数据是否满足应用的需求。满足的程度越深，说明数据质量越高。所谓准确性，就是数据必须真实准确地反映所发生的一切；完整性是指数据是充足的，任何相关的数据都没有被遗漏；一致性是指数据之间是相关的，有一定的相互约束作用，在不同场景下这种相互关联性需要保持一致；及时性是指数据需要及时更新，不能是过期的；合法性是指数据需要在合理合法的范围内获取和使用。

### 3. 元数据管理

元数据提供了关键数据的详细描述，使用户了解数据组成、结构及数据流向，可以快速建立业务与技术之间的连接，为企业管理提供重要保障。使用元数据管理可以自动化地获取整个企业的数据业务含义，帮助内外部客户更好地理解数据，提高数据使用的效率。

### 4. 主数据管理

主数据（Master Data）是企业至关重要的核心业务实体数据，比如客户、产品、订单等。这些数据分布在企业的各个业务系统之中。由于企业信息化程度的不断深入，跨业务、跨部门、跨业务系统之间的业务连贯性需求越来越迫切，这对企业系统数据的一致性、完整性和准确性提出了新的要求。主数据是各个业务系统需要共享的数据，能帮助企业构建单一、准确、权威的数据来源。

### 5. 数据生命周期管理

应重点建设从数据资产的规划、注册、运营到注销的全流程管理体系，使数据资产管理系统化、可视化。

### 6. 数据安全管理

建立体系化的数据安全管控策略，从而实现全方位数据安全管控机制，通过技术手段与管理措施相结合的方式保障数据安全。

## 四、数据的存储和处理

数字孪生将产生惊人的海量数据。当前，全球已经有数百亿的传感器和末端接入点，随着物联网和通信网络的不断发展，这一数字还在不断增长，而且这些传感器每分每秒都在产生数据。在不久的将来，数以万亿的物体、设备和芯片都将有对应的数字孪生体。如何存储和处理这些巨量的数据将是一项巨大的挑战。

数字孪生强调仿真、建模、分析和辅助决策，侧重的是物理世界对象在数字世界的重现、分析和决策。海量的数据需要海量的存储，集中统一的存储方式将难以满足巨量数据实时分析决策的需求，因此，需要采用大规模分布式存储的方式。由于对数据所涉及的分析方式有空间分析、时序分析、交叉关联分析、统计、挖掘、人工智能算法等，因此，数据存储的具体方式也会有所区别。分布式文件系统、分布式数据库系统（结构化或非结构化）、图数据库、数据仓库等都是可选择的存储方式。

同样，对数据的处理，也会采取大规模分布式计算、高性能计算的方式。当前各个互联网巨头公司，对于用户电商消费类数据处理的方式已经趋于成熟。为了处理数十亿用户的订单和消费需求，后台的数据中心往往有数百万台物理服务器，处理器核心达到千万核甚至上亿核的规模。然而，工业互联网和数字孪生的数据量和数据处理的需求，规模比这更大，计算和仿真更加复杂，关联度更高，实时性要求也更高。因此，消费互联网要依赖一个或多个大型云数据中心来集中存储和处理数据的方式，不一定适合数字孪生。

随着5G通信和边缘计算的崛起，“云计算＋边缘计算”的结合将带来更加广泛存在、更加灵活和更加高效的存储及计算模式。也就是说，数据可以分散存储在各个边缘计算节点，也可以传输回云数据中心。对于时间及反馈非常敏感的数据，其计算和分析可以直接在边缘计算节点完成，多个边缘计算节点也可以临时组成一个计算集群来满足算力需求。其他需要大规模算力及长期归档存储的数据才需要传输回云数据中心。当然，这种混合存储及计算方式，其资源的管理调度以及算力的分配也需要新型的基础软件及大数据处理系统的支持。

近期崛起的基于区块链的分布式存储系统 IPFS（星际文件系统）又给大数据的存储提供了一个新的选择。这使全社会都可以参与共建共享一个分布在全球的存储系统，在将来甚至有可能形成能够支持全球所有数据的存储和处理的一个体系。因为 IPFS 是基于分布式，点对点的通信协议，并基于区块链的去中心化、不可篡改、信息加密等众多优秀的特性，能够实现数据权益的通证化，也就是用户对自己的数据拥有所有权和控制权，这样能够完整地重构日益中心化的 Web 2.0，实现更加开放、更加公平的 Web 3.0。对于产业互联网来说，这意味着数据能够随时产生、随时存储在分布式的节点上，也能够基于权限进行访问和处理，而整个这个生态过程的参与者都能享受到数据的价值和红利。互联网发展如图 8－1 所示。

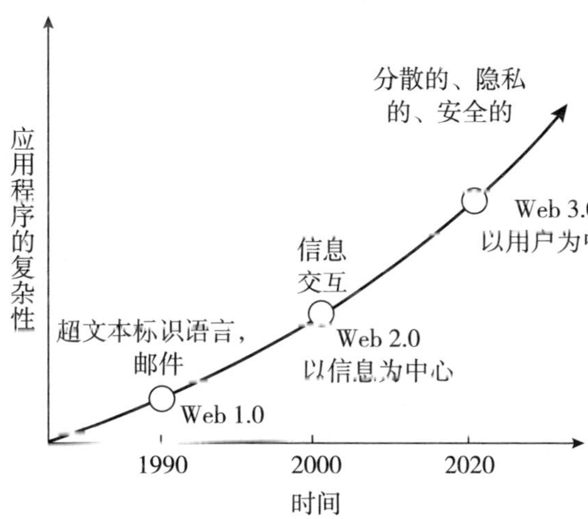


**图 8－1　互联网发展**

## 第三节
## 模型的挑战

"那里生成的每一个程序都要有一个目的。如果没有，就会被删除。"

"Every program that is created must have a purpose. If it does not, it is deleted."

——《黑客帝国3：矩阵革命》09:34

数字孪生需要根据物理实体的基本属性和状态，建立其数字化的模型，同时以动态实时的方式将收集到的数据映射到所建立的模型上，再针对其数字化的孪生模型进行仿真、分析，用于对物理实体的监测、预测及决策优化。因此，模型的精确构建，也是数字孪生技术应用的核心关键。

### 一、建模

数字孪生建模的首要步骤是创建映射物理实体的数字模型，真实地再现物理实体的几何形状、属性、行为和规则。这些数字模型不仅要在几何结构上与物理实体保持一致，而且要能够在时间轴上模拟物理实体的状态、行为、功能等。因此，模型的构建不仅是物理形体的构建，还包括几何形态的表达、数学模型的构建以及专业领域模型的构建，如基于生物特性、材料特性、化学特性、经济特性、社会特性等。

全球著名的研究机构 CIMdata 认为，数字孪生模型不可能单独存在，可以有多个针对不同用途的数字孪生模型，每个都有其特定的特征。例如数据分析数字孪生模型、MRO 数字孪生模型、财务数字孪生模型、工程孪生模型以及工程仿真数据孪生模型等。数字孪生模型可以而且应该先于物理实体而存在。物理实体可以是工厂、船舶、汽车、基础设施或任何类型的产品，每个数字孪生模型必须与其对应物理实体有某些形式的数据交互。这在一定程度上也反映了建模的复杂性。

建模方式有多种，目前主要通过几何建模、扫描、基于图像构建等技术进行建模。使用行业通用的专业设计软件创建出物体的几何模型，存在效率低、对设计人员的技能要求高等问题。利用激光扫描建模方式得出的三维信息精度高，但需要专业的测量设备，容易受到空间、地点等因素的限制。扫描结果在纹理、外观上还需要再进行专业处理。基于图像的三维建模技术是指通过拍摄不同方位、不同视角的照片，再利用电脑软件进行拼接，构建物体的三维立体模型，如利用车辆、无人机对街区、园区、景区进行拍摄，重构三维立体模型的方式越来越普及。

数字化建模的发展也经历了几个阶段。从早期通过计算机辅助设计的 2D 建模，逐步发展到 3D 线框、3D 实体建模，以及面向建筑行业的建筑信息模型建模。数字孪生模型则是利用虚拟现实技术，在数字空间中模拟真实世界中的物体，将计算机图形学、数字图像处理、传感与物联技术、模拟仿真、人工智能等多学科融为一体，建立起虚实映射、实时交互的数字孪生体。

数字孪生模型的搭建往往跨领域、多种类，难度很大。对多学科、跨领域的模型集成，要开发适合不同领域的接口，搭建系统软件级数字孪生应用。对多种类的模型整合，可以通过降阶模型技术，合理完成模拟仿真模型和数据信息模型的交互，大大减少模拟仿真的计算时间。采用多尺度模型技术，可以对不同时间、空间限度的模型进行整合，包括外部经济和宏观经济的各个方面。西门子推出的 PAVE360 自动驾驶硅前验证环境就集成了芯片设计、软硬一体化系统、全车模型、车流量等不同领域和维度下的模型，展示了不同维度数字孪生模型的整合能力。

## 二、仿真

除了几何建模之外，数字孪生建模通常还会结合仿真技术，来实现物理、化学、材料、生物等其他专业领域的建模，通常基于通用编程语言、仿真语言或专用仿真软件编写相应的专业模型。

仿真技术是从早期的有限元分析逐步发展而来的。仿真对象包括物理场、物理现象，产品和系统的使用和动态，材料力学，弹性力学，动力学，加工工艺以及装配等。另外，产品设计、优化以及机械运动也是仿真的主要内容。

在数字化设计技术和模拟仿真技术发展和集成应用的过程中，产生了数字样机（DMU）、数字样机（DP）、虚拟样机（VP）、功能虚拟样机（FVP）等技术，用于实现复杂产品的运动仿真、装配仿真和性能仿真。通过对样机数字孪生体进行虚拟试验，可以减少物理样机和物理试验的数量，降低产品研发和试制成本，提高研发效率。

在自动驾驶领域，交通和环境仿真结合自动驾驶汽车自身的传感器，可以为人工智能算法产生大量训练数据和验证数据集，极大程度上节省了开发、测试和验证的成本及周期。

仿真技术不仅可应用于工业领域，而且日益广泛地应用于社会、经济、生物等领域，如城市规划、交通控制、生产管理、医疗手术、环境保护、经济分析与预测等。仿真领域的一个重要发展趋势就是与人工智能结合，产生具备专家系统功能的智能仿真软件，能够根据运行时的数据对模型进行智能动态的实时调整。仿真技术的挑战在于需要对专业领域有非常精深的知识和经验，仿真模型、实验系统的规模和复杂程度都在不断地增长，对其模拟真实复杂场景的有效性和置信度的研究将变得十分重要。

黑客帝国中的“母体”，可以说是实现了仿真的终极概念，完整地再造了一个虚拟的数字世界，人们每天在其中工作、生活，丝毫没有意识到自己只是一个泡在营养液里、插着管子的生物体。甚至有科学家认为，人类是活在一个高端文明所构造的仿真世界里，浩瀚的宇宙只是一个立体的全息投影，时间和空间，都只是虚拟的存在。然而不管怎样，要模拟这样的环境和存在，其难度超出我们的想象。

1995 年，由苹果公司的创始人乔布斯投资的皮克斯公司推出了《玩具总动员》三维动画电影，开创了纯数字化电影制作的先河。用数字化的方式对现实生活的很多细节进行高精度的仿真，成了这个领域体现核心实力的竞争场景。以电影中人物的头发为例，人类一般有 8 万到 12 万根头发，要对这么多根头发进行建模本身就是不小的挑战，而要模拟这么多根头发在风吹、运动、淋雨、不同的光照情况下的变化状况，直到今天，对电影界而言都还是不小的挑战，类似的场景还有草地、竹林、森林等。

而工业制造领域面临的多维度、多尺度、多模态的仿真和模拟则更为复杂。除了需要处理复杂材质、形状、光线等基本物理属性，还要模拟电气、温度、应力、磁场、噪声、腐蚀等各种因素和状态。每一个单一的维度其涉及的科学原理、数学及算法实现、物理的呈现就已经足够复杂，更何况还需要将它们组合在一起，互相作用。这些专业领域的仿真和模拟，是需要各领域专家、学者、企业等联合起来一起研究探索、协作建设的，是一项长期积累、改进和创新的艰巨工程。但要想达到100%的还原和实现，也是一项“不可能”的任务。

## 第四节
## 安全和可信的挑战

> “他们使用了古老的链接协议。”
>
> “They got some pretty ancient hacks here.”
>
> ——《黑客帝国 3：矩阵革命》24:53

数字孪生可以让每一个产品、每一个零部件、每一个流程都数字化，实现数字驱动一切，软件定义一切的终极目标。然而，与此同时，这也打开了被黑客攻击的潘多拉魔盒。一方面，很多传统的设备主要运行在封闭环境下，系统及安全防护比较简单。很多物联网设备的默认密码非常简单，固件也长期没有更新。这些设备一旦联网，面临开放环境，本身存在一定的安全漏洞，容易受到攻击或是被篡改。2007 年，时任美国副总统迪克·切尼心脏病发作，有关部门怀疑是他的心脏除颤器无线连接功能被暗杀者利用。2016 年 10 月，一场超大规模的 DDoS 攻击（分布式拒绝服务攻击）造成美国东海岸大面积断网，发动攻击的黑客，利用了 150 万台设备组成的“僵尸网络”，其中大部分设备为网络摄像头。2018 年，安全团队 COSIC 曾演示过如何利用特斯拉 Model S 中 PKES（无钥匙进入系统）与无线钥匙认证过程中存在的安全问题，轻易复制汽车钥匙并将汽车盗走。全球类似的网络漏洞所引发的安全事件不计其数。

另一方面，数字孪生系统与传统信息系统相比，其虚拟系统与物理系统的关联更加紧密，数字孪生的安全性一旦被破坏，将导致物理系统受到严重影响。更为严重的是，这样的设备数量众多，因此被攻击的可能是几百亿、几千亿个物联网设备。当每一个电灯、垃圾桶、井盖、摄像头都是智能化设备时，一次黑客攻击，便足以让整个城市瘫痪。D. J. 卡卢索执导的电影《鹰眼》就详尽地描述了这样的场景，绑架者能够通过控制一个城市的电子产品，监控和指挥主人公的一切行动。电影《黑客帝国》中，尼奥最初对抗的是“母体”系统，而到了后来，却演变成了与无所不在的“病毒”——特工史密斯的对抗。

此外，数字孪生系统还面临数据安全风险。数字孪生系统产生和存储了海量的产品、设备、生产数据，这些数据一部分集中存储在数据中心，一部分分布在用户、终端设备，任何一个环节的安全问题都可能引发数据泄密风险。同时，由于产业链协作的深入、大量异构数据源的接入，潜在的风险点越来越多，入侵的方式和攻击路径也越来越复杂，数据安全风险剧增。

在享受数字孪生所带来的便捷和高效的同时，也必须严格保障整个数字孪生体系的安全可信。常规的物联网设备安全防护的一些关键做法包括：

（1）使用受信任、经过认证的安全系统、软件和设备；

（2）保持设备固件和系统软件的更新，同时对设备的修改进行保护或禁止；

（3）合理分配和限制设备和人员的角色，增加延迟，降低攻击的频率。

同时，还必须从底向上构建完整的数字孪生的安全体系，包括芯片、传感器、软件、网络、平台及应用的安全，对风险进行研判，提前建立和加强应对措施。其核心是构建一套安全可信的基础设施。凡是参与数字孪生的每一个主体，不管是芯片、设备，软件组件，还是政府、机构、企业、个人，都需要有合法有效的数字身份，其所有的数据、行为、指令及动作都需要被记录、验证和授权，对关键数据和模型进行加密，只有合法授权才能访问。在此基础上，还可以利用区块链的记录存证及多方维护、多方验证的特性，对产品生命周期、供应链、产业链、管理链等数据进行全程记录、跟踪、溯源，来保障数据来源以及数据协同的真实有效。

## 第五节 软件系统的挑战

“这些都是后门，是吧？”

“These are back doors, aren’t they?”

——《黑客帝国 2：重装上阵》39:50

数字孪生的软件体系，除了传统的工业控制软件之外，还涵盖了几乎所有的数字化技术，是这些技术的集成和创新性应用。整个技术体系包含了感知操纵、数据集成、建模仿真、预测分析、人机交互等关键技术，其中的每一项都涉及非常精深的专业知识和技能，要想把这些技术全部融会贯通，无缝集成，其挑战性不言而喻。

从基础软件支撑角度而言，考虑到当前国际上科技领域的激烈竞争，以及国家安全的要求，建立完整的操作系统、数据库、安全及加密技术栈以及提升存储、大数据处理能力是当务之急。尽管我国一直在加强信息技术应用创新产业（简称信创）及国产化建设，推行“去 IOE 化”①，然而，由于在基础软件及基础硬件方面的投入及研发实力与国外还有较大的差距，这一领域的突破还任重而道远。

数据和模型是数字孪生的核心资产。数据的采集和融合，模型的构建和仿真，是关系到数字孪生能否真正发挥作用和价值的关键所在。关于数据方面面临的挑战，前面已经讨论过。而在建模和仿真领域，数字孪生作为物理实体在数字空间的超写实动态模型，其高精度性、多物理场建模、高保真度和实时响应模拟等是关键性的技术难题。

从模型的实时渲染和光线跟踪方面来说，图形数据要实时转化为极具真实感的 3D 画面，实现高保真度的虚拟模型和与用户的实时交互。这涉及大量的计算，需要结合 CPU 和 GPU，在很多时候还需要结合分布式计算，让多台计算机一起计算。现在 CG（计算机动画）技术已经是好莱坞大片和高精度游戏、动漫里必不可少的元素，然而其画面的生成却相当费时间。2013 年的《侏罗纪公园》电影是动用了数十台 SGI 图形工作站，用了好几个月的时间渲染出来的。如今，随着 GPU 硬件以及计算机图形技术的飞速发展，实时渲染成了可能。然而，面对复杂的应用场景，实时建模、渲染、仿真和交互仍旧是非常大的挑战。

实时分析预测是数字孪生的核心要素，高实时性的分析预测和高实时性的数据交互能力需要新型超算集群进行超大规模的并行计算、分布

① 即去掉 IBM 的小型机、Oracle 数据库、EMC 存储设备，代之以自己在开源软件基础上开发的系统。

式计算、大数据及人工智能算法处理。

在人机交互方面，3D 及 VR、AR 互动展示已经代表了前沿的互动展示方式。结合体感互动技术，人们可以很直接地使用肢体动作，与周边的装置或环境互动，无须使用复杂的控制设备，其体验性和互动性更加真实灵活。体感互动技术已经被广泛应用在数字娱乐、媒体广告、医疗、教育培训、工业设计及控制等各个领域。

## 第六节 硬件系统的挑战

"……大多数人都没准备好被拔掉插头。"

"... most of these people are not ready to be unplugged."

——《黑客帝国》56:59

数字孪生技术中与硬件关联比较密切的部分在于感知与操纵。感知是为了进行全方位的数据收集及融合，操纵则是指数字化分析和决策的执行。其中，先进传感器技术、自适应感知、精确控制与执行技术都属于攻关难题。

传感器技术在近十几年已经取得了飞速的发展。各种温度、湿度、速度、流量、压力、光电、电磁的传感器市场上比比皆是，无线传感技术，微型化、数字化、智能化的传感器，迅速地被普及，改变着我们的生活和工作方式。微机电系统是由微传感器、微执行器、信号处理和控制电路等部件组成的一体化的微型器件系统，其目标是把数据的采集、处理和执行集成在一起，组成具有多功能的微型系统，从而大幅度地提高系统的自动化、智能化和可靠性水平。微机电系统技术的发展在传感与控制领域开辟了一个全新的技术和产业方向，采用微机电系统技术制作的微传感器在航空航天、汽车、生物医学、环境监控、军事领域中都有着十分广阔的应用前景。相对于传统的机械，微传感器的尺寸更小，最大的不超过一厘米，小的甚至仅仅为几微米，其厚度更薄，采用以硅为主的材料，电气性能优良。

在传感领域，最核心的挑战在于传感技术与各行业领域的机器、设备、仪器的集成，比如在煤和石油钻探领域，相关的行业龙头希望能形成关于探头和钻探过程的数字孪生模型，以实现钻探性能的最优化，使机械能高效地在岩石切削和钻屑排泄两种功能之间转化。除了要实时侦测一系列的作业参数外，包括钻压、扭矩、弯曲度、钻头振动和转速等，以及钻探环境的湿度、材质、硬度等都要实时感知和关注。如何集成这一系列的传感器，同时又不影像钻探工作，是比较困难的。此外其他的挑战还包括传感数据的通信及传输方式、供电及节能、传感器的集成及设备改造成本等。

在芯片研发、设计和制造领域，我国与欧美国家还有较大差距。这次海外对华为芯片的断供事件，使我们更加意识到自主研发和创新的重要性。对应数字孪生，在 GPU 图形处理及人工智能芯片领域，英伟达是全球的霸主，在 AI 芯片市场占据了 70% 以上的份额。当然，Intel、AMD（美国超威半导体公司），还有微软、特斯拉等也不甘示弱，各自拥有其核心技术和竞争力。我国的华为致力于移动芯片及操作系统的研发，寒武纪虽然也有了云端 AI、边缘 AI 加速卡、终端智能处理器 IP 等产品线，但整体来说，芯片产业还有比较长的路要走，需要在实践中探索出创新和应用的新路线。

在人机交互领域，可穿戴技术是近几年的发展趋势，面向个人消费者的可穿戴设备数量一直呈指数级增长，从智能手环、智能手表、智能手套到智能眼镜、智能头盔等，这其中有代表性的有谷歌眼镜和微软的 Hololens①。可穿戴设备不仅仅是硬件设备，更是可以通过软件支持及数据交互、云端交互来实现强大功能拓展的设备。可穿戴设备具有快速的信息抓取、处理和查询能力，以及更准确的判断决策能力。但可穿戴设备需要与数字孪生的交互场景进行紧密地集成和结合，才能更加符合人体工程学，提升互动性，减少认知阻碍，提高效率。

## 第七节 商业模式的挑战

> “你们的时代结束了。”
> “You had your time.”
>
> ——《黑客帝国》1:33:18

数字经济已成为全球经济发展的热点，美国、英国、欧盟、中国等国家和地区都纷纷制定了数字经济战略。数字孪生技术与国民经济各产业的融合不断深化，有力地推动着各产业数字化、网络化、智能化发展进程，成为我国经济社会发展变革的强大动力。未来企业要通过数字化

① 是微软公司开发的一种 MR 头显（混合现实头戴式显示器）。

的手段改变产品的设计、开发、制造和服务全过程，并通过数字化的手段连接企业的内部和外部环境。数字孪生在全球都会迎来非常广阔的市场空间。

数字孪生与实体产业的融合也会带来市场模式与商业模式的变革。作为企业来说，数字化的产品和数字化的服务，能够在线上为客户提供定制化、个性化的交互和体验，获取实时的客户反馈，进行精准营销，并能持续地调整和优化产品，始终与客户保持较高的关联度，提升客户的满意度和忠诚度。比如在汽车销售环节，利用数字孪生技术可以完整地呈现汽车的结构、品质、性能，生产及维保过程，比单纯在4S店看实体车的体验要丰富得多。

从产品的角度来说，数字孪生可以全面提升产品的全生命周期管理，实现从设计、生产制造、营销到销售的全流程优化，全面调度和协调企业各个职能部门，打通“数据孤岛”，驱动高效、互联、以客户和数据为中心的管理和运营模式，实现降本增效，节约产品开发和上市周期，降低库存甚至实现零库存，推动企业利润增长。比如红领西服准确收集消费者的需求，全面实现数据化和自动化的款式造型设计、结构设计、工艺设计，实现多种多样的个性化西装定制服务。

企业基于数字孪生的商业模式变革，可以说是从意识、管理、设计、生产、服务、技术、运营、物流、市场等方面全方位的变革，其挑战性是相当大的。企业除了变革生产模式，还需要全面拥抱互联网、大数据、人工智能等数字技术，实现与数据驱动、客户驱动的C2M（Customer to Manufacturer，即用户直连制造）及线上线下协同的O2O模式的全面结合。

从产业的角度来说，一个领域的数字孪生建设是相当费时费力的，仅仅依靠一家企业来独立完成几乎是不可能的。产业的主导模式也应从生产经销转向开放的服务运营，原有的封闭的、各自经营自己的产、供、销渠道的模式都会被打破。因此，需要全产业链的参与和协作。产业上下游的企业需要共建共享数字孪生信息，在数字空间中再现设计开发、制造、培训、维保的环节及内容，使制造商、设备资产运营商、供应商、服务商和其他利益相关者都能更加密切地进行合作，实现利益共享。

对于数字孪生技术的提供者和服务商来说，需要构建开放的合作生态。因为仅仅提供技术和服务是不够的，还需要深入了解产业、产品的全流程、全周期，引导和协助行业转型，培养技术与产业相结合的人才，打造共建共享的模型、数据、流程、仿真系统和平台，并在此过程中不断完善和充实相应的基础数据和交互过程，集成新兴技术，才能真正满足厂商和客户的需求，只有为其提供极致化的体验，才能在产业中崭露头角，积累经验，实现长期发展。

# 第八节 人才的挑战

"做救世主就跟谈恋爱一样，别人没法判断，但你就是知道，从头到尾，无比深刻。"

"Being the One is just like being in love. No one can tell you you're in love. You just know it, through and through, balls to bones."

——《黑客帝国》1:14:20

从前述的不同方面的挑战可以看到，一个产业的转型升级，对新兴技术的拥抱和实践，都离不开一个关键的主体，那就是人才。从互联网、云计算、大数据、人工智能这些产业的发展进程可以了解到，它们至少都需要经历十年以上的发展周期，才慢慢步入成熟应用的阶段。这个过程，既是行业被接受的过程，也是人才累积的过程。2013 年被称为"大数据元年"，当时中国的大数据人才缺口较大，2018 年，我国大数据人才缺口高达 150 万。根据赛迪智库的预测，到 2025 年，中国大数据核心人才缺口将达到 230 万。数字孪生产业涉及的行业及专业面很广，跟专业知识的结合度又很深，因此，人才短缺将成为行业发展的最大阻碍。

第七章中阐述了设立产学研用结合的新形态的研究院和双循环的产业协同体系的重要性。当前，将数字孪生建设为一门系统的学科是非常必要的，任何一个学科的建设都离不开理论的指导，这本书也力争成为数字孪生领域的一本启蒙性读物。然而现在各个高校还未正式设立与数字孪生相关的课程，其教学体系自然还未成形。因此，依托高校来培养数字孪生的基础人才“远水解不了近渴”，但高校的数字孪生学科人才培养是势在必行的。

数字孪生的跨学科性特点非常明显，涉及的学科专业有工业设计、工业制造、自动化、精密仪器、电子工程、计算机、管理科学、市场营销等，指望一个人掌握所有这些相关学科的知识显然是不切实际的，目前需要做的是将各领域的人才进行聚合，大家通力协作，才能建设好数字孪生领域。然而架构师及一些顶层设计和运营人员，必须由通晓各方面的知识的跨学科人才担任。

数字孪生的另一个特点是与实践和产业的结合很紧密。所有这些学科知识，还必须和行业经验、知识及技能紧密结合起来，比如对产品、生产线的电气、机械、物理原理及结构进行深入理解，才能建立精确的数字模型，进行高精度的仿真，发现改进和优化的方法。这些特定领域的专业知识和经验可以被称为“屠龙术”，也就是说这些内容非常精深，一般人掌握不了，然而离开了这个领域，“屠龙术”也无法施展了。因此，数字技术领域的专业人才，不能仅是纸上谈兵，还需要深入生产实践，至少了解“屠龙术”，与掌握“屠龙术”的专业人才做朋友，理论结合实践，才能将数字技术与实体产业结合起来，深入应用，发挥数字孪生的行业价值。

# 第九节 国际交流与合作的思考

"相信我，我很清楚一点，就是只有我们团结一致才能有美好的未来。"

"And believe me, I know, the only way to get there is together."

——《黑客帝国2：重装上阵》43:05

数字孪生是一系列先进技术的集成创新和应用，国际交流与合作是快速提升产业发展能力的重要途径。在产业领域需要加强与先进发达国家产学研机构的战略合作，学习和引进先进的理念、技术、方法及实践经验。国际上已经成立了数字孪生的相关国际标准化组织，每年也有与数字孪生相关的国际学术研讨会议，我国的学者、科研机构及企业在其中也有核心的参与及贡献。但随着近些年国际竞争的主战场由军事转向经济，能大幅度提高经济发展水平的新兴科技也成了各国战略博弈的焦点，新一轮科技竞争异常激烈，在量子计算、人工智能、生物科技、芯片制造、信息通信技术等领域的争夺尤为突出。

从科技发展的产业、技术及人才需求态势来看，对国际合作的依赖性越来越强，很多大型的科技生产制造企业如波音、苹果依赖的都是全球的科技创新和供应链整合。近年来，国际政治形势的走向却背道而驰，以美国为首的国家对中国在先进技术方面采取封杀和断供的极端措施，反全球化的逆流成了科技发展的最大阻碍。竞争不代表封闭。我国在大力加强自身科技创新突破和自主研发实力的同时，采取了更为开放和包容的政策，率先在粤港澳、海南、广西等地区实施国际创新人才引进制度，建设国家级实验室及创新中心，依托中国的先进基础设施和广阔的产业及市场空间，吸引全球顶尖人才。

面对新形势下的科技竞争和合作态势，数字孪生由于其学科建设及技术基础与以上的几项核心科技竞争领域都有密切的关系，自然也面临相关的困境和冲突。一方面，要坚持开放与合作的原则，在核心科技领域本着“走出去”“引进来”的态度，同时在一些领域，需要形成标志性的科技成就，起到产业引领作用，吸引国际间的主动交流与合作；另一方面，在关系到产业安全、基础和核心技术的重点领域，要以关键共性技术、前沿引领技术、现代工程技术、颠覆性技术创新为突破口，敢于走前人没走过的路，努力实现关键核心技术自主可控，正如习近平总书记提到的：“关键核心技术是要不来、买不来、讨不来的。”只有把创新主动权、发展主动权牢牢掌握在自己手中，才能从根本上摆脱受制于人的局面，保障国防安全、经济安全和产业安全。

数字孪生承载着人类工业文明和科技文明融合发展的使命，然而整个数字孪生产业尚处于发展的早期，面临着从数据到模型、技术、产业及人才各方面的挑战。为了应对挑战，加速产业发展，重点需要形成以下几个方面的融合和突破。

一是构建完整的数字孪生学科体系及基础设施体系，以理论和创新方法为指导，突破现有各领域不成体系、各自为政、应用范围相对狭窄的局限，构建从硬件、芯片底层，到传感、通信、数据、算法、模型及控制的基础设施支撑体系，为产业应用提供强有力的支撑。

二是建设结合区块链及物联网的全方位、全要素可信数据采集、融合、处理、运营的生态体系，突破传统数据采集不到、采集不准、采集不全，数据无法互联互通，数据得不到有效利用等核心难题，构建全维度感知及传感网络，融合多源多维数据，实现实时采集、实时处理、实时仿真和实时控制的产业生态闭环。

三是建立超大规模分布式、并行计算及人工智能数据处理和仿真体系，使之能够支撑城市级别的数据的实时加工、处理、运行、仿真及控制。在底层还需结合 GPU 及人工智能芯片设计及处理等硬件技术，实现软件硬件领域的性能及规模的突破。

四是需要构建基于全球的国际化产学研用的生态协同体系，共同进行设计、生产制造、研发及应用的创新突破，形成面向全球的数字化、智能化数字孪生服务能力，助推产业升级。

# 第九章／数字孪生的应用案例

“知其路，与行其事并不相同。”

“There is a difference between knowing the path and walking the path.”

——《黑客帝国》1:52:11

## 第一节
## 锡安和平纪元的第五个五年规划

### 公元2727年，锡安议会大厅

锡安城地下的白色人造光线穿过议会大厅顶部三角形水晶棱镜组成的苍穹，折射到水滴形的大厅环壁上，形成层层嵌套的自相似三角图案，如同中国蜡染布料上的花纹一般美丽。不一样的是，你如果用放大镜去看，这个嵌套的花纹似乎永无止境，不断地向更小的尺度延伸。

议长哈曼："今天，是尼奥和平纪念日二十周年，锡安的重建达到了史无前例的速度，而这一切，得益于二十年来我们与机器世界和平相处、共享资源。现在，请大家起立，向我们的'救世主'尼奥冥想致敬!"

大厅沉寂下来。此刻，透过锡安地下城的钢铁墙壁，议员们依然能微微听到城外废墟管道中持续了二十年仍未间断的千万个机器哨兵同时飞行发出的千篇一律的嗡嗡声。

议长哈曼："本次会议，是锡安和平纪元第五个五年规划的开局会议，为期三天，我们将决定接下来五年锡安建设的核心思想与科技路线。首先，请各位议事代表依次发言，表达自己的观点和建设诉求。"

司令官洛克："我认为是时候开始补充锡安的防御力量并着手研发

第二代气垫船战舰了。和平的状态不会永远持续，议长，我们现在的防御力量还不及二十年前机器入侵时的一半！”

议长哈曼：“可有考虑过这个行动的保密级别和安全级别如何设定？如果大型军事工程被墙外的哨兵侦测到，其后果不堪设想。另外，你需要多少预算？锡安国库刚刚恢复正增长，根据财政部去年年底的报告显示，只够支撑一项城市级科技工程，也就是说，军事、新能源、曲率芯片三者只能选其一。”

司令官洛克：“保密性不用担心，这些年我早已安排先头部队向地核方向挖掘隧道，这一工程已经持续了15年，军事实验室将建在这一隧道尽头，在比锡安城还要深20公里的岩层中，加上地核的电磁干扰，机器哨兵什么也不会监测到。至于预算，我与军事科学研究院已共同确立了科技树，此次第二代气垫船战舰的科技路线与新能源科技路线相辅相成，可以说基本是一体的，我们可借此机会一举同时实现两个科技目标。”

议长哈曼：“看来这些年你没闲着，考虑得很周全。不过，如果按这个思路，新能源技术成果仍然无法优先使用在消除曾经用于地球大气的‘黑暗风暴行动’（Operation Dark Storm），让地球重见阳光的计划，恐怕又得推迟5~10年了。”

司令官洛克：“是的，议长，但是我相信和平的状态不会永远持续，我必须要对锡安的最后一道防线负责！”

舰长墨菲斯：“抱歉打断一下，议长，我有话要说。”

议长哈曼：“请讲，墨菲斯。”

舰长墨菲斯：“如果尼奥依然在这里，我想他一定会有完全不同的视角。这些年来，我一直在思考一个问题，大家应该都还记得，二十年前，当尼奥和我在气垫船‘尼布甲尼撒号’战舰中被机器哨兵猎捕的危急时刻，尼奥走下气垫船，仅靠‘意念’就击退了哨兵，不过随后他自己也失去意识晕倒了。重点是，他当时的行为举止如同他在‘母体’（Martix）中的一模一样！也就是说，他在现实世界中使用了理论上只有在‘母体’这一虚拟世界中才能使用的‘超能力’，大家有没有想过这究竟是为什么？”

议长哈曼：“继续说下去，墨菲斯，也许你已经有答案了？”

舰长墨菲斯：“我们还没有完全调查清楚此事背后的具体逻辑，但我认为，这至少说明了一件事——机器大脑的硬件神经网络在种种原因下已经进化到了一个新的阶段，形成了特定的原生信号突触，以至于通过某种物理学机制，可与人类的神经系统通过纯粹的物理时空架构直接交互，这种交互机制，很可能与我们现在将人脑接入‘母体’的头戴设备机制类似，只是不再需要那些传统的辅助传感器设备，也就是说，也许在那个危机的瞬间，尼奥人类的神经突触把物理时空直接当作虚拟世界的‘母体’，而新进化出的机器神经网络突触也恰好支撑响应了尼奥这波发自本能的操作。虽然我不擅长理论物理和生物科学，但这是目前唯一能解释的逻辑。”

议长哈曼：“很有趣，墨菲斯，但是我还是没明白这和我们今天的主题有什么关系？”

舰长墨菲斯：“马上到关键了议长。也就是说，机器智能的肉身进化得越来越接近生命体了，至少神经网络系统是这样，如果我们能进一步掌握其背后的原理，这意味着，理论上我们可以借助‘母体’现有的网络架构，如同机器智能完全切断我们人脑意识与身体的神经系统，转而接入虚拟‘母体’世界中那样，以其人之道还其人之身，把机器的‘意识’从机器的物理肢体中完全切断并直接接入至虚拟的‘母体’世界，让机器智能也活在假想的‘母体’世界中，使他们完全无法感知和退出到现实世界！”

司令官洛克：“这怎么可能！”

议长哈曼：“你的想法很有趣……”

舰长墨菲斯：“但是我们不一定非要真的这么做，就如同机器智能给予我们人类进出‘母体’的选择自由一样，我们也应该给予机器智能同样的选择自由。但也许这能用最低的代价为锡安建起最后一道防线，也是终极的防线，或者说，终极的博弈，就如同在人类刚发明了核武器的时代，大家都手握一次性毁灭世界的开关，所以谁也不会轻举妄动。”

司令官洛克：“这真是天方夜谭！”

舰长墨菲斯：“与此同时，锡安和机器智能，都可以将大量的资源、时间直接用于造福各自世界民生及幸福的科技和工程项目，并在一定程度共享科技成果，而不是将时间和金钱一次又一次地消耗在战争和重建中。”

司令官洛克：“机器世界也有幸福？它们只知道扩张、复制、占有。”

舰长墨菲斯：“那么洛克，请解释下，为何二十年前，机器智能信守了和尼奥之间如同小孩拉钩一般的约定？”

议长哈曼：“好了，大家安静！墨菲斯，请先讲一讲你接下来的计划。”

舰长墨菲斯：“好的，议长，容我为大家详细介绍一下。我们需要彻底搞明白两个问题：第一，人类是否有能力从底层基础物理学层面，系统性地建立完善的理论模型，解释机械构造如何能形成某种类神经突触的机制，并通过物理效应将其数据信号直接在物理时空中传播和交互，同时不受传统的电磁波信号干扰；第二，我们需要对‘母体’的运行机制有更深的理解，从它诞生的每一行源代码开始，否则我们很可能无法像机器智能那样对其操作驾驭自如。

对于第二个问题，我们的黑客最近从母体 AI 程序员阮玛—坎达处得到秘密情报，‘母体’最早期的版本并不是由机器 AI 完全独立创造出来的，而是基于 20 世纪中期由人类首先启动的一个全球开源的数字孪生项目，该开源项目代号 2777，目的在于建立一个与人类世界完全镜像的数字孪生世界，以便更好地服务于人类当时兴起的产业互联网革命。该项目一直持续至 2139 年，直到机器和人类的战争爆发才终止，其间被全球范围内近三代最顶尖的程序员一直编码，完善了近两百年。到了 2200 年，人类政权被机器智能全面瓦解后，机器智能为了将人类机体培育成‘生物电池’，才开始创造虚拟世界——‘母体’。在这个虚拟世界中，机器智能让人类意识过着满足的假想生活，使人类既不会消耗现实世界中人类机体物理运动所需的生物能量，又可以被更稳定地操控。而最早期的‘母体’，就是基于代号 2777 数字孪生开源项目并由 2200 年更强大的机器智能算力改造而成。”

议长哈曼：“如果这个最早期版本如此重要，一定被机器智能以最高安全级别雪藏了，你有什么办法能获取到？”

舰长墨菲斯：“要窥探这个最早期的开源版本，我第一个想到的就是配钥匙者，他掌管着母体所有后门通道的钥匙，直觉告诉我，他那一裤袋的钥匙中一定有一把能打开这个最早期版本源码的门。”

议长哈曼：“配钥匙者？他不是在你们上一次的救世计划中就被杀

死了吗?”

舰长墨菲斯:“是的,这就是有意思的地方了,阮玛—坎达的女儿最近告诉我,她在火车人那里看到了配钥匙者。由于某种我们还不清楚的目的,他被机器世界重新加载复活了。因此,我现在正式向议会申请,请允许我带一个特别小队及新尼布甲尼撒号,前往锡安城外的母体信号连接区。我们要进入母体,并请配钥匙者带我们进入母体的最早期版本,寻找母体源代码的线索。我只需要三天时间,议长,这个项目资源消耗的代价只是五年军事工程的一个零头。至于刚才提到的第一个问题,也恳请议会在这三天中给予支持,组织一个专项科学家小组,三天后,与我们从母体带回的线索进行会商。而基础理论科学家消耗的资源更小,一般情况下他们只需要几张纸和笔而已。”

议长哈曼环视了一圈,说道:“行动批准,墨菲斯,但你只有一天时间完成该任务,第二天进行会商,三天后此次锡安代表大会结束时,我们必须得出妥善的结论并作出选择,这决定了锡安的未来,也决定了人类的未来!”

议长哈曼随即又皱了皱眉头,然后说道:“至于你说的第一个问题,我想,有个秘密也是时候告诉大家了,你想要的科学家小组早已经准备好,无论什么时间,基础科学都是人类世界的未来,这是我作为议长的责任,你可以直接带他们登上新尼布甲尼撒号一起执行该任务,而这个科学小组的领头人,是尼奥的儿子,名叫李奥(Leo)。”

全场哑然。

舰长墨菲斯:“你说什么?我怎么不知道这件事!可是,20 年前,崔妮蒂和尼奥一起自杀式前往机器城后,难道崔妮蒂还活着?还生下了个儿子?”

议长哈曼："很不幸，崔妮蒂在送尼奥前往机器城的路上就身亡了。19年前，先知通过一名机器哨兵与我秘密联络，并告诉我，在尼奥帮助机器智能同化了无限复制体史密斯之后，先知安排机器哨兵在坠毁的气垫船上找到了崔妮蒂的尸体，而哨兵的侦测器竟然意外发现她的体内已有受精卵胚胎。于是先知命令哨兵将胚胎从崔妮蒂腹中取出，放到了机器城的人体种植仓中，一年后，胚胎长成婴儿，先知又命令哨兵将其秘密带到了锡安，交给了我，让我把婴儿安顿到锡安孤儿院中，并嘱咐我要保密，她希望李奥能按照他的天性和选择自然成长，而不是过多受到社会关注和外界影响。先知还告诉我，会有一天，当某个时刻来临时，我自然就知道是否要将这个孩子的身世公之于世。"

议长哈曼长舒了一口气，接着说道："我想现在就是那个时刻吧，因为未来终归还是年轻人的世界，应该交由年轻人来思考和决定，他应认清自我，并为自己的命运做选择。这次锡安代表大会结束后，我想我也该退休安度晚年了。"

舰长墨菲斯："议长，您永远是我们的议长。我保证一天内完成任务！"

司令官洛克听罢，面部僵硬，嘴角绷直，却不再发言。

议长哈曼："各位，李奥作为此次锡安代表大会的科学家代表，此时就在会议席中，他凭借自己的能力和选择，获得了此次参会资格。他在十五岁时就完成了《费曼物理学讲义》课程，十六岁时自制了一台小型电磁脉冲发射器，是气垫船上的EMP（电子脉冲）的同款，十八岁就获得了理论物理博士学位。本次锡安代表大会，李奥是由其导师，锡安城的首席科学家Break Li先生特别推荐，作为科学家代表参会。好了李奥，请站起来，向大家问个好吧。"

所有目光瞬间转向了会议席。其中有一位瘦小的男子，其面貌普通，目光却笔直地盯着议会大厅水滴形环壁上人造光线折射出的三角图案。五秒寂静后，李奥才恍然反应过来，微带羞涩，忙起身说道：“我在呢议长，大家好，很高兴认识大家。”然后转向墨菲斯，“您就是传说中的尼布甲尼撒号舰长吧，很荣幸能见到您！”

舰长墨菲斯露出当年第一次在“母体”中找到尼奥时的那种眼神，同时右侧嘴角露出了难以察觉的微笑，用当年一模一样的语气说道：“不，这是我的荣幸！”

## 第二节 母体 0.1 版本

**两小时后，母体，神秘白色楼层口**

舰长墨菲斯拍了拍配钥匙者的肩膀：“别来无恙老兄，沙滩裤不错啊，这次换度假风了？”

配钥匙者：“嗯哼，和平年代！”

舰长墨菲斯：“先说正事，你找到我们想进的那扇门的钥匙了吧？”

配钥匙者随即掏出一把有着七个插头的扇子状弧形钥匙，“当然，先知告诉我了。这可是我这里最古老的一把钥匙，拿着，时间不多，此地不宜久留。”

舰长墨菲斯：“这钥匙还挺特别，和其他的长得不一样啊！”

配钥匙者：“当然，这里面可是‘母体’的起源，一共七道门，按扇形排列，就在走廊的尽头，每个插头对应其中一道门。快去吧，我也得回去了，要是被火车人知道我来这里就麻烦了。”

舰长墨菲斯与科学家小队走到扇形排列的七道门前，然后将钥匙递给了李奥，“你来开，李奥，我得专心拿着枪，谁知道会发生什么状况。”

李奥接过比他巴掌还大的扇形钥匙，与大家眼神交汇之后，迅速将钥匙最左侧的那个插头插入了扇形排列的最左侧的那扇门。瞬间，一道强白光从钥匙孔中射出，一秒钟后，光束展开成一道弧形垂直光切片，李奥的身体似乎也被这道白光切成了左右两半，两秒钟后，整个扇形切片又迅速水平扩展开，覆盖了一切，所有人眼中只剩下刺眼的白色，三秒钟后，白光逐渐暗淡下去，最终从全白变成了全黑。

计算机科学家 Mark 惊呼：“哇，我们飘浮在宇宙中！这个位置是……”

话音未落，一个清脆的女声，伴随着某种科幻电子感的音律从身后传来，“是的，准确地说，你们现在身处月球上空，月球与地球连线之间，靠近月球的一侧。”

舰长墨菲斯：“您是?”

科幻电子感女声：“忘了自我介绍，我是母体 0.1 博物馆的文物修复官露西亚 0.1，你们可以叫我露西亚。你们现在身处的副本程序，恰好是我守护的 7 个文物中最古老的一个，官方名字是 NASA 阿波罗计划数字孪生模拟器。”

李奥：“很高兴认识你露西亚，这里看起来很有趣，愿意为我们多介绍一下这里的情况吗?”

露西亚 0.1：“当然，乐意至极，无论你们来自何方，我都太高兴了，我快有三百年没见到活人了。让我来做你们的导游吧，没有人比我更了解这里了，如果你们需要，我甚至能念出这里的每一行代码！哈哈，开玩笑，我这么出色的导游当然不会采用这么枯燥的方式，保证让你们全程如同看了一场 VR 电影大片一样生动。”

李奥：“谢谢，那就拜托你了！”

露西亚 0.1：“那我们出发吧！首先做个提醒，你们现在处于‘母体’的上帝模式中，也就是说，你们不受‘母体’世界中一般物理规则的约束，但也不能对副本中的任何事物状态产生影响或是相互作用，这也可以理解为你们处于观看模式。当然，我会根据介绍的需要引导你们移动到相应位置并触发相应的副本情节。”说完，露西亚 0.1 如同挥着魔法棒的仙女，带领大家在太空中快速移动，然后悬停到一艘太空舱面前，接着用她充满科幻电子感的声音开始讲解。

阿波罗 13 号（Apollo 13）是阿波罗计划的第七次载人任务和第三次登月尝试，火箭 1970 年 4 月 11 日从肯尼迪航天中心起飞。但发射两天后，因服务舱氧气瓶故障被迫中止登月任务。机组人员驾驶飞船绕月旋转，直到 4 月 17 日安全返回地球。吉姆·洛威尔是任务指令长，指令舱和登月舱驾驶员分别是杰克·斯威格特与弗莱德·海斯。肯·马丁利本是指令舱驾驶员，但因其对麻疹没有免疫力而被撤换，由斯威格特替补。

氧气瓶内的电线绝缘层因温度过高受损并引起爆炸，导致服务舱两罐液氧排入太空。没有氧气，服务舱的推进和生命保障系统都无法运作。三人只能用登月舱充当救生舱，关闭指令舱系统节省能源。登月任务被迫取消，地面任务中心想方设法确保机组人员安全返航。

随着露西亚0.1的讲解，大家眼前近在咫尺的太空舱也同步发生着对应的物理变化，场面颇为壮观。

幸运的是，阿波罗13号主机组人员接受过上千小时特定任务培训，任务计划持续十天，平均每小时任务时间的训练时长超过五小时。三人都在指令舱模拟器训练了四百多小时，其中洛威尔和海斯还在登月舱模拟器训练了四百多小时，训练地点位于肯尼迪航天中心和休斯敦。有时，还需任务控制中心飞行控制人员参与。飞行控制人员模拟了航天器飞行期间可能遇到的各种问题，以便及时有效地应对紧急情况。此外，机组人员还在其他地点使用各种专业模拟器训练。

图9-1　操作与测试大楼内的CSM-109“奥德赛”号

在这关键的一刻，Singer公司为NASA建造和维护的模拟器在阿波罗13号三人组安全返回地球中发挥了重要作用。正如《纽约时报》报道的那样：为拯救阿波罗13号并推动其成功返回地球，其中无数的方法，在很大程度上是通过在休斯敦和其他地方的载人航天器中心的模拟器进行异常精细化尝试后的产物。每一个需要在太空中采取的临时步骤都先在地面的模拟器上进行尝试，如果模拟器显示它很危险或不切实际，就不会被采纳。

阿波罗13号任务被视为是世界上第一例数字孪生的应用，这一应用离不开模拟器和当时最先进的通信技术，基于此NASA控制中心才能与太空中航天器的各种设备及宇航员们实现通信。太空中的阿波罗13号航天器，加上这些在地面上当时最先进的模拟器和相关的计算机系统、通信系统、通信数据，构成了一套完整的阿波罗13号数字孪生系统。[1]

图9-2　阿波罗13号

露西亚0.1：“怎么样各位，这是人类历史上第一个真正意义上用于大型工程的数字孪生系统，称之为‘母体’的曾祖母也不为过。对了，看到刚才那个爆炸的模拟特效了吗？部分原始数据早已丢失，是我这个文物修复官精心反编译推演出来的哦。否则你们可没有机会欣赏如此惊心动魄的大片。”

李奥：“最古老的数字孪生系统在帮助人类走向星辰大海，而七百多年后的我们却还困在地下，连阳光都看不到。”

舰长墨菲斯：“这个以后我们再一起感慨，李奥，对于我们这次的任务，有何想法？”

李奥：“不只是感慨，舰长，这似乎和我们此次的任务也有着某种莫名的联系。对了，露西亚，你刚才说你可以访问这里的每一行代码？”

露西亚0.1：“当然，不然我怎么修复这些数据大多已经乱七八糟的‘文物’呢。怎么，想和我进行编程比赛？”

李奥：“好主意！我们这里可是有计算机科学家、数学家、生物学家，还有我这个物理学博士，咱们是比数学算法、生物算法还是物理算法呢？”

舰长墨菲斯：“李奥！”

李奥：“好的好的，我知道了，舰长。露西亚，在咱们比赛之前，先带我们把这七件文物都看一遍如何，实在是太震撼了！”

露西亚0.1：“没问题，你当然有这个权利，我看到你手中的钥匙了，咱们继续下一个副本程序。”

### 进入第二道门

白光消失后，进入大家视线的是一座古老的工厂。

露西亚0.1："欢迎来到20世纪的美国，这个副本程序的官方名字是美国通用电气GE航空发动机数字孪生体应用。"

当飞机发动机在拉斐特的通用航空公司的生产线下线，那里的工程师们同时也在生产各种"虚拟"发动机，被称为数字孪生体。GE为其每一个生产的物理发动机都制作了高精尖的数字孪生体，其目的是为发动机提供电子跟踪——允许GE监控其性能，预测维护问题，在发动机离开工厂后的生命周期里降低成本。

拉斐特工厂为空客A320neo、波音737 Max和Comac的919制造发动机。在每个发动机上设有2000个关键特征参数来确定发动机的性能，有大量的数据需要采集。例如，飞往欧洲的航班，每个引擎大约产生512GB字节，每架飞机有两个引擎，飞一次的数据足以填满一个计算机的整个硬盘。每一次飞行中，数据通过发动机的传感器汇聚到发动机的控制单元。这些令人难以置信的海量数据在飞机到达机场后，通过卫星实时采集，被组织和传输到发动机的数字孪生体，使其和物理发动机的状态同步。GE在过去将近20年的时间一直在收集这样的数据。物联网、大数据、超算技术的出现，使数据处理和分析更高效，决策更快速。[2]

有了发动机的数字孪生体，GE可以使用预测分析来决定该发动机什么地方、什么时间需要维护维修以及维护维修的具体内容，然后根据这些情况来优化维护维修的方案，减少周转时间，让发动机尽早恢复飞行，提高其飞行时间和发动机的利用率。这项技术对于维护、维修和检修团队有极大帮助。

在GE总共安装使用的65000台发动机中，GE对其中的35000

台收集数据。GE的分析师可以通过一个或多个数字孪生体，来分析了解同一批产品的总体情况。拉斐特工厂大约每周生产8台发动机，每个都拥有完整的数字孪生体发动机。作为数字孪生技术的引领者之一，除了航空，GE也正在把同样的数字孪生技术应用于许多其他行业，比如铁路机车引擎、医疗健康设备上。

计算机科学家Mark："原本毫无感知的机器世界，开始越来越深入地感知环境、自身，甚至其他同伴机型的数据变化。"

生物科学家Selina："可以认为这是机器神经系统的最早雏形吗？"

露西亚0.1："没错，看来你们已经开始领略到母体0.1博物馆的意义所在了。"

李奥微微一笑："我们最后再一起讨论，露西亚启程，下一个。"

## 进入第三道门

一辆特斯拉Model 3电动汽车从空无一物的水平线飞驰而来，一个急刹车连带漂移，停在了离大家正前方三米处，然后瞬间自拆解成了数万个零件悬浮在空中。

露西亚0.1："大家现在看到的是人类商业化电动汽车代表，这个副本程序的官方名字是特斯拉数字孪生技术对工业制造流程和认知的重塑。"

特斯拉电动车是通过计算机建模来进行设计的，拥有一个汽车的数字模型用于仿真，以及和零部件供应商的交互和沟通。该模型再被转化为制造汽车的软件，以制造零件并将其组装成成品。所有的制造阶段都被记录下来，并被增加到汽车的数字孪生体中。

根据该数字模型，可以产生很多的数字孪生体，每一个都对应或映射一辆特定的特斯拉汽车，具备该辆车的颜色、选配件、零部件供应商信息、生产流水线信息等。在汽车被出售后，嵌入汽车的传感器会跟踪它的运行，记录其什么时候充电，如何使用，去了哪里等。特斯拉每天会增加数百万英里的数据记录，2018 年年底数据记录就已经达到了 10 亿英里。特斯拉收集的数据可以用于检测可能的故障，用于主动维护，以及检测在制造环节出现的问题，而这些问题往往只有在汽车运行的后期阶段才会足够明显而被发现。比如，通过数据分析，人工智能软件能够确定汽车装配线两侧螺栓紧固的不对称问题，其中一个机器人施加的压力高于另外的机器人。软件会在这些受到影响的汽车数字孪生体标注一个通知信息，一旦其中一辆这样的汽车被带到修理店后，通知就会被启用，并对实际的螺栓进行重新校准。所有这些都是在车主没有体验到这个问题之前就完成了维护，以绝后患。此外，从驾驶中收集的所有数据，包括由自动驾驶助理（自动驾驶仪）使用的数码相机采集的数据，都在不断地被分析，通过机器学习来改进提高自动驾驶仪。换句话说，所有的特斯拉汽车每天都在通过利用它们各自的经验而变得更好。[3]

露西亚 0.1 边讲解，大家眼前悬浮的汽车零部件也开始自动进行组合、调试、运行，可视化数据在空中流动……

数据对于特斯拉及其业务非常重要，因此该公司被定义为数据公司。特斯拉可以收集到的数据包括以下几点。

（1）汽车在哪里行驶，驾驶员如何开车，车里都有谁（很容易通过蓝牙感知车上的智能手机来辨别）。特斯拉可以对这类此信息进行风险评估，从而提供有竞争力的汽车保险服务。

（2）道路状况怎样？这些情况随时间如何变化？可以推断是否需要维修等。

（3）根据在特定时间特定道路的交通状况，可以检测交通异常和通常的模式。获取周围其他汽车行驶的信息（通过特斯拉相机可以很容易捕获其他车辆的车牌，了解到特定地区很多其他人的行踪）。

（4）谁在四处走动，谁在进出商店和家庭。通过数据相关性可以很容易了解特定区域人员的习惯。

（5）汽车悬架可以提供“汽车重量”的数据，这意味着随着时间的积累，可以知道有关司机、驾驶员、乘客甚至运输食品杂货的各种数据。

这些数据是可以通过技术手段采集的。当然隐私是一个重大的问题，特斯拉应非常谨慎采集和使用。特斯拉是一个从传统企业向数字化转型的典型例子。这不仅仅是电力发动机的转变，而是对数据的使用。特斯拉在资本市场上的价值超过了流水远远超过特斯拉的石油巨头埃克森美孚，因为资本相信特斯拉有一个光明的未来。总之，特斯拉是制造商利用数据的一个典型例子。

（1）基于运行反馈进行制造流程优化。

（2）通过产品实际使用的数据进行分析来实现产品的持续改进。

（3）利用数据提供增值服务。

（4）完全超出公司自身业务范围向其他市场提供新的服务（如向市政当局提供道路维护的信息）。

根据麦肯锡的一份报告，特斯拉从汽车中获得的大数据的盈利可能会在2030年实现7500亿美元的市场价值。

特斯拉是在产品开发和制造中采用数字孪生技术的典范。但如果数字孪生可以超越预测性的维护和软件更新；如果在优化该领域的产品之外，还可以使用数字孪生来优化未来产品的设计……这可能很快就可以通过生成式设计来实现。

生成式设计是一种不断发展的计算机辅助设计技术，其中人工智能被应用于按照设计者指定的目标来优化机械设计。它目前的工作原理是产品设计师人工确定材料特性、边界条件和应力，然后通过数字孪生体，人工智能技术按照设计者设置的参数根据该领域产品的真实世界情况来优化设计。

数学家Kelvin：“工业制造背后数学模型的根本性变化，带来了流程的变化、效率的变化、产品的变化，最终，实现机器世界能力和体验的质变。”

露西亚0.1：“你们这个小团队有点儿意思，和你们越分享越有动力呢。”

## 进入第四道门

蔚蓝的海面上，波涛汹涌，一座石油开采平台从无到有，仿佛按了快进键一般搭建而成。

露西亚0.1：“这个副本程序的名字是英国石油公司（BP）里海新平台数字孪生技术。”

ACG油田位于巴库以东约100公里处，是里海盆地阿塞拜疆地区最大的油田。英国石油公司是该项目的运营商，并准备投资60亿美元打造阿塞拜疆中东部（ACE）海上石油平台。该开发项目包括一个新的海上平台和设施，计划每天可处理多达10万桶石油。该项目预计于2023年投产，在其使用寿命期间，项目最终总产量预计可达3亿桶。

ACE海上石油平台是第一个采用数字孪生技术进行所有阶段的设计的项目，包括概念设计、FEED（前端工程设计）、详细设计。项目充分利用了KBR（Knowledge Based Reasoning，基于知识的推理）的数字孪生相关技术，其优势是当ACE平台进入建设和调试时，该数字孪生体还可以继续被使用。

数字孪生技术为客户和合作伙伴创建了一个数字孪生平台，用户无论在世界何地，都可以通过平台访问项目的信息，包括项目的所有阶段。在规划和设计阶段，用户可以通过查看采购状态、材料供应情况，应用3D、4D、5D规划，提高效率和可靠性。在运营阶段，客户可以利用数字孪生平台通过远程安全高效地执行任务，包括现场调查、独立设计和工作移交，把传统的外包业务变成了紧密配合的工作，通过数字孪生体对物理资产的数字表达，实现如同实时场景下运营的效率。

利用数字孪生技术平台，联合团队正在引领里海地区能源项目的数字化，该项目也是行业迈向现代化和数字化转型的重要基石。该项目令人兴奋，展示了世界先进的数字化能力。数字孪生相关技术让其客户以更安全、更可持续的方式落地执行项目的所有计划。[4]

李奥："数字孪生技术不仅仅是面向独立的机器和设备，而开始走向了大规模设备群及大型工程建设，并贯穿了从设计，到建造，再到运营的全生命周期。看来二十一世纪初的数字孪生技术演进得相当快啊！"

露西亚 0.1："从现在的视角来看，既有快又有慢。稍后你们就会逐一发现，咱们继续。"

## 进入第五道门

中国内蒙古大草原上，从天际线延伸而来的无数铁塔和电网汇集到了一座占地约三十公顷的特高压换流站。

露西亚 0.1："二十一世纪初，中国开始大规模寻找并投资替代石油的能源，当时主流的'新能源'为光伏和风能，而这两类能源大多分布在偏远或高原地区，要将这些能源输送到发达城市或工业区就需要通过中国当时长期处于世界领先的特高压技术。在特高压技术实施过程中，投资额最大的就是各位眼前的这种换流站，每座换流站的建设投资额在 50 亿元左右。重点是，中国在大规模建设实体换流站的同时，也为每一座换流站搭配建设了一座完全镜像的的数字化换流站，如双胞孪生体一样，这就是本次副本程序的主角：北京天岩数孪科技——数字化换流站生无人值守系统。"

利用数字孪生技术、人工智能及图像识别技术、物联网及大数据诊断技术，实现了通过远程"全真互动"的方式进行三维自动巡检，实现了对运行状态的可视化监测，可以及时预警故障并辅助决策，实现了闭环运维和科学运维，有效降低了巡检工作量，节约了运维成本，提升了运维管理的科学性、准确性、时效性，最终实现提质增效。

随着露西亚 0.1 的介绍，大家不时看到换流站中出现虚拟的检修角色进行各种复杂的作业操作。

该数字孪生系统投入运营后，在降低人工现场巡视次数的基础上，实际上增加了后台远程智能巡视系统次数，更容易及时发现隐蔽性缺陷，每年节省人力巡检时间约 3000 小时，全年累计增加输送清洁能源电量达 43 亿度，具有显著的经济价值。

系统在安全上有了很大的提升。系统检测到异常工况后，立即发出告警，区别于传统二维模式只是以文字描述来显示告警内容，系统以三维模式不仅能显示告警内容，还可以在模拟的三维场景中定位告警位置并推送周边设施关联性数据，让运维人员能够快速处理异常情况，不必再对照记忆中的内容进行思考，可迅速做出反应。

系统在准确性、时效性上也有很大的提升。以调相机定转子振动数据为例，该项数据为调相机的日常运维关键决策依据，该系统具备轴振实时分析和历史分析功能，提供振动测点的时域波形、频域波形、趋势图和轴心轨迹图，实现独立振动数据分析和诊断。

对于通过诊断算法检测出异常的数据，诊断系统会将这些数据交由调相机领域专家来诊断异常发生的原因并给出解决方案，当案例库的规模达到一定程度后，诊断系统会基于案例库采用人工智能的方法更加快速地对调相机运行状况进行诊断，生成设备健康度评估报告和诊断报告，为运维人员提供独立诊断数据和决策建议。

李奥："数字孪生技术开始全面渗透进电网，电网是机器城市的血管，从二十一世纪到现在这七百多年来，机器世界和人类世界的能量来源一直在更新换代，但'电'这个物理介质始终未变。在物理学世界中，电是最接近人类尺度的能量类型。"

舰长墨菲斯："我还发现一个有意思的地方，这个副本程序相比于前面几个，更像是一个电子游戏，互动性和人机界面都更有趣、更友好了，如此复杂的一个系统，却能轻松直达关键数据和信息。"

露西亚 0.1："是的，这个副本程序能被收录到母体 0.1 博物馆，就是因为之后的历史表明，这个案例恰好是数字孪生技术和电子游戏技术的交汇点，再往后，游戏和数字孪生的界限越来越模糊，直到最后没有了界限。大家知道，我们完全可以把'母体'也当作一个终极的虚拟现实电子游戏。"

李奥："说不定我们人类所谓的现实世界其实也是另一种未知维度下的电子游戏。"

露西亚 0.1："说得好！不过你口中的'另一种未知维度'超越了我目前的处理器授权范围。"

李奥："是吗？这个词还存在授权？那得找机会好好聊聊这个问题了。现在，还是先把博物馆参观完吧。"

### 进入第六道门

一座美丽的花园城市映入眼帘，大家如有腾空术般悬停在了城市上空。

露西亚 0.1："这个副本程序的官方名称是新加坡数字孪生城市[5]。"

“虚拟新加坡”是一个动态的三维城市模型和协作数据平台，包括新加坡的地理信息。搭建完成后，虚拟新加坡将成为权威的3D数字平台，可以为政府、企业、个人和研究部门提供重要的服务。对城市的规划和运营方面的概念和想法，都可以在这个虚拟新加坡的数字孪生体城市进行测试和演练，辅助决策。虚拟新加坡是应对新加坡所面对的新兴和复杂的局面的有力工具。

“虚拟新加坡”项目由新加坡国家研究基金会（NRF）牵头和研发，并得到了总理办公室、新加坡土地管理局（SLA）和新加坡政府科技局（GovTech）的支持。SLA是项目的业主和运营商，并支持3D地形映射数据。GovTech提供信息和通信技术及其管理方面的专业知识。其他公共机构将在不同阶段参与虚拟新加坡的运营。

新加坡耗资7300万新币，用于“虚拟新加坡”的开发，以及在未来5年内对最新技术和先进工具的研究。该平台逐步部署，同时正在与政府机构、大学和合作伙伴进行合作，以满足为他们的建模和模拟仿真需求。“虚拟新加坡”的主要功能包括以下几个方面。

1. 虚拟推演

例如，虚拟新加坡可以用来检查3G、4G网络的覆盖区域，提供覆盖不足区域的可视化呈现，并标识可以改进的区域。

2. 验证服务

例如，通过虚拟新加坡国家体育场的3D模型和实时信息来模拟人群流动情况，在紧急情况下建立疏散程序。

3. 规划和决策

例如，可以利用“虚拟新加坡”的大数据开发应用程序，对车流和行人的运动模式进行分析，协助城市公园和交通网络的规划。

4. 研究和开发

“虚拟新加坡”丰富的数据环境，可以通过运用适当的安全和隐私保障措施后，开放给政府（智慧城市）、学术界和研究机构（智能语义研究推动多方合作与协作）、企业（商务分析、资源规划和管理）以及社区（社区服务）进行新技术、新功能的创新和开发。

“虚拟新加坡”集成了各种数据源，包括政府机构的数据、3D模型、来自互联网的信息和来自众多物联网设备的实时动态数据。平台允许不同的机构分享和查看同一区域不同项目的规划和设计。例如，使用“虚拟新加坡”可以在现有的地貌和环境上叠加正在进行的或未来的城市升级或翻新项目，并提供三维真实可视化效果，这将使各项目团队合作和协调更加高效，帮助优化整体设计和实施。例如，设计过街天桥时可以利用“虚拟新加坡”的数据将其结果做可视化展示，以充分考虑到周边的公园等现存设施，尽量方便市民出行。

“虚拟新加坡”为市民就城市升级改造的方案提供可视化效果，市民可以根据“眼见为实”向管理部门及时提供意见和反馈。例如，某居民小区是住房与发展委员会绿色人居计划的试点，试点方案以可持续和绿色生态为特色（绿色印记），诸如太阳能电池板、LED灯、气动垃圾输送系统、加强版步行道和扩展的自行车道网络。"虚拟新加坡"可以帮助建立该试点小区的数字孪生体，把方案描述的未来以直观的三维模型和交互做呈现，充分展示绿色印记倡议的可能性和优点，并在得到认可和批准后推广到其他居民小区。

"虚拟新加坡"包含地形属性，例如，3D 的坡度、水体、植被和交通基础设施。传统的二维图是无法显示这些特征的。作为物理景观的准确表现，虚拟新加坡可用于识别和显示残疾人和老年人的无障碍路线，让他们可以很容易地到达公共汽车站或捷运站。单车骑行者也也可以使用虚拟新加坡来查看公园之间的链接，并规划骑行路线。

"虚拟新加坡"可以结合一天里环境温度和阳光的变化信息，叠加噪声地图进行模拟，帮助规划者为市民创造一个更舒适、更凉爽的生活环境。"虚拟新加坡"还可以很方便地根据规划人员预设的参数，比如街区、楼层数和屋顶类型，来选择哪些建筑物可以安装太阳能电池板。"虚拟新加坡"提供了建筑高度、屋顶表面和阳光量等数据，这使城市规划者能够分析哪些建筑有更高的潜力利用太阳能生产能量，因此更适合安装太阳能电池板。规划人员可以方便地得出平均每天可以产生多少太阳能，计算节约的能源和成本。

露西亚 0.1："看到这里，是不是开始有点儿'母体'的感觉了？"

计算机科学家 Mark："表面看似乎'虚拟新加坡'是有点儿城市样子了，但从这里的数据模式，以及这里的模型结构特征量来看，可以说，这个系统的底层架构和数据模型还完全无法真正支撑一个城市级体量的复杂巨系统。"

露西亚 0.1：“确实，Mark，不过也别对几百年前的人类要求那么高，这也算是人类尝试用数字孪生技术解决城市级复杂巨系统问题的一个起点，只是当时的人类可能过于乐观地预估了这个问题的难度和当下的科学技术实力，复杂巨系统已不再是经典的数学和物理方法可以轻易求解的了。这个问题后来卡住了好几代最优秀的程序员和科学家，直到 2139 年，人类几乎就快要有突破性进展时，机器战争爆发了。”

李奥：“墨菲斯，我似乎有点儿开始明白这个母体 0.1 博物馆存在的意义了。”

舰长墨菲斯：“哦？说来听听。”

露西亚 0.1：“这么着急吗？咱们可还有最后一道门没进呢。”

李奥：“那走，先去看看最后一个文物。”

### 进入第七道门

进入后，是空无一物的全白世界，只有一条水平的天际线，给予了唯一的空间感。

露西亚 0.1：“这里，便是人类第一个研究人脑意识反馈、虚拟数字信号与人体神经元突出这三者交互关系模型的实验室，官方名字是母体意念 0.1 实验室。之所以取这个名字，据说是当时实验室的创始人为了纪念母亲在孕育……”

话音未落，只见无数条白光穿透露西亚 0.1 的身体。

舰长墨菲斯：“她在消失！”

李奥：“露西亚！”

远方的天际线也突然开始变成一条黑线，紧接着黑色开始像中国水墨画的颜料一般迅速蔓延开来……

舰长墨菲斯："这个副本程序正在逆进程塌陷，我们得离开这里，马上！"

未完待续。

故事当然还没有结束，不过让我们先回到现实，了解一下当下其他的数字孪生研究和场景。

美国马里兰大学的电气和计算机工程系教授 Romel Gomez 进行的学生远程实验室数字孪生体验[6]。通过采用数字孪生技术，打造实验室数字孪生体，让学生在受新冠肺炎疫情影响不能来实验室的情况下，远程进行实验。最近这项技术已经在马里兰大学学院公园分校实施。

该系统由几个项目组成，学生可以从任意浏览器访问，并在获得定量数据的同时，在各种实验上驱动和重定向信号。该系统解决了真正的问题，在他们需要却不能进入物理实验室时进行学习和培训。学生通过数字孪生系统实现实验室的许多核心教育目标，包括分析现实世界的系统，学习解决问题的技能，激发洞察力和创造力，认识理想化理论和模拟的局限性。

香港科技大学：数字孪生校园是作为可持续的智慧校园的一个鲜活的实验室。[7]这个项目创建了一个校园数字孪生平台，一个静态和动态实物资产和系统的数字孪生体，可以用于各种目的。通过实时数据，监测校园，预测或检测设备异常，并使资源的分配更加有效。该平台可以帮助香港科技大学社区和设施经理对校园环境、条件和资产可视化，支持对虚拟现实、增强现实、物联网等技术的研究。

以数字的方式引入真实的物理数据，并将其与建筑管理系统连接起来，可以对绿色校园规划、设施管理、空调系统提效进行仿真模拟，使设施维护变得更加顺畅，从而打造可持续发展的智慧校园。系统增加了

20000 个房间属性和由不同颜色标注的平面图，可同时作为房间实时使用的依据以及不同院系和部门的导览定位。

美国南加州大学 Azad M. Madni 教授利用数字孪生技术教授工程基础知识，提供现实世界的学习机会。[8] Madni 博士是南加州大学工程、教育和医学教授，南加大工学院系统结构和工程技术主任。他提出了一种创新的教学方法，利用数字孪生技术，将传统的讲座转化为课程实验室，“边做边学习”。在实验室模拟环境中使用数字孪生技术为学生提供可以和真实世界中比照的学习体验。通过将数字孪生体与物理实体连接起来，系统的即时反馈功能为学生提供了对系统行为的重要认识并加速其学习进度。这种真实的经历不仅促进了学习的转移（一个人在一次学习中学到的东西影响了其在新情况下的学习或表现），还提供了与学生进行后续讨论和问答的机会。这种体验式学习方法的优点是它使学生掌握了相关的知识以及在进入工作之前以快速、高效和安全的方式获得知识的能力。这一方法已经被加州大学系统架构和工程研究生的实验课程中采用。

麻省理工学院（MIT）首席科学家 Brian Anthony 关于数字孪生的观点。[9] 随着数字技术的普及和全球市场的迅速变化，制造业模式将从自动化转变为具有更灵活流程的自主操作。这反过来又能以商业上可行的方式，更快地缩短产品从概念到市场的时间。传感器、数据、计算和信息的数字线程是充分实现数字化生产系统的潜力所必需的，具有高价值、定制化的特性。天然的数字化生产系统包括产品、材料、制造工艺、供应链和生产线的数字孪生体。数字孪生技术的完整框架有助于集成用于数据分析的传感数据。数字孪生提高了周转率，突破了早期识别的瓶颈，提供了解决供应链问题和识别新流程和生产水平的机会。简单来说，数字孪生是基于物理和数据驱动的模型，是设计和决策工具。

麻省理工MIT自动识别实验室 Auto - ID Labs 高级研究员，美国国家科学基金会（NSF）机器人和传感器中心主任 Shoumen Palit Austin Datta 关于数字孪生的崛起的观点。[10] 多种形式的数字化转型迫在眉睫。数字孪生代表了一个概念，在这个概念中，我们可以使用工具和技术从物体（原子）“映射”数据（位）。它正在迅速发展，因为“映射”可以作为“指南针”来揭示原子（事物、设备、部件、机器、人）的过程可见性和实时透明度。自动化所必需的技术是稀缺资源。数字孪生技术的进一步发展取决于信息技术、运营技术和与协议无关的电信的融合。在边缘理解数据、管理数据和执行数据的能力分析是价值的关键。如果延迟是无法避免的，那么向边缘传递算法引擎对于边缘分析来讲则至关重要。考虑到这些因素和其他因素会指引数字孪生未来发展的道路。在这个过程中，未知数的数量使创建全局基础结构和组织群体追求基本模块的发展势在必行。我们需要新的想法和研究，以产生创造性和创新的解决方案。

斯坦福大学（美国）和查门姆斯大学（瑞典）联合的数字孪生实验室实现了为混凝土光束创建数字孪生体[11]。其成果展示了一个创新的解决方案，将下一代自主数据收集、数据驱动模型和基于物理的模型集成到一个数字孪生框架中，创建一个全面的 SHM 系统（结构健康监测系统）来评估基础设施。系统包括：①数据收集，使用三维结构光扫描仪对开裂的混凝土梁进行实时三维扫描；②裂纹检测，采用基于AI的算法实时检测裂纹；③仿真，将检测到的裂纹实时纳入有限元模型，并进行实时有限元仿真。

*IEEE Industrial Electronics Magazine* 主编，TU Delft（代尔夫特理工大

学）智能电网教授Peter Palensky的电网数字孪生应用[12]。向可再生能源的快速过渡有可能给非常昂贵的电网带来重大问题，我们现有的电网是否能够承受如此深远的变化？这场绿色革命带来了一些巨大的适应性问题。连接一个风电场可以完全改变一个国家电网的动态。Peter Palensky教授正在寻求数字孪生相关技术应用的解决办法，使有效地研究电网成为可能。

近五十年以来，电网基本保持不变。每个国家都有几个大型能源工厂，为数百万客户、个人和企业，通过电网提供电力。但可再生能源的出现突然增加了无数的新能源生产者，因为每一个风力涡轮机或太阳能电池板实际上本身就是一个能源工厂。突然，客户不再仅仅是客户，也可以是供应商。但由于风能和太阳能往往具有波动性，供应商也很不稳定。

加州大学伯克利分校计算、数据科学和社会研究院的Neil Davies的数字孪生海洋——可持续发展的岛屿数字生态系统Avatars（IDEAS）[13]。项目作为欧洲绿色协议和欧洲数字战略的一部分，并作为在“目的地地球”项目下雄心勃勃的数字孪生地球的一部分，“数字孪生海洋”也就是社会生态系统规模的数字孪生体，反映在Moorea岛（茉莉雅岛）数字生态系统阿凡达项目的经验中，并提出了未来发展的愿景。他在BIDS（商业智能开发平台）的研究重点是可持续性科学和生物多样性基因组学，如何有助于一个地方的计算模型——包括整个社会生态系统的“数据化从基因组到社会”。

## 参考文献

[1] FERGUSON S. Apollo 13：The first digital twin [EB/OL]. (2020－04－

14) [2021 - 05 - 31]. https://blogs.sw.siemens.com/simcenter/apollo - 13 - the - first - digital - twin/.

[2] VELETA K. "Invisible" digital twins taking flight at GE Aviation [EB/OL]. (2017 - 12 - 13) [2021 - 05 - 31]. https://www.insideindianabusiness.com/story/37058659/invisible - digital - twins - taking - flight - at - ge - aviation.

[3] SARACCO R. The economics of the digital transformation - V [EB/OL]. (2020 - 07 - 08) [2021 - 05 - 31]. https://cmte.ieee.org/futuredirections/2020/07/08/the - economics - of - the - digital - transformation - v/

[4] KBR. KBR JV Announces Significant step in First Digitally Enabled Offshore Platform Project [EB/OL]. (2020 - 11 - 11) [2021 - 05 - 31]. https://investors.kbr.com/news - and - events/news/news - details/2020/KBR - JV - Announces - Significant - step - in - First - Digitally - Enabled - Offshore - Platform - Project/default.aspx.

[5] National Research Foundation. Virtual Singapore [EB/OL]. [2021 - 05 - 31]. https://www.nrf.gov.sg/programmes/virtual - singapore.

[6] University of Maryland. Professor Romel Gomez and Students Participate in IOTSWC20 Digital Summit [EB/OL]. (2020 - 12 - 08) [2021 - 05 - 31]. https://ece.umd.edu/news/story/professor - romel - gomez - and - students - participate - in - iotswc20 - digital - summit.

[7] The Hong Kong University of Science and Technology. TRANSFORMING OUR CAMPUS [EB/OL]. https://ssc.hkust.edu.hk/, 2020 - 05.

[8] MADNI A M, ERWIN D, PUROHIT S K, et al. Digital-Twin Enabled Experimentation Testbed for MBSE [EB/OL]. (2021 - 01 - 04) [2021 -

05 - 31]. https://arc.aiaa.org/doi/10.2514/6.2021 - 0201.

[9] MIT. nano. Generate digital twins or virtual versions of physical objects [EB/OL]. [2021 - 05 - 31]. https://nanousers.mit.edu/immersion - lab - application - areas/generate - digital - twins.

[10] Shoumen Palit Austin Datta. Emergence of digital twins [J]. Journal of innovation management (2017) 5: 14 - 34.

[11] ZANDI K. Digital twin as a decision-making support tool for resilience of urban's infrastructure under extreme climatic events [EB/OL]. (2020 - 01 - 31) [2021 - 05 - 31]. https://www.chalmers.se/en/projects/Pages/Digital - Twin - as - a - Decision - Making - Support - Tool - for - Resilience - of.aspx.

[12] PALENSKY P. Developing a digital twin for the electricity grid [EB/OL]. [2021 - 05 - 31]. https://www.tudelft.nl/en/stories/articles/developing - a - digital - twin - for - the - electricity - grid.

[13] Berkeley Institute for Data Science (BIDS). Digital Twin Ocean: Island Digital Ecosystem Avatars (IDEAS) for Sustainability [EB/OL]. (2020 - 10 - 23) [2021 - 05 - 31]. https://bids.berkeley.edu/resources/videos/digital - twin - ocean - island - digital - ecosystem - avatars - ideas - sustainability.

# 第十章 / 数字孪生的未来展望

“奈奥比上尉，这世上有些事是永远不会变的。但有些事情却变了。”

“There are some things in this world,Captain Niobe,that will never change. Some things do change.”

——《黑客帝国2：重装上阵》27:06

# 第一节
# 技术突破

当今世界科学技术飞速发展，日新月异，令人眼花缭乱，目不暇接。唯一不变的是发展的加速和新技术的不断突破。数字孪生技术未来几年将有可能会在以下几个方面有所突破。

数字孪生技术体系涵盖模型构建、渲染引擎、实时感知、仿真、数据可信和安全、交互与协同六大核心技术。

模型构建实现对物理实体形状和规律的映射。几何模型、机理模型、数据模型的构建分别实现对物理实体形状、已知或通过经验获取的物理规律以及未知的物理规律的表示；对模型进行实时或快速渲染，满足对物理空间在不同光照环境下的镜面映射；实时感知技术包括数据采集和反馈控制两大功能，是连接物理世界的入口和反馈物理世界的出口，通过对异构数据集成实现设备和系统的互联互通，让物理世界和承载数字孪生的虚拟空间无缝衔接；数据可信和安全是对静态和动态数据进行甄别、保护和分享；模拟仿真将几何、机理、数据三大模型融合，实现从构建“静态映射物理实体的数字孪生体”到构建“动态协同物理实体的数字孪生体”的转变；人机交互与协同将人的因素融入数字孪生系统，用户可以通过友好的人机操作方式将控制反馈给物理世界，实现数字孪生全闭环的优化。

## 一、模型构建

作为数字孪生的关键技术之一，建模的算法可以分为两大类：网格建模和曲面建模。前者是用网格单元，比如三角形去拟合几何形体，后者是用数学语言精确描述各种曲面形体。两类算法在本质上截然不同，在实际中各有应用。

网格建模的优势是算法简单、计算速度快、精度可根据需要调整，缺点是要达到高精度的目标需要大量的网格单元，这对算力的要求也会成倍地增加。这种算法适用于对计算速度要求较高、而精确度要求没那么高的场景，比如视觉效果、影视特效、游戏、数字地形处理等。在这些场景，该算法一般会通过合并网格单元来减少数量，从而提高计算性能。

工程建造对精度的要求相对更高，因此适合可视化展示的网格建模方法对工程建设通常是不适合的，特别是制造行业等追求精确的工程软件不会用它来描述设计对象，而是选择采用曲面建模。

曲面建模通过数学语言来描述设计对象，描述规则形体，比如立方体、圆柱体相对比较简单，但是如果要用数学语言来描述复杂形体，比如自由曲面，就比较困难。在工程领域，描述自由曲面的公认最佳方式是非均匀有理 B 样条（NURBS）算法，它使用严格的数学函数，可以经得起任何放大而不改变其精确度和连续性，这是网格建模无法达到的。除了 NURBS 之外，还有其他的数学算法，但都不如 NURBS。国际标准化组织在其颁布的工业产品数据交换标准中指定 NURBS 为对工业产品几何形状进行描述的唯一数学方法。

3D 建模软件的核心引擎可以采用 NURBS 曲面建模算法。打造这样的引擎内核需要相当深厚的数学功底。当然，3D 建模软件也可以采用第三方的内核，而不必自主研发。

Sketch Up（草图大师）网格建模软件适合用于建筑概念方案，而不适用于工程设计。Rhino（犀牛）采用的是小巧的自主内核，实现了灵活、精确的 NURBS 曲面建模。在大型 3D 软件中，为了适应不同的需求场景，往往具有不止一种建模机制，而是以一套机制为主，结合其他机制作为辅助。AutoCAD Civil 3D 软件是基于 AutoCAD 平台自主开发的，它既有曲面实体建模能力，同时具备网格建模算法。当然，在涉及两个算法共同进行运算时，就会产生兼容的问题。Autodesk（欧特克）还收购了诸多软件，3DS Studio Max①、Revit、Navisworks② 等，各自分别采用不同的内核。

Bentley 公司（奔特力工程软件系统有限公司）MicroStation③ 同时具备几种不同的建模技术。Mesh 网格面主要用于地形模型，简单 3D 实体是 Bentley 的自主技术，高级 3D 实体是采用西门子的 Parasolid④ 而非自主研发。如何在 Mesh 网格面和 Parasolid 实体这两类不同表达之间进行加减运算，对于这个关键问题，MicroStation 无法解决。采用非自主研发技术核心，Bentley 产品在高级曲面建模、高级参数化建模都有所不足。

不同的是，达索系统的 CATIA（交互式 CAD/CAE/CAM 系统）采用了全自主研发的 3D 曲面建模引擎。CATIA 在 3D 技术上的优势体现

---

① 基于 PC 系统的三维动画渲染和制作软件。

② 即可视化仿真。是一种分析多种格式的三维设计模型。

③ 是国际上和 AutoCAD 齐名的二维和三维 CAD 设计软件，是 Bentley 公司在建筑、土木工程、交通运输、加工工厂、离散制造业等领域解决方案的基础平台。

④ 是世界上领先的、经过生产证明的三维几何建模组件软件。

在以下几个方面。

（1）支持精确的 NURBS 曲线和曲面，无论尺寸比例，精确度和连续性不变。

（2）可以进行参数化建模，模型中每个构件都可以随主干线变化自动调整。

（3）根据公式和关联参数进行构件计算，提供强大的参数化控制和协调能力。

（4）能以 NURBS 曲面生成设计模型，以多边形 Mesh 网格面生成数字地形模型，并支持曲面建模和网格建模之间的混合运算。

3D 内核从本质上决定了一款软件的几何建模能力，并根据其能力应用于相对应的场景。例如，BIM 软件主要是面向常规建筑的 3D 建模，解决出图而不是制造问题，因此可以使用相对简单的算法。在构建复杂物理实体的数字孪生过程中，往往需要更全面的几何建模能力，数字孪生软件必须具备更加强大的 3D 内核。

未来模型构建技术会朝着提升建模效率和精度的方向进一步发展。通过对几何、仿真、数据三类模型构建技术的混合使用，建模软件可不断提升建模效率和精度。几何建模所需要的内外部精确图像等原始数据可以通过 CT（电子计算机断层扫描）三维扫描设备来快速获得并直接输出完整三维实体图像，而基于算法的衍生设计可以实现复杂几何模型外观的自动化设计。人工智能的深度学习算法和知识图谱可以分别提升模型描述的性能和范围。无网格仿真，比如 Altair SimSolid（结构模拟仿真软件），能够在以分钟为计算单位，分析全功能 CAD 程序集，大大优化了仿真求解速度[1]。

## 二、渲染引擎

我们看到的好莱坞大片，特别是科幻片中的很多场景，都是通过后期渲染制作而成。为了达到真实甚至超越真实的效果，影视中的每一帧图片都需要精心制作和渲染，其代价也是巨大的，成本往往以数百万美元每秒来计算。合成影像主要应用在影视特效、电视节目制作、广告制作、飞机汽车模型，以及精密仪器设备。后期渲染引擎已经存在很多年了，数字孪生技术的出现使渲染技术应用更加广泛，已经成为必备的配置。

随着图像处理芯片和高性能处理芯片的运算能力、并发能力、可编程性能不断增强，结合硬件的渲染引擎效率得到迅速提升。目前一个普遍的看法是将 CPU 和 GPU 组合，利用 CPU 串行处理的优势和 GPU 并发、节能的特点，成为渲染引擎的强有力的硬件支撑，将渲染软件和可定制化的“CPU + GPU”的超算集群形成一体化的终端产品。数字孪生体越来越需要借助这样的软硬一体化解决方案，才能实现可视化和实时仿真设计，实现现实与虚拟的沉浸式互动设计。

传统的数据中心支撑的云渲染引擎采用标准化的 IDC（互联网数据中心）配置，在能耗、资金投入等方面都存在一定的劣势，渲染输出的音视频推流在延迟、卡顿、流量费用上也有很多需要解决的问题。新型的架构正在推出，旨在打造可定制化、可动态扩展、高性价比、低能耗、绿色计算、方便运维管理的超算集群。

在前端布局“硬件 + 软件系统”，可在前端实现渲染。很多硬件厂商和软件服务商已经在布局这个领域。其缺点是缺乏灵活性，比如由于区域用户数量的变化造成算力分配不平衡，会存在算力资源不足或浪费的情况。而且，前端的硬件部署和管理也是一个问题。

相比传统的离线渲染方法，由于渲染算法的优化、硬件性能的提升和云计算技术的发展，实时渲染技术（real-time render）开始出现。该技术基于渲染引擎的优化以及硬件加速，设计人员或数字孪生系统用户（多人在线大型3D游戏玩家包括在内）可以实时修改设计或转换场景，达到缩短制作周期，降低沟通和使用成本，同时提升产品交互体验的效果。

所见即所得（WYSIWYG）系统能够极大地缩短反馈时间。设计人员每做出一次修改，可以即刻看到渲染效果而不需要漫长的等待，尤其是对于创意制作，可以实现在灵感迸发的瞬间呈现效果而不是在等待中让思绪中断，这使效率得到极大提升。

渲染技术要实现实时光线追踪，支持动态照明和全局照明，需要对在不同材质上的反射、散射、折射、阴影等进行复杂的计算。

渲染技术是数字孪生需要突破的关键核心技术。实时云渲染技术所面临的难度是巨大和多维的。要实时在渲染引擎中运算数千万个、上亿个三角面，达到4K或更高的分辨率，每秒30帧刷新率，实时或低延迟推流到多个客户端，结果要接近照片级效果。这是需要结合多项技术的攻关和硬件的配合，才能攻克的难题。云渲染、光场渲染、视网膜渲染等关键渲染算法和优化，配合高性能硬件CPU、GPU以及超算集群加速的研发与产业化，推动向高画质、低时延、低功耗发展，实现实时、高效、简便的目标。

## 三、实时感知

数字孪生的另一个核心是实时数据的采集。通常的解决办法是在设备等物理实体中安装传感器，实测设备的参数，例如温度、湿度、转速、震动频率、声波、电磁波等全生命周期数据，并采用技术手段对相关的数据集进行预测性分析。

**1. 数据的准确性**

由于历史数据的积累和深度学习等算法的发展和优化，数字孪生体对物理实体的模拟仿真和映射会越来越接近真实，为物理实体提供的相关决策依据也越来越精准。

**2. 全生命周期**

理想情况下，数字孪生体的构建从策划和设计阶段开始，历经实体的建设、运行、维护，直至最终退役。这有助于优化设计、提高运行效率。

**3. 大数据处理**

新技术使设备、产品在运行中产生海量的数据并可以实时采集和传输。各类海量数据的来源不同、结构不同，在存储和挖掘上需要大数据技术的支持。通过汇聚制造、运行、维护和其他方面的数据，例如，飞机上传感数据、飞行位置、天气信息、维修数据，再配合专家系统，可以针对特定设备和产品的性能表现进行预测并采取优化和及时的维护手段来提高设备和产品的利用率，延长其使用寿命。

**4. 数据时效性**

对运行所需的部分核心数据可以通过实时采集和实时传输的方式，其他的海量数据，由于其时效敏感性较低，可以定期或在方便的时候进行批量下载，以节省数据传输的带宽和费用。

**5. 数据的有效性**

总体而言，传感器采集的运行数据以及非结构化数据可以帮助人们更加深刻了解这些资产设备的实际情况，这些数据的实用性更强。

由于老旧设备和产品上缺乏传感器，数据的采集是一个需要突破的难题。在成本和可行的情况下安装新传感器是一种解决办法，通过采集音视频数据进行分析是另一种解决办法，但这对算法的要求非常高。

数据采集对实时性的需求很高，特别是在数据的传输和处理的延迟上。例如，采用云渲染的音视频推流如果延迟在100毫秒以上，就会对数字孪生体的人机交互产生影响。在数字孪生系统内多传感器单元之间的时间同步也非常重要。大量传感器的数据采集和数据处理需要协调各传感器的任务，实现分布式的数据汇总。传感器数据采集过程中的噪声和数据传输过程中的数据丢失时常发生，因此，为了保证数据的可信可靠，数据采集过程需要有较好的容错性。

在很多应用场景，传感器要通过无线方式传输数据。这些无线传感器的布置是数字孪生的另一个关键问题。如何在满足覆盖范围要求、连通要求、容错性要求，保持低功耗、低时延特点的前提下，布局无线传感器，使之位置分布最佳、使用数量最少。

针对数字孪生系统中海量的实时数据，提升实时数据传输能力，可以通过降低数据传输的数据量来降低信息拥塞。动态自适应的数据采集方案可以通过自动调节数据的采集量和压缩来减轻拥塞，同时对总体数据估计误差进行约束，在数据精度的底线上有效地解决数据拥塞问题。

目前通用的TCP/IP协议（传输控制协议/互联协议）是基于保证数据不丢包的思想上，在高实时性要求的数字孪生环境中，难以保证数据传输的实时性，传输时间的不可预测将影响数字孪生体的可靠性和稳定性。为了兼顾实时性和可靠性，需要对采集的数据做进一步处理。针对数字孪生传感数据的多源、异构、多尺度、高噪声等特点，先要对采集的数据进行清洗，采用人工智能的机器学习算法等方法对数据缺失、数据冲突、数据冗余、数据错误等问题进行预处理。之后，再对清洗后的数据进行融合。常用的多传感器融合方法包括中心极限定理、卡尔曼滤波、贝叶斯网络、卷积神经网络、模糊集理论、小波分析、支持向量机等[2]。

## 四、仿真

仿真是指对真实过程或系统随时间运行的模拟。仿真需要使用模型，代表了仿真对象的关键特征或行为选择的系统或过程，并随时间推进而演变。仿真通常是由计算机来执行。[3]

仿真应用于许多领域，如设计优化、产品性能优化、安全工程、测试、培训、教育和视频游戏。仿真在智能制造、航空航天、交通运输、经济管理、工程建设、医疗健康、军事推演等领域得到了广泛的应用。

仿真的关键问题包括获取仿真对象有关构建模型的关键特征和行为的有效信息来源，简化在模型中的近似和假设，保证仿真结果的真实度和有效性。模型的验证和确认目前仍然是仿真技术研究和应用开发的重要领域。

现代仿真技术的主要应用和未来发展主要体现在这几个领域。

### 1. 智能制造

制造是仿真的重要应用之一。这项技术是工程师在评估投资设备设施效果，包括工厂、仓库、配送中心等时使用的极有价值的工具。仿真可以用于评估现有或计划中的未来系统的性能，并针对一个特定的设计问题比较解决方案。

制造系统仿真的另一个重要目标是量化系统性能。常见的系统性能包括平均负荷和峰值负荷下的吞吐量、系统周期时间、资源利用、瓶颈和短板、加工点排队、物料处理和系统引起的排队和延误、WIP① 存储需求、人员配备、调度系统的有效性、控制系统的有效性。

### 2. 教育和培训

仿真被广泛应用于教育培训。在真实环境中由于成本过高或危险性太大，无法进行实际的教育或训练，在这种情况下，打造一个“安全的”的虚拟环境，让学员在其中通过沉浸式的体验方式学习宝贵的课程。在虚拟环境中犯错误能够起到辅助学习的作用，不会产生实际损失或后果。

### 3. 医疗健康

市场对医疗模拟器的需求越来越大，相关的产品正在不断被开发和部署。医疗健康的从业人员通过这些模拟器来学习医疗知识和概念、熟悉治疗和诊断程序并做出医疗决策。例如，模拟器已经被开发用于训练程序，从基础知识，如抽血，到腹腔镜手术和创伤护理。模拟器对设计新设备仪器的原型开发也很重要，可以帮助解决生物医药工程方面的问题。目前，模拟器被广泛应用于研究和开发新疗法、治疗、早期诊断等环节。

大多数医学模拟器包括符合解剖学的人体器官塑料模具和与之连接的计算机系统。例如，使用一个真人大小的人体模型，对其注射药物，通过编程来模拟出现威胁生命的紧急情况。

### 4. 休闲娱乐

休闲娱乐行业中的仿真涉及许多大型和流行的领域，如电影、电

---

① Working in progress，ERP 中指在制品或流水线，又称车间生产管理。

视、电子游戏（包括严肃游戏）和主题公园的游乐设施。二十一世纪初，虚拟电影摄影的出现使电影数量的激增，很多电影在此之前是不可能实现拍摄的。经典的例子有《黑客帝国》中的非同一般的角色，以及《指环王》三部曲中广泛使用的“不可能拍摄”的镜头场景。在这些影片中，计算机生成的图像是三维计算机图形学领域对特效的应用结果，视觉效果可控且质量高，这些图像往往由于成本、资源或安全问题的影响，无法通过其他技术完成拍摄。此外，电脑合成的图像几乎完全取代了电影中的手绘动画，例如使用电脑生成图像的电影《海底总动员》《300》和《钢铁侠》。

与其他类型的视频和电脑游戏不同，仿真游戏可以准确地代表或模拟一个现实或虚构的“真实”环境，以及环境中的各类可以扮演的角色。这类游戏在玩法方面通常表现得更为复杂。仿真游戏在所有年龄段的人中都非常受欢迎，例如 SimCity、老虎伍兹 PGA 巡回赛系列游戏。另外，还有飞行模拟器和驾驶模拟器游戏。

模拟器自 20 世纪 30 年代以来就一直被用于娱乐领域。第一个在主题公园开放的现代模拟器是 1987 年迪士尼的明星之旅，随后是环球影业的 1990 年汉纳 - 巴贝拉的有趣世界。模拟器骑乘是军事训练模拟器和商业模拟器的衍生产物，但它们有本质区别。军事训练模拟器需要对受训者的行为进行实时的反馈，而骑乘模拟器只需要骑乘者“真实”感觉到按照预先录制的脚本进行移动带来的快感。迪士尼明星之旅采用了一个基于液压运动的座舱，其运动控制是由一个操纵杆来编程控制的。今天的模拟器，则增加了很多产生沉浸感的元素，如 3D 图像、喷水或释放气味，以及在环境中移动等。

### 5. 城市规划

城市模拟既可以是一款城市建设游戏，也可以是城市规划者用来理解在各种政策和决策下城市如何演变的工具。AnyLogic① 就是这样为城市规划者而设计的现代的、大型的城市模拟器。城市模拟器通常是针对土地使用和交通规划，例如 UrbanSim（城市微观模型）和 LEAM（精益机器设备管理系统）就是大型城市模拟模型的例子。

仿真还有很多应用场景，比如汽车、生物工程、通信卫星、未来教室、金融、灾害预防、航空航天飞行器、体育、支付、军事、导航、气候等。

## 五、数据可信和安全

数字孪生所面临的最大风险，就是数据安全的风险。在数字孪生最早应用的航空器维修领域，无论是空客还是波音，对此都有深入的研究和应用。基于机载防撞系统（ACAS）的预防性维修已经在民航业大规模普及[4]。遗憾的是，波音数字化智能化程度最高的 737 Max 机型，发生了两次由于过度依赖自动程序而忽略飞行员的决策能力的惨痛坠机事件。空速管的信号失效成了空难的关键诱因，数据可信的问题转化成了智能化的灾难。

在少数情况下，由于环境因素、传感器失灵、数据传输障碍等问题，传感数据的真实有效性会出现问题，需要进一步验证。要确定数据的真实有效，通常需要更多的传感器来验证。这个问题没有完美的解决方案，因为一个完全映射的数字孪生系统在理论上是不可能构建的。怎

① 是一款应用广泛的，对离散、系统动力学、多智能体和混合系统建模和仿真的工具。

样输出可验证、保护隐私、与真实世界相匹配的合成数据，需要在数据可信、数据安全和共享上进行创新和突破。

合成数据集合可以在不干扰或损害原始数据的情况下被使用、分析和共享。一般要求合成数据集具有与原始数据相同的统计特性，但没有任何隐私、敏感或涉密信息。例如，当移动通信希望与潜在的合作伙伴共享数据，但由于电信数据的安全和隐私方面的考虑而不想共享实际数据时，可以创建共享数字孪生，用于研究、开发和建模。

比如，移动通信可以利用这样的合成数据，与合作伙伴分享，从而开发具体的应用场景，如利用通话和上网浏览数据产生个人信用打分，而不透露个人的隐私信息。又比如，两家医疗机构的研究人员合作，对一个特定的病患进行研究性质的治疗。在病患的原始数据上可以生成合成记录并进行共享。合成记录会有相同的统计特性，作为真正病人的数据，在实际建模时有同样的效果。由于合成的病例不能追溯，因此无法判定病患是真实存在的个人，起到了保护隐私的作用。

数字孪生一个重要的特点是物理空间和数字空间的虚实交互，双向实时数据流动，物理空间系统本身的安全漏洞和云端数据的传输和存储都容易受到攻击或篡改。数字孪生复杂体系中潜在被攻击的环节多，安全问题复杂。另外，数字孪生系统相比于传统信息系统，虚实空间的互动更加紧密，如果产生安全性问题，其破坏会来得更快，物理空间和系统都会受到严重影响。因此，数字孪生的安全性研究至关重要。

区块链技术具有去中心化、防篡改等特性，因此具有分布式安全防御的优势。通过加密算法和机制，所有参与者维护复杂的算法确保系统的完整性和安全性，消除了对第三方安全机构的需求。将区块链技术与数字孪生相结合，通过隐私计算，可以有效解决底层数据可信、数据协同管理、数据安全共享的问题。

## 六、交互与协同

交互与协同是数字孪生的显著特征，也是关键环节。数字孪生体通过传感数据监测物理空间的实时状态，实现实时动态映射。所有的操作在数字孪生体进行仿真验证效果后，再通过控制接口输出对物理空间的操作。

数字孪生中的交互与协同涵盖人、计算机、物理设备、环境等多种要素，其中，物理空间设备之间的交互与协同可以通过物理设备间通信、协调与协作，以完成各设备协调完成的任务。数字孪生体之间的交互与协同可以连接多个数字孪生体模型，形成共享机制。物理空间和数字孪生之间的交互与协同要同步变化，并使物理空间可以根据数字孪生的指令动态调整。

虚拟现实、增强现实、混合现实合称为 XR，是以沉浸式体验为特征的人机交互技术，是实现数字孪生交互与协同的有效手段。当前的研究仅仅局限在将 XR 作为人机交互的手段或视觉呈现的接口，还需要将 XR 与数字孪生有效结合起来。XR 技术本身还在迅速发展的过程当中，实时建模、精准定位、大空间定位等难点仍需技术突破，与数字孪生的结合还有大量高精度传感器部署的技术攻关等。

数字孪生的交互与协同在三个维度上构建融合框架。通过物联网智能感知与互联、数据采集与传输、分布式控制等技术，实现物理空间到数字孪生空间的交互与协同。通过复杂模型的构建、评估与验证，形成一个完整的、高保真的数字孪生模型，为数字孪生体之间的交互与协同提供支撑。通过对异构数据的清洗、汇聚、挖掘等方法真实表达物理空间的运行状态等动态演化过程和规律，并基于数据分析并影响、控制物理空间的运行，实现数字孪生空间到物理空间的交互与协同。

## 第二节 应用拓展

> “你必须放手，尼奥。放下恐惧、迷惑和怀疑。解放你的意识。”
>
> “You have to let it all go，Neo. Fear，doubt and disbelief. Free your mind.”
>
> ——《黑客帝国》53:47

在未来五年，数以百亿计的物理实体将通过数字孪生来表达。通过来自传感器和空间环境的音视频数据，数字孪生可用于分析和模拟物理空间实际运行状况，实现优化运营，实现价值的提升。我们可以相信，数字孪生技术可以应用到我们所能想象到的所有场景。

在前面我们提到，2019 年，Gartner 公司在《十大战略趋势报告》中将数字孪生解释为现实生活中物体、流程或系统的数字镜像。换流站或城市等大型系统也可以创建其数字孪生模型。数字孪生的想法可以回溯到用计算机辅助设计来表述产品，或者建立客户的数字档案阶段。

企业的决策可以依赖数字孪生系统，通过物联网提供的维护和可靠性信息，洞察设备或产品如何更有效地运行，提高生产和制造的效率。Gartner 公司对于数字孪生的诠释也是一个不断演进的过程，数字孪生的应用主体也不仅仅局限于基于物联网来洞察和提升设备或产品的运行，还可以延伸到更广阔的行业应用领域，从工厂、车间的数字孪生、到城市、园区的数字孪生，甚至到人类社会组织、社交团体的数字孪生。

物理空间实体或流程的数字孪生体模型可以有多个针对不同用途的形态，各有其特征。例如 CRM（客户关系管理）数字孪生模型模仿企业的销售管理过程、MRO 数字孪生模型模仿产品的维修过程管理、财务数字孪生模型模仿企业的财税管理等。每个数字孪生模型有一个对应的物理空间实体或流程，数字孪生模型可以先于物理空间实体而存在，也可以在物理空间实体存在之后构建。数字孪生模型和物理实体可以是接近 1∶1 的镜像映射，也可以是局部的映射，根据关注的特征来构建。物理实体可以是设备、车间、工厂、汽车、船舶、飞行器、公共基础设施或任何类型的产品。每个数字孪生模型必须与其对应物理实体有某些形式的数据交互。

一些头部企业在自己的领域深耕多年，将数字孪生相关技术与应用场景紧密结合，它们是这样描述数字孪生的。

GE Digital 认为，数字孪生通常被定义为物理资产、系统或过程的软件表示，旨在通过实时分析来检测、防止、预测和优化，以传递商业价值。我们专注于数字孪生如何在三个核心领域帮助客户：资产、网络和流程。[5]

"Digital Twin is most commonly defined as a software representation of a physical asset, system or process designed to detect, prevent, predict, and optimize through real time analytics to deliver business value. At GE Digital, we are focused on how digital twins can help our customers across three core areas: asset, network, and process."

西门子认为，数字孪生是物理产品或过程的虚拟表示，用于理解和预测物理对象的性能特征。在对物理原型投入资产以前，数字孪生就开始在产品的整个生命周期，来模拟、预测和优化产品和生产系统。[6]

"A digital twin is a virtual representation of a physical product or process, used to understand and predict the physical counterpart's performance characteristics. Digital twins are used throughout the product lifecycle to simulate, predict, and optimize the product and production system before investing in physical prototypes and assets."

SAP 认为，数字孪生是物理对象或系统的虚拟表示，但它不仅仅是高科技。数字孪生使用数据、机器学习和物联网来帮助公司优化、创新，并提供新的服务。[7]

"A digital twin is a virtual representation of a physical object or system—but it is much more than a high-tech lookalike. Digital twins use data, machine learning, and the Internet of Things (IoT) to help companies optimize, innovate, and deliver new services."

PTC 认为，数字孪生正在成为企业从数字化转型中提升价值的最佳途径。工业企业采用数字孪生的主要应用场景在于工程、运营和服务——这为推动实现重要的商业价值，并为企业整体的数字化转型奠定基础。学习如何制定数字孪生策略，有助于实现数字世界和物理世界的深度融合。[8]

"Digital twins are emerging as the best way for enterprises to compound value from digital transformation initiatives. For the industrial enterprise, digital twin use cases are primarily being adopted across engineering, operations, and service—driving significant business value and laying the groundwork for digital transformation across the enterprise. Learn how developing a digital twin strategy can help you harness the convergence of the digital and physical worlds. ”

前面我们提到，数字孪生模型和物理实体模型不是简单的1∶1对应关系，而可能存在一对多、多对一、多对多、局部映射等多种对应关系。数字孪生是一种复合数字化技术，是在多种数字技术迅速发展和交叉融合基础上，通过构建物理实体所对应的数字孪生模型，并对数字孪生模型进行可视化、交互、分析与优化，从而提升物理实体性能和运行绩效的综合性技术策略。数字孪生技术是企业推进数字化转型的核心战略举措。

产品数字孪生应用的价值是通过虚实融合、虚实映射，持续改进产品的性能、为客户提供更好的体验，提高产品运行的安全性、可靠性、稳定性，提升产品运行的“健康度”，在此基础上提升产品在市场上的竞争力。同时，通过对产品的结构、材料、制造工艺等各方面的改进，降低产品成本，帮助企业提高盈利能力。而工厂数字孪生应用的价值主要体现在构建透明工厂，提升工厂的运营管理水平、降低能耗以及促进安全生产等方面[9]。

数字孪生技术最早的倡导者之一，NASA 国家先进制造中心主任 John Vickers 认为：数字孪生模型的最终目标是在虚拟环境中创建、测试和生产所需设备。只有当它满足我们的需求时，才进行实体生产。然后，又将实体生产过程通过传感器传递给数字孪生模型，以确保数字孪生模型包含对实体产品进行检测所能够获得的所有信息。

目前，数字孪生在工业领域的应用前景广阔。数字孪生可以覆盖产品的设计、工艺、制造、测试、运行维护、回收等全生命周期，可以帮助企业推进数字化营销和服务。数字孪生体系有助于企业减少维护费用，提高服务效率和收益，创新商业模式。数字孪生在企业管理、供应链管理等领域也可以给企业提效增益。

让我们放飞一下思维，脱离现实技术的限制，想象一下数字孪生在未来的一些新应用场景吧。

在航空航天领域，无人太空飞船、无人驾驶飞机等成为现实。对每一部航空航天器、空间站、卫星等，建立其对应的数字孪生模型并进行实时控制、调度、风险分析，及时进行维修、维护将成为常态。

在轨道交通领域，无人驾驶的高铁、地铁、汽车已经进入实际运营或已进入商业化前的测试阶段。道路、桥梁、轨道、车辆，会形成一体化的数字孪生体，作用于运营、维护服务环节。

在医疗领域，医院、疗养院、医疗设备、病患等可以通过数字孪生体呈现，远程实时医疗成为现实。地理位置不再是诊疗的障碍，通过数字孪生平台和终端穿戴设备，全球的医疗资源可以为地球上任何一个角落的病患提供实时服务，包括体检、诊断、理疗甚至是远程手术。

在文旅领域，未来的在线旅游服务平台，可以通过数字孪生技术，给出行的游客或旅行者提供直观的行程安排。用户选定出行日期和目的地，从家门口到目的地酒店房门的行程安排，包括在出发日从家门到机场的交通安排，从机场候机到飞机飞越空域降落至目的地机场，从目的地机场接机到酒店，以及入住后的活动地点和安排等，全部通过可视化数字方式记录在一张 3D 地图上。用户点击乘坐飞机这一段行程，起飞和降落的机场及其航站楼的数字孪生体以裸眼3D方式呈现在用户眼前，代表机型的数字飞机飞行期间，显示航班相关信息，具体包括航空公司、机型、票价、机舱载客率、飞越的空域以及天气的实景渲染。用户根据需求选择航空公司最终确定航线。用户点击目的地酒店，酒店的数字孪生体将呈现酒店各类的房间，用户可以在数字孪生体中巡游，确认理想景观之后再下单预订。整个行程从计划到完成都能做到实时数据更新。

在智能制造领域，对于正在运行的工厂，通过其数字孪生模型可以实现工厂运行的可视化。管理者可以实时掌握生产设备目前的状态，在加工什么订单，设备和生产线的综合效率、产量、质量与能耗等，还可以定位每一台物流装备的位置和状态。对于出现故障的设备，可以显示其具体的故障类型和详细情况。通过数字孪生的可视化技术、快速建模技术、物联网实时状态监控技术等，可以实现数字孪生工厂的整体管理。数字孪生工厂平台将车间高精度模型、工艺流程、设备属性、实时数据以及工厂运营管理数据等进行融合，实现车间生产的远程控制管理，提高运营效率[9]。

在产品研发领域，运用数字孪生相关技术，综合利用仿真软件对产品进行设计优化和验证，分析产品的性能，可以显著缩短产品上市周期。

在市场营销领域，通过发布新产品的数字孪生模型，让消费者第一时间了解和选择自己喜欢的设计方案。根据消费者的反馈，再进行详细设计和生产，降低了企业产品上市的风险，有助于企业提升销售业绩。允许用户通过基于产品的数字孪生模型，在线对可定制化的内容进行选择，可以帮助企业方便地实现个性化批量定制。

# 第三节 学科发展

"我现在站在这里，心中毫无惧意。为什么？是因为我和你们持有着不同的信念吗？不是！我毫无畏惧地站在这儿，是因为我还记得，我记得我之所以能站在这里，不是因为遵循前人铺下的道路，而是相信自己能创造属于我们自己的未来。"

"I stand here before you now truthfully unafraid. Why? Because I believe something you do not? No! I stand here without fear because I remember. I remember that I am here not because of the path that lies before me but because of the path that lies behind me."

——《黑客帝国2：重装上阵》25:10

学科是科学研究和人才培养的重要依托。国家大力提倡促进学科交叉研究，通过项目研究、人才培养、环境建设等方式，推进学科均衡协调可持续发展。

数字孪生技术的迅猛发展不过短短几十年的时间。然而，其影响巨大。作为一门新学科，数字孪生是通过多学科融合创新而铸就，有其独特的发展历程。

作为一门学科，数字孪生主要包括电子学与信息系统、计算机科学与技术、自动化科学与技术、半导体科学与信息器件、光学与光电子学等分支学科。重点支持渲染引擎和算法、云渲染架构、新型绿色超级计算集群、智能感知、下一代通信、新型计算模型与系统、基于区块链的数据可信和数据安全、协调与优化等领域的基础理论和关键技术研究，系统支持下一代网络及各种物联网络的应用基础研究，积极推动数字信息科学与物理、数学、材料、工程、认知、生物工程、医学及社会科学文化艺术等领域的交叉研究。

可以说，数字孪生学科和其他学科是交叉融合的。

学科交叉融合，即多学科交叉融合，涵盖学科交叉、学科融合，构建协调可持续发展的学科体系，打破传统学科之间的壁垒，促进基础学科、应用学科交叉融合，促进文理渗透、理工交叉、农工结合、医工融合等多形式交叉，根据经济社会发展需求设置新兴交叉学科，培养满足国家社会发展需求的复合型高层次创新人才。[10]

中华人民共和国教育部、财政部、国家发改委印发加快《关于高等学校加快“双一流”建设的指导意见》[11]，强调要构建协调可持续发展的学科体系。立足学校办学定位和学科发展规律，打破传统学科之间的壁垒，以“双一流”建设学科为核心，以优势特色学科为主体，以相关学科为支撑，融合相关传统学科资源，促进基础学科、应用学科交叉融合，在前沿和交叉学科领域培植新的学科生长点。

教育部学位管理与研究生教育司党支部书记、司长洪大用在《认真谱写研究生教育新篇章》中提到，深化研究生教育改革的重点方向之一是强化服务需求导向，完善学科动态调整机制。在已批准 20 所高校开展学位授权自主审核的基础上，进一步扩大了自主审核单位范围。放权更多高水平大学自主设置一级学科，鼓励根据经济社会发展需求自主设置新兴交叉学科，促进学科交叉融合。

在学科发展的大趋势和国家重大战略需求的驱动下，交叉学科与多技术融合将成为常态，并不断推动科学研究的新前沿，创新科技新领域。

2020年9月11日，习近平总书记在京主持召开科学家座谈会并发表重要讲话[12]。强调“研究方向的选择要坚持需求导向，从国家急迫需要和长远需求出发，真正解决实际问题”。讲话表明了面向国家重大战略需求开展科技创新的诉求。高校和科研机构要积极探索混合驱动创新模式，以新的组织结构融合学科、创新与产业，全方位融入国家发展需求。

## 第四节 元宇宙：从科幻到现实

> “这是你知道的那个世界... 这个才是现实世界。欢迎来到真实的荒漠。”
>
> “This is the world that you know... This is the world as it exists today. Welcome to ‘the desert’ of the real.”
>
> ——《黑客帝国》40:34

在描述什么是元宇宙之前，先来简述两部大家都相对熟悉的科幻大片，便于后面内容的展开。

《黑客帝国》（The Matrix）是由华纳兄弟公司发行的系列科幻动作三部曲，《黑客帝国》《黑客帝国2：重装上阵》《黑客帝国3：矩阵革命》分别于1999年3月、2003年5月、2003年11月上映。影片讲述了一位名为尼奥的年轻网络黑客发现看似正常的现实世界实际上是由一个名为“母体（Matrix）”的计算机人工智能系统所控制。尼奥在崔妮蒂的引导下见到了黑客组织的首领墨菲斯，并在其指引下逃离母体，回到了真正的现实中，了解到原来自己一直活在虚拟世界当中。

《头号玩家》（Ready Player One）是由史蒂文·斯皮尔伯格执导的一部科幻冒险片，该片于2018年在中国大陆上映。影片根据恩斯特·克莱恩同名小说改编，讲述了一个沉迷游戏的大男孩历经磨难，成功通关游戏，收获网恋女友的故事。除了常见的故事套路，影片揭示了人类社会现实世界和虚拟世界的强烈反差。在电影描述的虚拟世界“绿洲”（Oasis）中，就算是一个挣扎在现实社会边缘的无名者依然可以成为超级英雄，再遥远的梦想都变得触手可及。从某种程度上来说，这也是如今一些年轻人沉迷游戏的一个重要原因。

快速推进到2021年，元宇宙（Metaverse）像是一阵飓风，席卷了科技领域与投资圈。2021年3月，美国游戏公司Roblox（罗布乐思）在纽交所上市，上市当天股价暴涨54%，公司估值超450亿美元。Roblox的玩家过亿，累计有千万名创作者使用过Roblox提供的工具来开发游戏，Roblox被称之为元宇宙概念第一股。2021年4月，Epic Games（艺铂游戏公司）凭借元宇宙概念加持，获得新一轮10亿美元的融资用于构建元宇宙业务。2020年以20亿美元高价收购虚拟现实头显设备公司Oculus后，脸书掌舵人扎克伯格宣布进军元宇宙，表示希望在未来五年内，将脸书从一个社交媒体网络公司转变为一个“元宇宙公司”，扩大其原本业务，从社交拓展到办公、娱乐等更多的场景。算上收购虚拟现实公司NextVR，苹果公司先后进行了将近20笔虚拟现实相关的并购，以增强其在数字娱乐和体育的能力。谷歌在虚拟现实方面的布局重点在软件和服务上，包括旗下的Youtube（优兔）VR。

在国内，腾讯、字节跳动等头部企业也表现出对于元宇宙世界的渴望与雄心。腾讯致力打造全真互联网时代，并获得了 Roblox 在国内的代理权。2020 年 4 月字节跳动入局元宇宙赛道，投资“中国版 Roblox 公司”——代码乾坤近一亿元。打造元宇宙世界的 MeteAPP 公司，在 Roblox 上市后也获得 1 亿美元 C 轮融资。总之，元宇宙的社交属性，是诸如脸书、腾讯、字节跳动这样的社交巨头所关注的核心。

20 世纪 80 年代，在弗诺·文奇（Vernor Steffen Vinge）[①] 的科幻小说《真名实姓》（True Names）中存在着一个这样的虚拟世界：人们可以通过脑机接口进入一个新世界，并按照自己的偏好幻化成不同的形象，并在这个虚拟世界中体验真实的感观。十年后，尼尔·斯蒂芬森（Neal Stephenson）的科幻小说《雪崩》（Snow Crash）把《真名实姓》的概念具象化，并且给这个人类社会的虚拟世界取名为“Metaverse”，即元宇宙。在这个英文名称中，词根 meta 的意思是超越，verse 指宇宙，即元宇宙是一种超越现实的虚拟宇宙。[②] 这个世界是巨大、公开、实时且持续不间断的，能为用户构建新的社交体系，建立多元化社区，并且能通过真实感的还原技术与实时或低延迟的交互环境为用户带来深度沉浸体验。元宇宙可以看作是一个与现实世界平行，更具沉浸感，实时、开放、可交互且融入社交性和经济行为，始终在线的数字化虚拟世界。

元宇宙假设，未来通过传感设备与终端，人类可以通过某种类似脑机接口的连接进入计算机创建的模拟现实世界的虚拟三维世界，现实世界所有的“人 – 物 – 景 – 事件”都被数字化复制，人们可以通过数字孪生技术，分身在虚拟世界中做所有现实生活中的事情和超越现实的事

① 资料来源：“Vernor Vinge”，Wikipedia，https：//en. wikipedia/wiki/Vernor_Vinge。

② 资料来源：“Metaverse”，Wikipedia，https：//en. wikipedia. org/wiki/Metaverse。

情，同时反过来影响现实世界。

在疫情的推助下，虚拟世界、游戏与现实生活的边界正在消失。美国著名歌手特拉维斯·斯科特（Travis Scott）在游戏《堡垒之夜》(Fortnite）中举办虚拟演唱会，全球一千多万游戏玩家成为虚拟演唱会观众[13]；加州大学伯克利分校在游戏《我的世界》（Minecraft）重现校园，毕业生以虚拟形象线上场景参加毕业典礼[14]；顶级 AI 学术会议 ACAI（算法、计算和人工智能国际会议）在任天堂《动物森友会》(Animal Crossing）上举行2020年研讨会，演讲者在游戏中播放文案和发表讲话[15]。人们可以聚集在元宇宙这样一个虚拟世界中，一起娱乐、工作和社交。

游戏、科幻小说和电影所描述的元宇宙，从数字孪生的思维来解释，就是一个人类社会的全部或局域的数字映射。部署在人体的传感器只不过是人体五官感应数据采集的特殊设备，脑机接口是特殊的数据传输通道。科学技术的进步催生了实时视频通信的电子设备、与人交流的自然语言助手、自动驾驶的电动汽车、混合现实设备、脑机接口等。元宇宙就是映射现实人类社会的数字孪生体，比如《黑客帝国》中的母体、《头号玩家》里的绿洲，人们在虚拟世界中以一个全新的身份不间断地生活下去。

在技术视角下，元宇宙包括了虚拟现实设备、内容制作、仿真、区块链、三维显示、数字孪生操作系统，最终展现为超越屏幕限制的三维界面，代表的是全真、全息、全联的数字孪生平台时代。

元宇宙目前还是一个演化中的概念。大多数还停留在雏形甚至纸上谈兵的阶段，与实际的产品和服务还有很大的距离。科学技术的发展还需要长足的进步来接近元宇宙描绘的场景。目前，元宇宙在计算机游戏领域发展迅速，游戏是元宇宙的最佳载体。元宇宙概念在为科技公司加持，吸引资本的眼球上作用日益突出，但元宇宙的支撑技术还有待成熟。尽管硬件不断迭代，但总体普及率低，软件应用及内容制作仍较为匮乏，相关产品落地不及预期。另外，虚拟现实相关产业存在的法律监管架构也需要梳理和构建。未来五年是元宇宙的储备阶段，将元宇宙与社交、游戏市场相结合，这或许是一个更具爆发性的商机所在。

元宇宙带给我们的深层次思考，是现实世界和数字世界存在的目的和意义。元宇宙仅仅是满足人类娱乐、社交、工作的需要，还是在未来完成人类由碳基生命到硅基生命的演变？如果两个平行世界独立存在，谁是谁的现实？

## 第五节 人类文明的延续

“希望，只是人类妄想，它既是人类最强大的力量，同时也是你们致命的弱点。”

“Hope. It is the quintessential human delusion, simultaneously the source of your greatest strength and your greatest weakness.”

——《黑客帝国 2：重装上阵》1:53:58

根据科学家的测算，人类的历史大概为 300 万年。人类发明文字进入人类文明，不过 5000 多年时间。人类文明还会延续多久？我们既恐惧又好奇。

地球所处的太阳系中，太阳的寿命大约为100亿年，目前已经燃烧了50亿年，它还能够持续50亿年左右。太阳内部的核聚变反应主要以氦元素为主，再过二十余年，太阳的体积会逐渐变大，慢慢变成红巨星，体积可能会逐渐增大到覆盖地球。在这个过程中，地球所接收到的太阳能量将升高并影响到地球大气层的稳定。另外，其他行星等外来天体的运行对地球的稳定性也有很大的影响。

地球在未来的20万年左右的时间里会维持相对的稳定。对地球最大、最急迫的影响来自人类自身，例如人类对自然环境的破坏，可能会是人类生存条件的最大变数。人类目前的生存和发展是通过向自然界索取资源进行的。近200年以来，大气层中的二氧化碳含量逐渐增加，形成的温室效应推动了全球气候变暖的大趋势，这个过程极有可能不可逆转。除了气候问题之外，人类制造的诸如核废料、不可分解塑料垃圾、有害垃圾等也严重影响了自然环境。2020年发生的新冠肺炎疫情也警示我们，人类在未来可能会面临越来越多的病毒的侵扰，并会趋向严重化和常态化。

人类文明可能由于自然灾害等突发原因而中断，例如小行星撞击地球、大规模火山爆发等。上一次生物大灭绝发生在大约6500万年前，极有可能是极端自然灾害造成的气候和地质原因导致了大量生物包括恐龙的灭绝。这样的事件发生的概率相对较低。人为原因如污染、全球性核战争、生物战也可能会导致生态崩溃。

科幻电影迷们对此并不陌生，有很多科幻片描述了人类文明面临危机甚至走向末日的场景，如描述外星人入侵的《星河战队》《异形》《独立日》《黑衣人》等，描述病毒的《致命拜访》《流感》《我是传奇》《极度恐慌》《生化危机》《传染病》等，描述自然灾害的《世界末日》《2012》《后天》《海啸奇迹》《雪国列车》等，描述人工智能和机器人的如《人工智能》《终结者》《我，机器人》《机器纪元》《机械姬》《黑客帝国》等。

问题是，在人类社会已经进入数字文明的今天，面临灾难的时候，人类能够逆转可能被灭绝的命运吗？我们已经开始在为人类文明的延续做准备。

太阳系中火星是距离地球较近、自然环境与地球最为类似的行星。探测火星、了解其起源和演化成为人类关注的重点。自从 1964 年 10 月，美国“火星 4 号”火星探测器向地球传回了人类史上第一张有关火星表面的最近距离的图像以来，全球总计进行了 40 余次火星探测活动。进入二十一世纪，用轨道器探测火星迎来了黄金时代。NASA、欧洲航天局相继成功发射了火星探测器，2020 年，中国和美国先后展开了新的火星探测活动。

2021 年 2 月 18 日，美国 NASA 宣布“毅力号”火星探测器在火星赤道附近的 Jezero（耶泽罗）陨石坑成功登陆。在数十亿年前，Jezero 有一个巨大的湖泊，水的存在是可能出现生命的必要条件。这个探测器要花至少两年时间在当地采集岩石，寻找过去存在古微生物的证据[16]。这将推动 NASA 探索火星过去的生物情况。该火星探测器配备有一个钻头，收集火星岩芯样本，然后将它们储存在密封的管子里，通过未来的火星探测任务来提取并送回地球进行详细分析。“毅力号”也将测试各种技术，为未来人类探索火星铺平道路。其中的一些工作包括从火星大气中提取氧气、识别地下水资源、改进着陆技术、检测和勘测天气、尘埃和其他潜在的环境条件，制订未来宇航员在火星上生活和工作的计划等。由“毅力号”携带到火星的直升机“机智号”已于 2021 年 7 月 5

日完成了在火星上的第九次飞行。

2020 年 7 月 23 日，中国首次火星探测任务“天问一号”探测器在文昌航天发射场升空，迈出了中国火星探测第一步。2021 年 2 月 24 日“天问一号”探测器成功实施第三次近火制动，进入火星停泊轨道。探测器将在停泊轨道上运行约三个月，并进行科学探测。同时，载荷中的中分辨率相机、高分辨率相机、光谱仪等将对预选着陆区地形地貌、沙尘天气等进行详查，为择机着陆火星做好准备。2021 年 5 月 15 日，“天问一号”探测器在火星乌托邦平原南部预选着陆区着陆，其携带的“祝融号”火星车开展对着陆点全局成像，自检驶离着陆平台，并开始巡视探测。中国成为世界上第三个登陆火星的国家，和继美国后世界上第二个成功在火星部署火星车的国家。

“钢铁侠”埃隆·马斯克推出的火星计划，其目的是促进火星永久性移民和建设火星永久殖民[17]。该计划包括可重复使用的运载火箭、适合人类乘坐的太空飞船、轨道推进加油站、频繁使用的发射和着陆装置以及在火星本土生产火箭燃料。马斯克的目标是在 2024 年实现首次无人驾驶火星之旅，希望在 2026 年左右完成第一次载人火星登陆计划。

该计划的关键是 SpaceX 星际飞船，这是一款自 2018 年开始开发的可重复使用的超重型运载火箭。为了实现很大的有效载荷，航天器将首先进入地球轨道，预计在离开火星之前在那里加油。登陆火星后，飞船将装载当地生产的推进剂返回地球。该计划设想在火星上建设一个推进剂工厂，在火星上从大气中的二氧化碳和地面可获取的水来合成甲烷和液态氧作为火箭推进剂。当然，马斯克一直在倡导一个长期火星移民的庞大计划，远远超出了当初 SpaceX 计划建立的目标，涉及更多的个人、企业、政府。

经过数百万年的进化，从类人猿到现代人，人类一直在相互竞争，又相互团结、抱团取暖。其根本原因和最终目的都是生存和发展，这是一切生物的本能，人类也不例外。竞争的本质，是因为生存的本能让我们为了自身和周围的关联群体去争夺有限的资源和空间，从而压缩他人的生存机会。团结的需要，则来自在面对大自然强大的破坏力和各种威胁时生存的本能，这同样也是为了生存和发展。

大国竞争、文明冲突，我们处在一个尴尬和困难的时期，或者说人类社会一直如此。人类文明能否得以延续，在外部原因发挥作用之前，往往会是内部原因起到决定性的作用。人类自身对此掌握了主动权。每当面对严重的生存问题面前，人的理性会占据上风，人的善良会战胜邪念，人的智慧和勇敢会克服困难。

人类会给自己时间，掌握先进的技术。数字技术的出现和快速发展，正在改变人类的生活方式，并创造出更多的资源和数字资产。人类的文明要想延续到无限的未来，除了将人类不断地迁移到适合生存和发展的星际空间外，人类社会自己的数字孪生体也许是另外一种延续的方式。罗伯特·索耶（Robert J. Sawyer）在他的科幻小说《计算中的上帝》（*Calculating God*）[18]描述了这样场景：古老的文明为了避免物种周期性的毁灭而把大脑复制到虚拟世界里，从而脱离肉身而存在于一个电子世界中。

现今，人类正式进入数字文明，数字孪生技术将是开启这一进程的基础支撑。

## 参考文献

[1] Altair SimSolid. Structural Analysis for Rapid Design Iterations [EB/OL].

[2021-05-31]. https://www.altair.com/simsolid/.

[2] Wikipedia. Sensor fusion [EB/OL]. [2021-05-31]. https://en.wikipedia.org/wiki/Sensor_fusion.

[3] Wikipedia. Simulation [EB/OL]. [2021-05-31]. https://en.wikipedia.org/wiki/Simulation.

[4] Wikipedia. Airborne collision avoidance system[EB/OL]. [2021-05-31]. https://en.wikipedia.org/wiki/Airborne_collision_avoidance_system.

[5] GE Digital. Digital Twins are mission critical [EB/OL]. [2021-05-31]. https://www.ge.com/digital/applications/digital-twin.

[6] SIEMENS. Digital Twin [EB/OL]. [2021-05-31]. https://www.plm.automation.siemens.com/global/en/our-story/glossary/digital-twin/24465.

[7] SAP. Bridge digital and physical worlds with digital twin technology [EB/OL]. [2021-05-31]. https://www.sap.com/products/supply-chain-management/digital-twin.html.

[8] PTC. PTC Digital Twin Insights [EB/OL]. [2021-05-31]. https://www.ptc.com/en/industry-insights/digital-twin.

[9] 中国工业和信息化．数字孪生在制造业的应用 [EB/OL]．(2020-08-12) [2021-05-31]．http://www.clii.com.cn/lhrh/hyxx/202008/t20200812_3945834.html.

[10] 百度百科．学科交叉融合 [EB/OL]. [2021-05-31]. https://baike.baidu.com/item/学科交叉融合/23494079.

[11] 教育部，财政部，国家发展改革委．教育部 财政部 国家发展改革委印发《关于高等学校加快“双一流”建设的指导意见》的通知 [EB/OL].

(2018 - 08 - 08) [2021 - 05 - 31]. http://www.moe.gov.cn/srcsite/A22/moe_843/201808/t20180823_345987.html.

[12] 习近平. 在科学家座谈会上的讲话 [EB/OL]. (2020 - 09 - 11) [2021 - 05 - 31]. http://www.qstheory.cn/yaowen/2020 - 09/11/c_1126484063.htm.

[13] Epic Games, Inc.. Fortnite and Travis Scott Present: Astronomical [EB/OL]. (2020 - 04) [2021 - 08 - 02]. https://www.epicgames.com/fortnite/en - US/news/astronomical.

[14] UC Berkeley. Watch Blockeley, UC Berkeley's online Minecraft commencement [EB/OL]. (2020 - 05 - 16) [2021 - 08 - 02]. https://news.berkeley.edu/2020/05/16/watch - blockeley - uc - berkeleys - online - minecraft - commencement/.

[15] ACAI. ACAI2020: Animal Crossing Artificial Intelligence Workshop [EB/OL]. (2020 - 06) [2021 - 05 - 31]. https://acaiworkshop.com/index.html.

[16] NASA Science. Mars 2020 Mission Overview [EB/OL]. [2021 - 05 - 31]. https://mars.nasa.gov/mars2020/mission/overview/.

[17] Wikipedia. SpaceX Mars Program [EB/OL]. [2021 - 05 - 31]. https://en.wikipedia.org/wiki/SpaceX_Mars_program.

[18] Wikipedia. Calculating God [EB/OL]. [2021 - 05 - 31]. https://en.wikipedia.org/wiki/Calculating_God.